1日3度のチャンスを狙い撃ちする
待つFX

相場の勢いを
つかんで勝負する
損小利大の売買を
メタトレーダーで実践

えつこ[著]

Pan Rolling

序章

FXとの出合い

「今、FXっていう投資が注目されているのよ」

　今思えば、姉と何気なくこの会話をしたときが私とFXとの出合いだったと思います。
　ずっと経営者として会社を運営してきましたが、子供が生まれたのをきっかけに会社をたたんで家庭に入った私。最初のうちは、子供の世話や家事に追われて"それ以外のこと"を思い浮かべることもありませんでしたが、姉と上のような話をしていたときは育児にも慣れてきたころで、時間のやりくりもできるようになっていましたから、「私にも何かできるかも」と何となしにインターネットでFXについて検索してみたのです。いろいろと調べてみると、リスクが高いことについてはあまり頭に残らなかった代わりに、「枚数をどんどん増やせば1日に何十万円も利益が取れる」ということだけは、知識として、私自身の興味として、ダムに水が貯まるように私の頭の中に蓄積されました。事実、「すぐに利益が出るのね。株式投資よりも全然良いかも～」と感心したものでした。
　会社を経営しているときには平日だけでなく、週末も別のプロジェクトに参加していましたが、収入的にはあまり満足のいくものではありませんでした。例えば、3カ月もの間、東京と神戸や大阪を行き来する仕事を続けても、私に入ってくる金額は必要経費を差し引いたり、会社の利益を考えたりすると、「(この仕事をして) 良かったわぁ」と素直に喜べるものではなかったのです。

でも、ＦＸは自宅でトレードするものなので、交通費や交際接待費、事務所経費はまったく必要ありません。税金以外の諸経費が必要ないことは私の目にはとても魅力的に映りました。

FX 初期のトレード

興味はあったものの、さすがにすぐに実戦に入るのは怖かったので、最初はバーチャルＦＸでトレードをしていました。

バーチャルですと、仮想資金として５００万円が使えます。ですから、まずは取引可能な１００枚くらいで始めてみました。まだ右も左もわからないときでしたから、このころは特にお気に入りのテクニカルもなく、実際にテクニカルを使うこともなく、「私のお金ではない」という気軽さから深いことを考えずにエントリーしていました。

お気楽気分でしたし、「どんな動きをするのだろう」という興味のほうが勝っていましたから、パソコンを立ち上げ、チャート見ていても、正直、あまり期待はしていませんでした。ところが、そのままパソコンの画面の様子を見ていると、私がエントリーしたポイントからドル円がどんどん上昇していって、あっという間に利益が３５万円になったのです。「２０分くらいでこんなにお金が増えるなんて、何ていうことなの！」とかなり驚いたことを今でも覚えています。

こういう経験をすると、興奮なんていう言葉ではもう表現できなくなります。私はなぜだかとてもうれしくなってしまって、「これはものすごい投資だわぁ」と、素直に感激したものです。

それからもＦＸのサイトやブログをいろいろ閲覧してまわって、最終的に外為ＦＸとひまわり証券に口座を開設しました。送られてくるファイルや書類も真新しく、ただただウキウキしていました。

　その後、バーチャルトレードにも慣れ、いよいよ実戦してみてもよいかなと思えるときがやってきました。はじめのうちは外為ＦＸのチャートと口座を使っていました。パソコンでチャートが見られること自体がおもしろくて、ピコピコと動くローソク足を「おもしろいわぁ」と呟きながら見ていたのを今でも覚えています。
　そのころのトレード方法はとても簡単なものでした。ＭＡＣＤがゴールデンクロスしたらエントリーするやり方です。家事やお掃除が終わって息子がお昼寝をするのは１４時から１５時、それからパソコンの前に座り、電源を入れ、チャートを見ながらトレードしていたので、今思えば、時間的にもちょうど良いとき（市場が動くとき）にエントリーできていたのだと思います。ですから、２～３日は続けて利益を出すことができて、「こんなに簡単にお金が増えるなんてすごい」と感激していたのです。

　比較的簡単にお金が増える魔力というか、順調にお金が増え続ける

と、今度はＦＸのことがたえず気になるようになってきました。事実、連続で利益を出したその翌日くらいからは、時間が空くとトレードをするようになりました。ところが、そのときから損が続くようになってきたのです。

そしてとうとう最初の３日間の利益がなくなったころに「このままではいけない」と思い、「ほかの方はどうされているのだろう」と、いろいろなブログやサイトを見てまわりました。チャートについては、私のようにＭＡＣＤだけでなく、ほかにもさまざまなテクニカル指標を見ないといけないことがわかりました。

そこで、私はどうしたかというと、ＭＡＣＤだけではなく、ストキャスティクスと移動平均線も使ってトレードをするようになりました。しかし、増えては減り、減っては増えの繰り返しで、大きく利益が伸びることはなかったのです。

また、チャートの画面の前にずっと居座って動きをチェックしていないといけないことがとても不便に感じました。でも、有名なブログの「今日は４５pips（ピプス）獲得でプラス２２万円」というような取引結果の報告を見ては「絶対に私もこんなふうになるんだ」と自分を奮い立たせ、日々、格闘していたのです。

FX チャートに取り組んだ日々

「利益が出ては損をして」ということを繰り返しながら、ほかの方々のブログを見ていくうちに、「MetaTrader 4」というチャートシステムを説明しているブログを見つけました。

このブログにはいろいろなテクニカルチャートが紹介されており、さらにそれらを自分で組み合わせることができると説明されていました。そこで「自分で少し追求してみよう」と、フリーのインジケーター

をいろいろダウンロードし、そのインジケーターのパラメーターを少しずつ変えて自分に合うチャートを作ろうとしました。以前、銀行や証券会社のシステム開発に携わっていたことがあるので、この作業自体は楽しいものでしたが、実際に動くチャートと見比べないといけないため時間がかかりますから、根気が必要でした。

日々格闘していくうちに、単純なことですが、「ローソク足が上昇し始めたときに上昇のサインが出るようにすればいいんだな。下降し始めたときに下降のサインが出るようにすればいいんだな」と思うようになりました。事実、いろいろなインジケーターのパラメーターの数値を自分で変更して、ベストなところでサインが出るように調整しました。

私が一番興味を持ったのは、「キンコーン！」というアラーム音が出るインジケーターでした。チャートの前にずっといないといけない状況は不便なので、アラームでトレンドが変わったことを教えてくれる機能はとても便利に感じました。特に、ＱＱＥ（ローソク足上に矢印を出してくれてアラームも鳴るインジケーター）やPerkyAsctrend（ローソク足上に丸印を出してくれてアラームも鳴る

インジケーター)、ＶＱ（ローソク足とは枠が別になりますが、１本のラインで上昇、下降の変化がわかり、矢印を出してくれてアラームも鳴るインジケーター）のパラメーターについては試行錯誤を繰り返しました。有名なブログに、

「▲▲さんのようにＦＸで利益が取れるようになりたいので、今、実際に使用しているパラメーターを教えてください」

という質問を投げてみましたが、どのブロガーさんからも返事をもらえなかったので、自分でやるしかなかったのです。
　それからは、自分でパラメーターをどんどん変え、一番良いと思えるパラメーターを決め、それらを参考にしながらトレードを始めてみました。でも、結果的に利益だけが増えることはありませんでした。損をしては取り返し、損をしては取り返しの連続だったのです。

　このころから、私は週３日くらいのパートの仕事を始めました。理由は、息子を毎日保育園に預ける理由が必要になったからです。そして、仕事がない日には１日中チャートに向き合う時間を確保しました。
　その後、しばらくしてそのパートを辞めてからも、私はテクニカルを追求するために、息子を保育園に預けてトレードの研究をするようになりました。保育園まで息子を送った後、家事や掃除を急いで終わらせ、１日６時間から８時間くらいはずっとチャートを見ていました。ときには昼食をとる時間も惜しんでチャートに向かっていました。毎日パソコンをずっと見ていたので、頭痛がずっと続くようになるなど、今考えれば非常にクレイジーな状態だったと思います。
　でもこのころ、私は何かがつかめそうな気がしながらトレードをしていました。チャートをずっと眺めていると、「チャートには、大きく動くときとあまり動かないときがある。しかもそれが明確にわか

る」と気づいたのです。単純にこの大きい動きのときにだけトレードできれば大きく利益が取れるのではないかと思うようになってきたのです。もちろん、その当時の知識は、今の私が持っている"それ"には到底及ばないのですが、テクニカル的には大体把握できていて「あともう少し」と思い始めたころだったのです。

FX ノートに記録をつけ始める

　私は会社を経営しているときから手帳が大好きでした。ナポレオンヒルプログラムという、自己啓発の本の内容を速聴器という器械で聞いたり、自分の目標や将来のビジョンを段階的に追求していくプログラムを試してみたり、フランクリン・コヴィーという、手帳で自分の目標や優先事項を管理することを薦めている本を読んだりしては、自分の目標やこれからの展望をよく手帳に書いていました。

　手帳やノートについては気に入ったものはすぐ買ってしまいます。何冊も持つのが好きで、人生設計を書き込んだもの、息子の進学や教育について書き込んだもの、主人との人生設計や老後について書き込んだものなどがあります。自分でウキウキすることが私の楽しみのひとつだったのです。

　その流れから、トレードの記録についても、トレードを始めた当初から自然に残すようになりました。最初のころはテクニカル的な記述が多かったのですが、だんだん自分がエントリーした時間を書き残すようになりました。それと同時に、チャートがよく動いた時間帯もメモするようになりました。先ほどお話ししたように「チャートには、大きく動くときとあまり動かないときがある。しかもそれが明確にわかる」と思えたのも、ノートに記録をつけていたからだと思います。

　そうやってまとめていくと、次第にノートがカラー刷りの参考書の

ようになっていくのです。私自身、記録をつけることが楽しくなってきていました。

　もちろん、私も人間ですから、"楽しい"とはいっても、損をした日のノートはどうしても殴り書きになってしまいます。真っ赤なボールペンでぐしゃぐしゃに書き込むので見た目は汚いのですが、失敗した理由や注意しなければいけないことについてはしっかり書き込んであるので、後から見直すと、うまくいった日のノートに書かれている内容よりも説得力がありました。

　最初はニュースの内容もよくわからないので、わからないことはとにかく何でもメモを取りました。また、よくわからない指標発表後や、ニュースが出た後の動きについても、できるだけメモしました。

　有名な方のブログに質問してもテクニカル的な質問には答えてもらえなかったので、ノートに記録を残すことしかできなかったのです。

ノートに夢を書き続けた日々と、レンジ相場の対策ができない日々の繰り返しで……

　ノートに記録を残しつつ、何かをつかめそうな気配を感じてはいたものの、成績自体は損をしては取り返しての繰り返しでした。その期間はだいたい1年くらい続いたと思います。

　さすがに、1年も同じことをやっていると、テクニカル的にはもう注意するところは把握していました。それなのに、上昇すると思ったところから大きく上がらなかったり、下落すると思ったところから大きく下がらなかったりなど、ジレンマが続きました。そうです、私はレンジ相場の判断がまったくできていなかったのです。

　次第に損のほうが利益よりも増えてきたので、だんだん行き詰まってくるようになりました。そういう状況でも、家にいるときは必ず

チャートを立ち上げて、値動きを観察するようにしていました。

「レンジ相場にはまってしまったら、単純に運が悪かったと思うしかないのかな。何かレンジを判断できるテクニカルはないかな」

　そんなことを思いながらいろいろなインジケーターをダウンロードして検証しましたが、良い解決策はなかなか見つからないまま時間だけが過ぎていったのです。
　足踏み状態の日々が続いていましたが、メモをすることだけは忘れずに続けました。このときに書いていたことは、資産的な今後の目標とテクニカル的な今後の目標でした。
　資産的な今後の目標については、資金が順調に増えた場合の数カ月後の残金について、何度も何度もノートに書きました。「こんなにた

ノートに記録することが大事！

くさんお金が増えたらすごいことだわぁ」と想像しながら、パソコンのモニターを増やしたいとか、いくつもの通貨を同時に見ることができるようになりたいとか、利益が出るようになったら姉や親族の資金も増やしてあげたいなどと、お金が増えたらやってみたいことを書いていたものです。もともと贅沢や派手な生活には興味がありませんが、やはりお金が増えることを考えるとフワフワっとした気持ちになりました。

　これらの夢はワクワクしながら書くことができたのですが、一方で、テクニカルの目標を書くときはどうしても感情が入ってしまっていました。なぜなら、そのころがちょうど、レンジ相場に対応できないという問題が解決できなくて行き詰まっていたときだったからです。そして、困ったことに、私には自分の悩みを相談できる相手がいなかったのです。

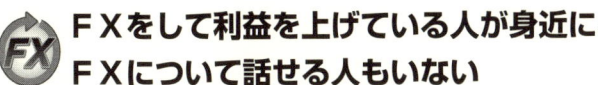
FXをして利益を上げている人が身近にいない。FXについて話せる人もいない

　私のまわりにもFXをしている人は数人いました。でも、「スワップ狙いで、今、２０万円くらいの含み損を抱えていて損切りしたくないからそのまま持っているんだよ」という男性や、「昨夜、主人がトレードをして、一晩で５０万円マイナスになって、混乱して大変だった」というお友達のご主人や、「トルコリラをスイングトレードのつもりで買って、損が２０万円に……」という方のように、コンスタントに利益を出している人はひとりもいませんでした。

　私としては、少しずつチャートの動きがわかってきていたころだったので、とても不思議に思いました。そして、今の自分にわかっていることを教えてあげたいと思って、「このブログを読むと勉強になり

ますよ」と教えたりしたのですが、その後は特に良い報告はありませんでした。ほとんどの人が「ＦＸはもうやめた」と話すのです。「私のまわりにひとりでも利益を出している人がいればいいのに……」とよく思ったものでした。

　私がＦＸを始めたときに、姉もＦＸを始めました。でも、途中からは「損をしたら痛手だからやめるわ」と言い出してＦＸをやらなくなり、相談できる人が主人だけになりました。その主人も、私がテクニカル分析についての知識を深めていくと話についてこられなくなるようでした。次第に、その日の結果だけを話すようになっていったのです。
　友人に話しても、「すごいねえ。でも私には無理だわ〜」と一瞬で会話が終わってしまうので、それ以上の話はできませんでした。
　両親に話したときには、「あら、またそんなことを……。女の人が投資なんかしたら失敗するわよ」と心配されてしまい、それ以後はＦＸについての話題は出せなくなってしまいました。
　このように、ＦＸについて話せる人が私のまわりにはいませんでした。利益が増えれば、そのうれしい気持ちを誰かに聞いてほしいし、損をしたときにはその理由を討論したかったのですが、私はひとりきりだったのです。そして、唯一の話し相手はいつも私のノートでした。

🅕🅧 ２年目のある日。腹が立って、私はノートを破った！

　誰にも相談できない。私の話し相手はノートだけ。先ほど、このように書きましたが、"話し相手"との別れは意外に早くやってきました。
　ＦＸを始めて２年目のある日、損をしたことに腹が立って、ここまでがんばって書いてきたノートをビリビリに破って捨ててしまったの

です。

　すでにお話ししたように、FXを始めてから1年くらい経過すると、MetaTraderやインジケーターにも慣れてきて、少しずつ自分のルールがまとまってきました。そして、そのころから自信をもってエントリーをしたにもかかわらず損をしてしまうと、非常に腹が立つようにもなってきたのです。キーボードやマウス、近くに置いてあった電卓をバンバン叩いて壊すようになりました。

　ところが、この日は"そのくらい"では気が済まなかったのです。今思うと、あんなに大事なものを破り捨ててしまうなんて、何て馬鹿なことをしてしまったのだろうと本当に後悔しています。でも、そのときの私は感情を抑えることができませんでした。「自信があるからエントリーしたのに、逆にマイナスになってしまって、今までの自分の努力は何だったのか」と思うと、何ともいえない怒りがこみ上げてきたのです。

　テクニカルを勉強して利益を取れることが増えたにもかかわらず、なかなか損を減らすことができないでいた数カ月は、私にとって非常

に辛い時期でした。何をしても楽しくなく、ちょっとしたことでイライラしてしまい、小さな息子が「ママ、怒っているの？　どうしてそんなに怖い顔をしてるの？」と、私の顔を眺めながらよく聞いてきました。頑張って顔をニッコリとさせて、「ママは全然怒ってないのよ〜」と息子をなだめていましたが、実のところ、心の中は腹立たしい気持ちでいっぱいだったのです。

　そんな私を見て、主人は「ＦＸを続けていても、なんだか楽しくなさそうだねぇ」と言いました。

　そうです。まさしく主人の言う通りでした。

　このころはチャートを見ていてもまったく楽しくありませんでした。家事をしているときに大きなトレンドが発生し、勢いよくローソク足が伸びているのを見つけると、遠くからチャートを睨みつけながら「私がトレードするときは、わざと動かないんだわ」と、被害妄想的なことを思ったこともありました。夜中一人で起きているときに、チャートを見ながら悔しさがこみ上げてきて、シクシク泣いてしまったことも何度もありました。結局は、「何か良い方法を自分で見つけるしかないんだわ」という結論に辿り着きましたが、相談する相手がいない私にとっては、その後も、ゴールの見えない非常に寂しい状況が続いたのです。

　今でこそ、私は、コンスタントに利益を取ることができるようになりましたが、大きく利益を取った後には、よくこのころの苦しかったときを思い出します。お恥ずかしい話ですが、なかなか利益を出せなかったころを思い出しては感慨深くなってしまって、いまだに涙が出てきます。あのような辛い思いは、これから希望を持ってＦＸを始める人には味わってほしくないと思っています。

🔄FX 私の質問に答えてくれたブログのおかげで立ち直りのきっかけが見えてきた

「自分で何か良い方法を見つけなくてはいけない」と焦る一方で、私は、利益が出ている方のブログに、たびたびコメント欄で質問をしていました。

「テクニカルでは何を重要視していますか？」
「私は損がなかなか減らないのですが、▲▲さんが損を減らすことができたのは、どうしてですか？　教えてください」
「ゴールデンクロスをしたので上昇だと思ったらそんなに上昇しませんでした。▲▲さんはこういうときはどうやって対処していますか？」

　そういう内容を熱心に質問したものでした。
　しかし、テクニカル的なことや、技術的なことに関して質問しても、返事をいただくことはありませんでした。そのくせに、たわいもない質問にはきちんと返事が書かれてくるのです。そういう役にも立たない文面を見ると、ひどく落胆することが多くなりました。

「何かヒントが欲しいのに、どうして教えてくれないんだろう」

　そう思いながらいろいろなブログを訪問しましたが、きちんと質問に答えてくれたり、必要な情報を得られたのはわずかなブログだけでした。返事のコメントがあったときのあのうれしい気持ちは今も忘れられません。
　その中で、私の立ち直りのきっかけとなったブログがあります。それは、waashさんというハンドルネームの方が手法を公開していた「ｍｔ４で単純シストレ」というブログです。私がトレンドをしっかりと

つかめるようになったのは、waashさんのブログのおかげと言っても言い過ぎではありません。そのくらい感謝しています。

　残念ながら、今はそのブログはありませんが、当時、waashさんは私の質問に率直に答えてくれました。

「どうしてそんなに利益が出せるんですか？」

　そう質問すると、waashさんは、

「大きく動くときだけエントリーしているからですよ」

とだけ答えていらっしゃいました。もともと、私は毎日記録をつけていたので、このときに「ハッ」と気づいたのです。

　私は、自分がエントリーした時間と一緒に、その日の相場がよく動いた時間帯についてもメモを残すようにしていました。よく動いた時間帯のテクニカルを確認して、よく動いた時間帯にエントリーできなかった場合はその理由を知りたかったからです。ちなみに、記録を振り返ると、エントリーできなかった理由のほとんどは、よく動いた時間帯の前に損をしてエントリーすること自体をためらっていたことと、家事・掃除・子供の世話をしていてパソコンの前にいなかったことでした。

　また、週末にじっくりノートを見直していたときに、損をする時間帯がほとんど同じであること、家事をしていてトレードができない夕方に相場がよく動いていることにも気づきました。ここにヒントがあるように感じて、「考えすぎかな」と思いながらも、「少しまとめてみようかな」と思い、エクセルに８時から２４時までの表を作り、毎日のよく動いた時間帯に丸印を付けて、エントリーした時間の枠には色を付けていたのです。その結果は思っていたとおりでした。相場がよく

動くことを示す丸印は同じ時間帯に偏っていたのです。何だかよくわからないけど、何かがつかめそう。そんなことをずっと思っていました。

だからこそ、「大きく動くときだけエントリーしているから」という言葉と、waash さんのブログで公開されていたテクニカルだけですぐにひらめいたのです。

「これを探していたのよー！」

そう何度も独り言を言ってしまうほど、それは私にとって画期的なものでした。事実、その後は、相場が動かないときを判断できるようになり、レンジ相場のときにはエントリーしなくなったのです（詳しくは後述します）。

waash さんのブログを見たことで大きな疑問点が解決されたことは、私にとっては本当に喜ばしいことでした。チャートを見ていても、思った通りにレンジ相場になったり、大きなトレンドが来たりするのを見ていて、本当にワクワクしました。ＦＸが楽しく思えるようになったのは、waash さんに相場の勢いをつかむことを教えていただいてからです。

ADXDMI と BBand Width Ratio との出合いで謎が解けた！

　waashさんのブログは、私が見ていたほかのブログとは違い、毎日のトレード結果だけでなく、トレードしたときのチャートがいつも載っていました。過去に遡ってブログを読んでみると、毎日しっかりと利益を残しているので、「まずは、そのチャートを真似してみよう」と思い、私なりにいろいろと試してみることから始めました。

　waashさんが主に使っていたテクニカルのインジケーターは、ＶＱとＡＤＸのようなものと、ＡＤＸと同じような形をしているBBand Width Ratio（ボリンジャーバンドを１本の線にしたもの）というものでした。

　ＡＤＸにはいくつか種類があるので、同じような形にするのにとても時間がかかりました。でも、きちんと利益を出している人の真似をするのが一番の近道だと思ったので、同じチャートになるようにパラメーターの数字を何度も変更して、ブログのチャートと見比べていきました。そのとき、waashさんのチャートに一番近いと思ったのがADXDMI（オシレータ系の勢いを知る指標）だったのです。

　先ほどもお話ししたように、相場がよく動く時間帯に気づきはじめていたので、私のノートに記録している相場のよく動く時間帯と、ADX DMIとBBand Width Ratioによって、相場に勢いがついた時間とを見比べていきました。そうすると、今までまったく解決できなかったレンジ相場に対する対策と、気づきはじめていた相場に勢いがつく時間帯がはっきりとしたのです。それらをまとめて、勢いがつきやすい時間帯を書き出し、次の日からトレードしてみることにしました。

　私はものすごくワクワクしていました。早くトレードがしたくてた

まりませんでした。「これで損が減って利益が増える！」と思えたからです。

次の日になると、まず私は自分が記録していたよく動く時間帯を付箋紙に書き、パソコンの前に貼りました。そして、市場がよく動く時間帯のときのADXDMIとBBand Width Ratioの動きに注目するようにしました。そして、相場に勢いがついたと判断できたときに、ドル円で「買い」でエントリーしました。

すると、"そこ"からどんどん上昇していって、きれいな右上がりのチャートになり、トレンドが発生しました。結果的に、私は１０pips以上の利益を取ることができたのです。また、レンジ相場であると判断できるところでは絶対にエントリーしませんでした。結果、その日は損を出すことなく、プラスで終えることができました。このとき、私は今まで見えなかったものを手にできたような感じがして本当にうれしく思いました。

それからは、トレードする時間帯を区切るように意識しました。ひとことでいうと、大きな波が来るまで「待つ」ようになったのです。そうすることによって、時間に余裕が出てきました。もともとチャートを見ることが好きなので最初のうちはパソコンの前にいるとついエントリーしてしまうことも何度かありましたが、それも、トレードする時間帯をノートにあらかじめ書き出しておいたり、パソコンの画面に付箋紙を貼って注意を促すことで、できるだけ意識できるような形にしていきました。このように徹底すると、嫌でも頭の中に入りますので徐々にエントリーしないほうがよい時間帯にはトレードをしなくなり、それに呼応するかのように次第に無駄なエントリーも減っていきました。

　また、レンジ相場か否かを判断できるようになったので、間違ってレンジ相場にエントリーしたとしても、「レンジ相場だからまた元の建値近くに戻る」と判断できるようになったのも収穫のひとつでした。また、そのときに大ケガをしないように損切りする方法などもわかるようになりました。

　結果として、勢いのある時間帯に集中してトレードするようになってからは、自分の思っているような利益が残せるようになっていったのです。

 **本書の構成**

　本書の中で私が声を大にして言いたいことは「勢いをつかんでからエントリーしてください」ということです。

　ここまでお話ししてきたように、私は「勢いをつかんでからエントリーする」という、私にとっての答えに出合うまでに本当に遠まわりをしてきました。ＦＸをやめてしまいたいと思ったことも何度もあります。本書を手に取ってくださった皆さんには、私の二の舞いを演じてほしくはないのです。それが、今回、執筆した理由でもあります。

　本書の命題でもある「勢いをつかんでからエントリーする」というメッセージが少しでも多くの方にわかりやすく伝わるように、本書は以下の構成にしてあります。

第１部：第１章〜第３章

「ＦＸを始めるならば知っておいてほしいこと」として、簡単にエントリーしてはいけないことや、私が毎日確認している情報などについて紹介しています

第２部：第４章〜第８章

「えつこ流ＦＸの実践方法」として、勢いをつかんでエントリーする方法や決済の仕方、枚数の増やし方、行動プログラムなどの話を展開しています

第３部：第９章〜第１０章

「知識を"技"に昇華するために」として、チャートに慣れるための練習方法や、本書の内容をきちんと理解したかどうかを確認させる問題集を載せています

私は遠まわりしてしまいましたが、少なくとも本書を読み終えれば、「勢いが大事なこと」や「勢いをつかむ方法（ADX DMI と BBand Width Ratio が右上がりのときにエントリーする。詳しくは第4章参照）」については回り道をしないでたどり着けるはずです。

　そして、もうひとつ、声を大にして言いたいことがあります。それは、とにかく練習してくださいということです。第9章でチャートに慣れるための方法を紹介しています。そこで、エントリーの仕方や決済の仕方を十分練習してから実戦に向かってほしいのです。
　本書で展開している理論は比較的シンプルですので、始めようと思えばすぐにでもできるでしょう。でも、それですぐに利益が取れるほど、ＦＸの世界は甘くないと思います。
　簡単にエントリーすることなく、十分な練習を積んだうえでＦＸを楽しんでいただけたら、私はうれしく思います。

序章

FXとの出合い	2
初期のトレード	3
チャートに取り組んだ日々	5
ノートに記録をつけ始める	8
ノートに夢を書き続けた日々と、レンジ相場の対策ができない日々の繰り返しで……	9
FXをして利益を上げている人が身近にいない。FXについて話せる人もいない	11
2年目のある日。腹が立って、私はノートを破った！	12
私の質問に答えてくれたブログのおかげで立ち直りのきっかけが見えてきた	15
ADXDMIとBBand Width Ratioとの出合いで謎が解けた！	18
本書の構成	21

【第1部】FXを始めるならば知っておいてほしいこと

第1章　FXは簡単に勝てる投資ではない

市場は生きている	28
簡単にエントリーしてはいけない	29
損をするのになぜ何度もエントリーしてしまうのか	31
市場はあなただけを見ていない	32

第2章　スキャルピングをする場合は相当な覚悟が必要なことを理解しておきましょう

1分足スキャルピングをメインにしていたころ	36
スキャルピングには体力が必要	40
超スキャルピングは私には無理です	41
「損もよし」としてはいけない	43

第3章　トレードする時間をマネジメントしましょう
　　　　　～タイムマネジメントについて～

マーケットの特徴からトレードする時間を見極める	48
トレードのタイムマネジメントをする	
各国のマーケットオープン時間を知る	49
トレンドの発生しやすい時間帯を知ってください	50
各国の休日について	52
ゴトー日の値動きについて	54
ずっとレンジ相場だった場合にはどうするのか	
前日のNYダウの動きを把握すること	56
主な指標とその前後の動きを知りましょう	58
ファンダメンタルによる予想	60
3月・4月・8月・12月について	62
1日の値幅について	64

【第2部】　えつこ流　FXの実践方法

第4章　勢いをつかむ方法
　　　　　～勢いをつかんでからエントリーする～

FX＝ギャンブル性が高い理由	68
安心してトレードするために必要なこと	69
勢いがあるときとは	70
市場の勢いをつかむ戦略を確立しておく	75
それでも逆に動いたとき	76
大きく動いた後、これは特に難しい	77
勢いをつかむ範囲	78
エントリーのステップについて	80

第5章	決済の基準と損切りについて 〜欲張らずに、機械的に〜	
決済のタイミングはボリンジャーバンドで		88
決済の数字的目安		90
決済するときに思い出してほしいこと		91
損切りについて		94
エントリーしてから決済までの緊張		95

第6章	どういうときに枚数を増やすのかについて	
簡単に枚数を増やしてはいけない		100
月初は枚数を増やしてはいけない		101
第2月曜日に枚数を増やしてはいけない		103
私の枚数の増やし方		104
私が大きく枚数を増やすとき		106

第7章	FXの行動をプログラムしましょう	
FXトレードの行動をプログラムする		110
トレードルールに対する姿勢		120
怠ったときに損をした		
コラム:サラリーマンの方がFXに取り組むには		123

第8章	事例紹介 〜私のある日の動きとモニターさんの感想〜	
2010年7月6日(火)のトレード		130
2010年7月7日(水)のトレード		134
2010年7月8日(木)のトレード		138
行動プログラムを実行した人の感想		141

【第3部】 知識を"技"に昇華するために

第9章 チャートに慣れてください
～チャートに慣れる練習をしよう～

チャートの動きには慣れたほうがよい	152
Strategy Testerで練習する	154
Strategy Testerを表示する	155
何を練習するのか	163

第10章 確認問題集
～本書の中身を簡単にCHECK！～

トレード前の準備編	166
トレード時間のタイムマネジメント	
エントリーのタイミング	170
決済のタイミング	178
損をした場合と利益が取れた場合の行動	184
トレード後の行動	186

まとめ 苦労して頑張って
本当に良かったと思える毎日です

時間と気持ちに余裕を持ってトレード	190
実際の私のノートです	191
ブログを活用	199
今後の展望	201
最後にひとこと	202

特典1	「毎日、どう動くべきか」がチェックできる 行動プログラムチェックシート	203
特典2	●月●日にどう動くべきかが一目でわかる ＦＸカレンダー（2010年8月～12月）	211

巻末付録1	メタトレーダー4の使い方についてよく聞かれる質問集	223
巻末付録2	私が使用しているメタトレーダー4のパラメーターについて	261
あとがき		267

【第1部】
FXを始めるならば
知っておいてほしいこと

第1章

FXは
簡単に勝てる投資ではない

市場が、あなたのためだけに動いてくれることは絶対にありません。だからこそ、勝手気ままに動く市場の動きに振り落とされないようにするためにも、何の考えもなく、簡単にエントリーしてはいけないのです。何も考えずに、何の戦略も持たずにエントリーすることは、大事なお金をどぶに投げ捨てているのと同じことです。

📈 市場は生きている

　皆さんすでにご存知のように、ＦＸ市場は、各国が輸出入をするときの取引通貨の金額を決めたり、いろいろな金融機関の外貨を売り買いして差益を取ったりなど、ありとあらゆる目的を持って動かされています。金融機関や機関投資家、輸出・輸入企業など、何社の企業が、そして何人の人たちが相場に関わっているかについては、凄まじい数字になりそうなことくらいは簡単に想像がつくと思います。

　そういった企業は、私たち個人投資家の規模（数十万円から数百万円）からはほど遠い、何百億円という規模で取引をしています。しかも「いつ買いを入れるのか」「いつ売りを入れるのか」についての情報は、個人のレベルにはほとんど落ちてきません。それでも、チャートは毎日大きく上昇したり、大きく下落したりします。１００pipsくらい大きく動くときも少なくありません。

　特に市場に大きく勢いがついたときは、上昇するときも下降するときも、何か意思を持って動いているような感じがします。私はよく大きなトレンドが来たときには「うわー、動き始めた」と呟きます。その様子はまるで市場が生きているかのように見えます。事実、私たちの意志とは無関係に勝手にどんどん動いていきます。

　このことを、トレードをするうえでものすごく大きな要素として、きちんと意識している人は何人いらっしゃるでしょうか？

　もう一度、言います。相場は、生きているかのように勝手に動きます。そこでは、私たちの希望や期待はまったく考慮されないのです。

　勝手気ままに上に行ったかと思えば、次の瞬間には下に動く市場。そういった状況を見ながら、ふと私は気づいたのです。「個人の投資家である私は**市場が大きく動いたときに、何とかその勢いにしがみついておこぼれをもらわないと利益は上げられないのだ**」と。このことを読者の皆さんもしっかり意識してほしいと思います。

簡単にエントリーしてはいけない

　先にも説明しましたように、相場は勝手に動きます。勝手にどんどん動くチャートを相手にする以上、何の根拠もなしにエントリーしては絶対に駄目です。せっかくの勝てる環境でも勝てませんから、資産がどんどん減るだけです。

　そうはいっても、実際はどうかというと、多くの方は深く考えずにエントリーしてしまう傾向にあるようです。

　最初にＦＸに出合ったときのことを思い出してみてください。「じゃあ、エントリーしてみようか」という簡単なノリで決断していませんでしたか。

　序章でもお話ししたように、私はＦＸを知ってからすぐに実戦の場に出向いたわけではありません。まずは仮想資金５００万円を元手にデモトレードしてみました。枚数をたくさん設定して買い、ものの２０分くらいで資金が３５万円ほど増えたので、「こんなに簡単にお

何の考えもなしに簡単にエントリーしてはいけません。
資産減少のきっかけになります

金が増えるの？ FXってすごいわ」と、ものすごくワクワクした覚えがあります。

そして、バーチャルトレードに慣れたところでいよいよ実戦に入りました。私は最初にエントリーしたときのことをとてもよく覚えています。ある業者さんのチャートで適当にテクニカルを表示させ、「じゃあ、とりあえずエントリーしてみようか」というノリであっさりエントリー。最初はビギナーズラックさながらのプラス数万円でトレードを終えました。そのときはおそらく相場がよく動いていたのだと思います。何も考えずにエントリーを続け、2～3日は続けて利益を出すことができたので、「FXって、こんなに簡単にお金が増えるのね。本当にすごいわぁ」と感激していました。こんな調子でしたので、テクニカルの技術を意識することもなければ、FXについての知識を蓄えることもまったくありませんでした。

でも、うまい話は続きません。しばらくすると、エントリーしても実損ばかり出すようになってしまいました。最初は「あら、残念だわ」と、蚊にでも刺されたくらいにしか思っていませんでしたが、あれよあれよという間に資金がだんだん減ってくると、イライラもつのり、

資産が半分になった～

精神的にもつらい状態になってきました。最終的には、(はじめのうちは利益を出していたものですから) ここに至るまで何の戦略もないまま、テクニカルについて何も研究しないまま来てしまったことも手伝って、買いでエントリーし続けた結果、資産の半分をあっという間に失くしてしまったのです。

当時を振り返ると、なんて気軽に、なんて単純に、お金を捨てていたのだろうと後悔してしまうことが今でもあります。だからこそ、簡単にエントリーしてはいけないと、声を大にして言いたいのです。

FX 損をするのになぜ何度もエントリーしてしまうのか

私の知り合いの中にも、経済状況の悪化からやむなく収入が減ってしまったり、リストラされそうになったりしている人がいます。

ブログへの訪問者の中にも、「収入が減ったので、子供たちの教育資金を確保したいからFXを始めました」という方や、「リストラされて再就職も難しいので、投資をして生計を立てたいんです。だからFXを始めました」という方、「小さな子供を抱えて離婚したので、家で子供の面倒を見ながら収入を確保したいんです」という方がかなりいらっしゃいます。

投資といえば、余裕資金を持っている人が行うというイメージがあったのですが、ふたを開けてみるとそんなことはないようでした。特に、FXの場合、簡単に始められて、しかも仕組み的には利益率が高いので、簡単に資金を増やせると考えている人が多いように思います。

私に質問をしてくる初心者の方の中には、「早く資金を増やしたい」と焦っている人が多く見られます。そういったコメントを読んでいくうちに私は気づいたのです。「お金を増やしたい人が焦ってFXを始

め、手法も確立していないのにエントリーをしてしまうから、資金を短期間になくしているのだ」と。

「経済的に厳しくなったから何とかしてＦＸで豊かになりたい」という希望を持って取り組んでいる人が、何も考えずにエントリーし、一瞬で大損をして資金をなくしているのだと思うと、私自身も気持ちが暗くなります。その方たちはきっと余裕資金ではないお金、下手をすれば生活に必要なお金をトレードに使って損をしてしまい、失った資金を取り返そうとして、さらにエントリーしつづけ、それが裏目に出てもっと大きな資金を失っているのではないか。そう思うと、寒気さえします。

初心者の人がたかだか１カ月くらいで１００万円の利益を残すのは絶対に無理です。これだけははっきり知っておくべきだと思います。しっかり利益が残せるようになるには、しっかりした戦略と、しっかりした練習が必要です。これらについては第４章以降で説明します。

市場はあなただけを見ていない

世界中にたくさんのライバルがいるＦＸでは、チャートや相場が、あなた自身のみを攻撃している（あなただけに損をさせている）わけではありません。市場は何万人もの参加者の中からあなただけを狙い撃ちにしてお金を取るようなことはしません。

「ＦＸ市場全体ＶＳ個人」と考えると、個人は非常に小さな存在です。そういったことを含めて冷静に考えると、損をした場合には、８割方あなた自身のトレード方法に問題があることがわかると思います。残りの２割は、突然発表された大きなニュースとか、予想外のレンジ相場のために誰がエントリーしたとしても対応不可能な場合の損で、こればかりは対処の仕方がありません。

市場が"あなたひとり"の都合を考慮してくれることはありません。私自身の話をすると、エントリーした後に「今日は目標の数字を取れていないから、３０pips動いてくれれば……」などと考えることがよくありました。だから、決済しなければいけないところで決済せず、もっと動くのを待ってしまうのです。

　そうすると、決まって市場は逆に動き始め、２０pips以上あった利益は消えてしまい、数字がマイナスになってしまうことが多いのです。取れていたはずの利益を獲得できなかったばかりか、逆に損失を出してしまったというこの何ともばかばかしいトレードは、市場が自分の都合通りに動いてくれると勝手に思った結果なのです。言い訳に聞こえるかもしれませんが、自分の中では悪い癖だと把握しています。それなのに、このおろかな行為を繰り返してしまうことが多いのです。

　このことからもわかるように、トレードする側は損をしないように徹底的に研究しないといけないと思います（後述）。自分の感情に打ち勝つには、徹底的にチャートに慣れること、時間帯ならびに多くの指標やファンダメンタルの要素によって相場がどのように動くのかを自分で分析すること、その分析を参考にトレードのルールを確立し、そのルールを徹底的に守ることが必要になります。本書では、"そういうこと"について解説していきます。

第1章 ノートに必ずまとめましょう

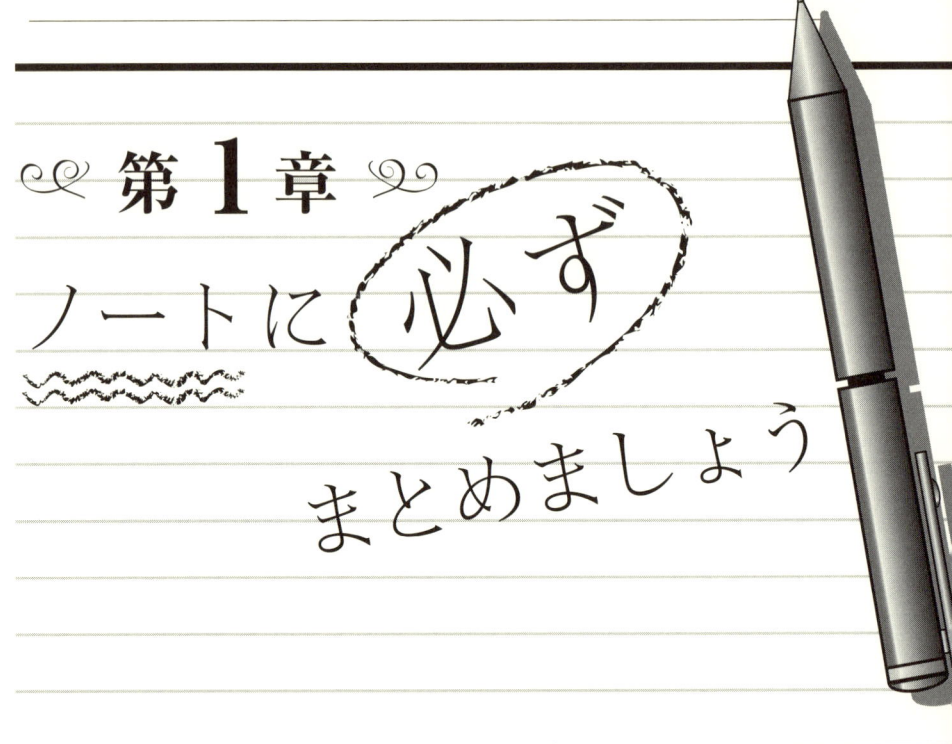

1）FXの世界で、自分自身はどんな存在だと思いますか？

2）チャートは自分のために動いてくれると思いますか？

3）今後、FXをやっていくうえで、何が必要だと思いますか？

4）以上のことをできるだけ素直にノートにまとめましょう。

【第1部】
FXを始めるならば
知っておいてほしいこと

第2章

スキャルピングをする場合は相当な覚悟が必要なことを理解しておきましょう

ほんの数分で数万円。このようなことを可能にするスキャルピングをやってみたいという方は想像以上に多いと思います。確かに、人によってはスキャルピングも可能でしょう。ただし、少なくとも、瞬時に売り買いを判断できる圧倒的な才能と、多少の損失にも耐えられる精神力、そして、ずっとチャートを見続けられる体力を兼ね備えていないと、利益を上げつつづけるのは難しいと思います。そのことを、私の経験談を含めて解説していきます。

1分足スキャルピングをメインにしていたころ

　一時期、通貨についてはユーロ円、時間軸については1分足をメインにトレードをしていたことがあります。ユーロ円を狙ったのは、ドル円よりも利益率が大きかったというのが理由で、1分足を選んだのは、ドル円以上の大きな動きに慣れていなかったので、長期間ポジションを保有するだけの勇気がなかったためです。

　そのときは、約1時間に1回のトレードというルールを作っていました。なぜなら、トレンドが発生した時間をノートに記録していくうちに、約1時間に1回、10pips程度のトレンドが発生していることに気づいたからです。

　そして、連続エントリーを避けるために、タイマーを使って時間を空けるという「タイムマネジメント（Time Management）」を行っていました。

　各時間足は、1分足・5分足・30分足・4時間足を見ていました。そして、30分足のSchaff Trend Cycle（上昇トレンドと下降トレンドがわかりやすいインジケーター）のラインが反転し始めたら5分足を見て、5分足でも勢いがある（ADXDMIとBBand Width Ratioが右上がりである）ことを確認できたら、1分足でエントリーしていました（注：勢いをつかむ話については第4章で詳しく解説します）。

　1回のトレードで10pips程度の利益を1日に3回から5回取って、1日のトータルの利益は40～60pipsが多かったと思います。過去の記録を残したノートをご覧ください（37ページと38ページを参照のこと）。

　このように1分足でのトレードができるようになったのは、その少し前まで1日に8時間近くチャートを見続けた結果だと思っています。

　ただ、1分足のトレードができるようになったことで困ったことも出てきました。なまじ1分足でのトレードができるようになってし

◆2009年3月9日のノート

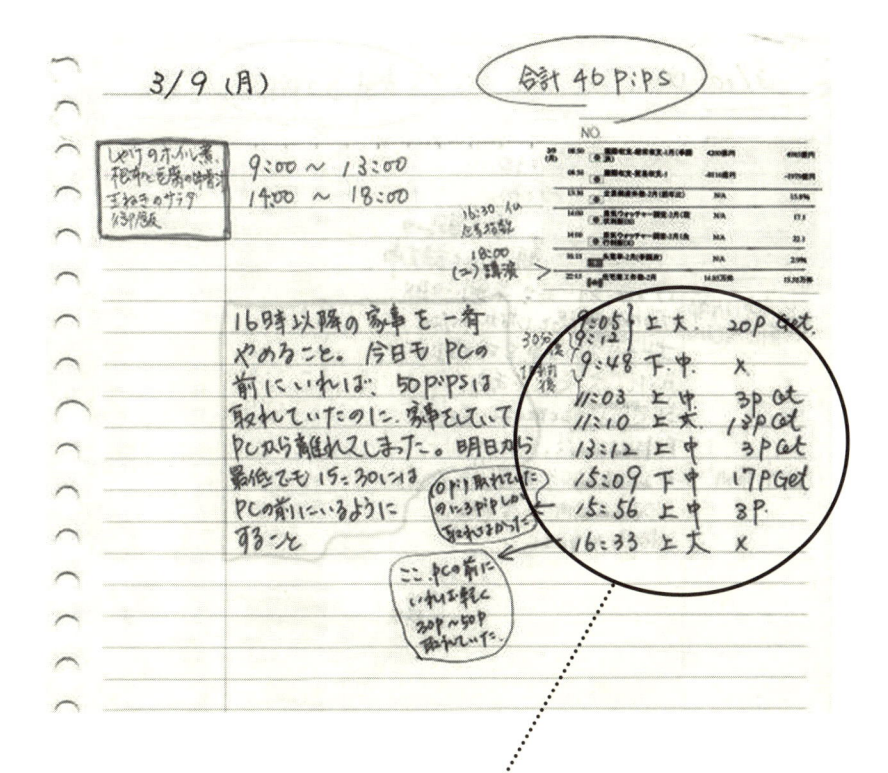

私が実際にメモしているノートの一部です。
このように細かく記録しています。

◆2009年3月10日のノート

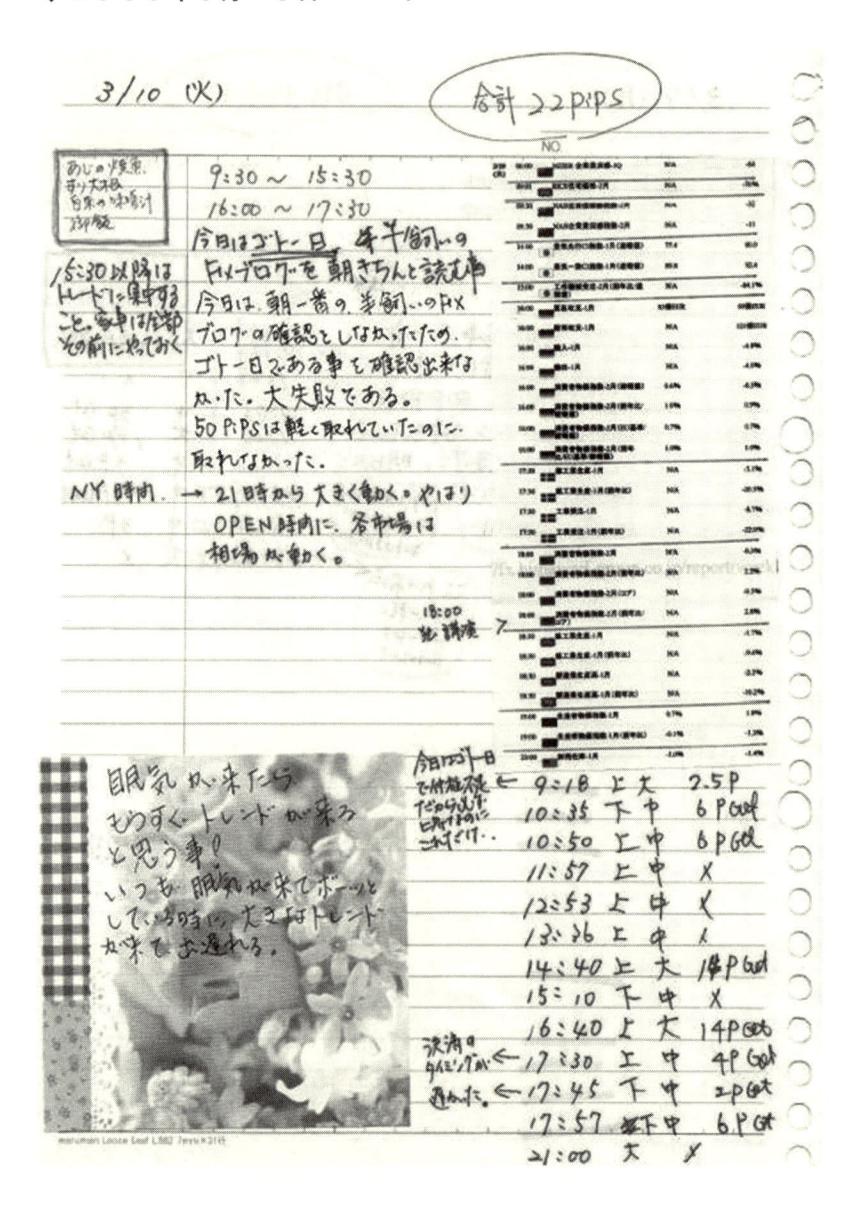

3/10 (火)　　　　　　　　合計 22pips

あじの煮魚、
けっ大根、
白米のみ噌汁
御飯

9:30 ～ 15:30
16:00 ～ 17:30

15:30以降は
トレードに集中する
こと。家事は全部
その前にやっておく

今日はゴトー日。午前8時からの
FXブログを朝きちんと読む事
今日は、朝一番の気合いのFX
ブログの確認をしなかったため、
ゴトー日である事を確認出来な
かった。大失敗である。
50pipsは軽く取れていたのに。
取れなかった。

NY時間 → 21時から大きく動く。やはり
OPEN時間に、各市場は
相場が動く。

18:00
経講演?

眠気が来たら、
もうすぐトレンドが来る
と思う事!
いつも、眠気が来てボーッと
している時に、大きなトレンド
が来て、乗り遅れる。

今日はゴトー日
で情報収集　← 9:18 上大 2.5P
だからといって 10:35 下中 6P Good
FXやらない 10:50 上中 6P Good
ことだけは… 11:57 上中 ×
　　　　　　 12:53 上中 ×
　　　　　　 13:36 上中 ×
　　　　　　 14:40 上大 1&P Good
　　　　　　 15:10 下中 ×
　　　　　　 16:40 上大 14P Good
決済の　　　
タイミングが← 17:30 上中 4P Good
遅かった。　← 17:45 下中 2P Good
　　　　　　 17:57 下中 6P Good
　　　　　　 21:00 大 ×

まったため、もうひとつの重要な情報を集めなければいけないことに気づかずにいたのです。その重要な情報とはファンダメンタルについてでした。

　1分足のトレードのときは、相場のほうが先に動くので、トレンドの原因となるファンダメンタルについては後から知ることがほとんどです。ですから、1分足トレードを実践しているときはファンダメンタルのことを軽視していた節があったのは事実です。実際、1分足トレードをやめるまでは、ファンダメンタルに関してメモすることはほとんどありませんでした。そして、このことは、私にとって決してプラスにはならなかったのです。

　ある日、ファンダメンタルについての知識の大切さを痛感させられる出来事が起こりました。その日の午前中、私はオーストラリアの失業率の指標発表があるときにトレードをしました。単純に、発表された数字が予想の数字よりも多い場合は結果は良いので相場は上昇、発表された数字が予想の数字よりも少ない場合は結果は悪いので相場は下落、と判断すればよいと思い込んでいました。発表の結果は、予想の数値よりも低かったので、「内容が悪いから下がる！」と思って売りでエントリーしました。でも、私の予想に反して、市場は大きく上昇したのです。

　私の解釈は間違っていました。「失業率が予想よりも下がる＝失業している人の数が予想よりも少ない」ということは、市場にとっては良い材料なので、市場は大きく上昇するのです。私はこのときにかなり損をしました。

　よく考えれば当然のことで、「それは、あなたのケアレスミスにすぎないでしょう」と思われるかもしれません。でも、実際にそういう場面に遭遇したときに、いつも冷静に、瞬時に判断を下せるでしょうか。「数字が悪い＝下がる」と覚えていて、私のような単純なミスを犯したことがある人も実は少なくないと思っています。

私は、このときの経験を糧に、「ファンダメンタルの知識はトレードをするうえではとても重要だから、それらの知識を最初にきちんとまとめるべきだ」と思い、ノートに書き残すようになりました。
　ファンダメンタルについての知識がしっかりしていれば、ケアレスミスも防げていたと思います。そして、ファンダメンタルの知識を最初にきちんとまとめていれば、リーマンショック以後の下落相場に、もっと早く自信を持って挑めたのではないかとも思っています。

FX スキャルピングには体力が必要

　私にとって、パソコンの前にずっと座ってチャートを眺めているのは、1分足トレードに慣れてからもかなり体力を消耗するものでした。ただ単純にボーっと眺めているだけなら疲れませんが、いつトレンドが発生してもよいように、いくつかのテクニカルの動きを全部チェックしながら画面を見ていたら、さすがに目も疲れてきます。ひどいときには頭痛もしてきます。また、1日があっという間に過ぎてしまいます。次第に疲れ果てて、「体力が続かない」と思うようにもなりました。
　私は主婦ですから家事もうまくこなしたいし、息子の世話もできるだけ自分でできるようにシフトしていきたいと思っていました。その思いがつのるにつれ、次第に、パソコンの前にずっといなければならないことによる"つらさ"が"苦痛"へと変化してきました。
　そこで、大きい時間足にトレードを変更しようと決意。一度の取引で大きな利益を取れるような方法に切り替えていきました。具体的に言うと、取引通貨を徐々にポンド円に変更し、エントリー回数を減らすトレード方法をメインにするようになったのです。ポンド円などの場合、大きく動くと一度のエントリーで大きな利益が取れます。効率を考えれば"そこ"に集中したほうがよいのではないかと思ったわけです。

１分足トレードやスキャルピングをメインにトレードしていきたいのであれば、まずは体力をつけることと、トレードの時間帯をしっかり区切ることをお勧めします。

ぐったり

スキャルピングには体力が必要です

FX 超スキャルピングは私には無理です

　超スキャルピングを行う人の中には、ローソク足しか見ないという方や、ボリンジャーバンドだけしか参考にしないという方がよくいらっしゃいます。もうそこまでになると、私からしてみれば神業としか言えません。

　ローソク足だけのトレードをする方は、トレンドが変換するときのローソク足の形を何通りも覚えていて、その通りの売り買いを何度もする方法で、利益は１回のトレードで２pipsから５pipsのようです。そのやり方で１日に１００pips以上の利益が出るのですから、先に

も話したように私にとっては本当に神業にしか思えません。私にはローソク足だけでのトレードはとても無理です。

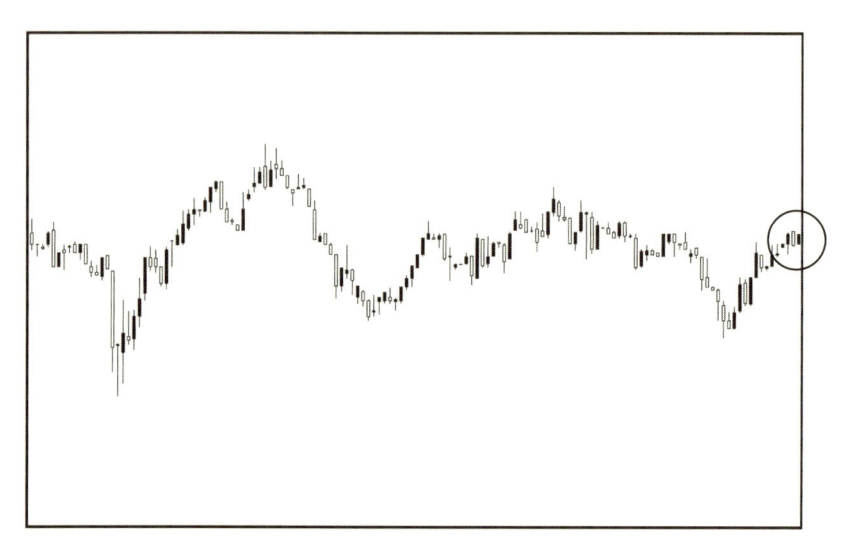

私には、このチャートの形を見ただけでエントリーすることはできません。例えば、丸囲みの部分を見て、今後上がるのか、下がるのかを予想することは、私には無理だと思います

　ボリンジャーバンドを使用する方はボリンジャーバンドにローソク足が達してヒゲが出たら、すぐに逆のエントリーをする方法をされているようです。たまにファンダメンタル的要素が原因で大きく逆に動いてしまい、損が出るときもあると聞きます。
　私はいくつかのインジケーターを見て「イケる！」と思える根拠がないとエントリーできないので、ボリンジャーバンドだけでのトレードは絶対に無理だと思っています。
　ブログのコメントに「ＦＸは初めてなのですが、１分足のスキャルピングで食べていけるようになりたいです」というコメントをくださる方がいらっしゃいますが、私は初心者の方にはスキャルピングはあ

まり勧めていません。それでも、「どうしても……」という方には実戦に入る前に「相当の練習をしてください」とお願いしています。

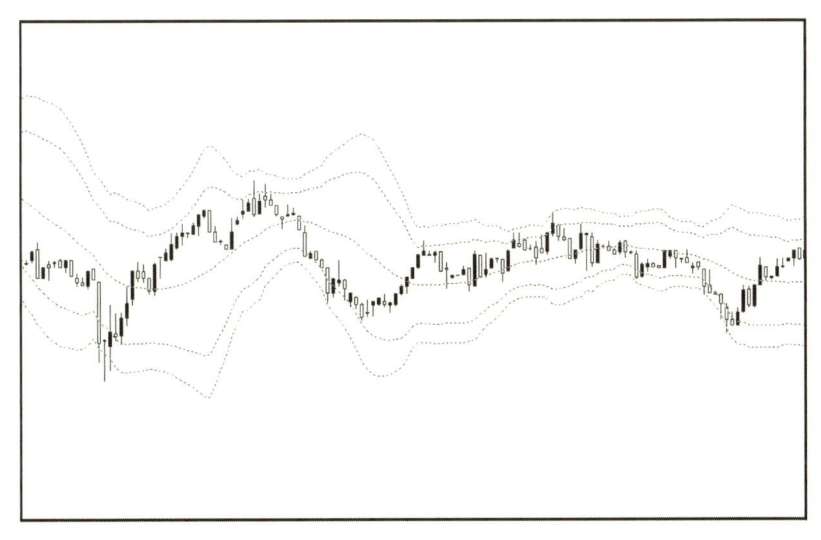

ボリンジャーバンドを見ただけでエントリーするなど、いくつかのインジケーターをエントリーの拠り所にする私にとっては別世界の話です

FX 「損もよし」としてはいけない

　超スキャルピングをする場合は、損をしてもトレンドの転換を示すローソク足の形になれば次から次へエントリーしていくことになります。でも、相場は勢いのないときには思った通りに動きません。こういうはっきりとした動きのないときにも機械的にエントリーし続けるトレードは精神的にかなりきついものになります。スキャルピングトレードにおいて、精神論が重要視される理由はこういった傾向が強いためだと思います。

　また、毎回払うスプレッドもかなりの金額になります。「損もよし」

とすると、やはり必要経費（支払うスプレッド）も大きくなるということです。
　私は、私自身の経験からも、ＦＸをされる方には、経費（支払うスプレッド）を最低限に抑えて勢いのあるときにのみトレードをして、さらに一度のトレードで利益を大きく獲得するような効率の良いトレードを心掛けてほしいと思います。
　ＦＸをする人は誰でもお金を増やしたいのだと思います。そうであればあるほど、損失や業者への支払いを最低限に防いだ方法でトレードしていただきたいと思います。

しなくてもよい「損失」や「支払い」は、極力、抑えるようにしましょう

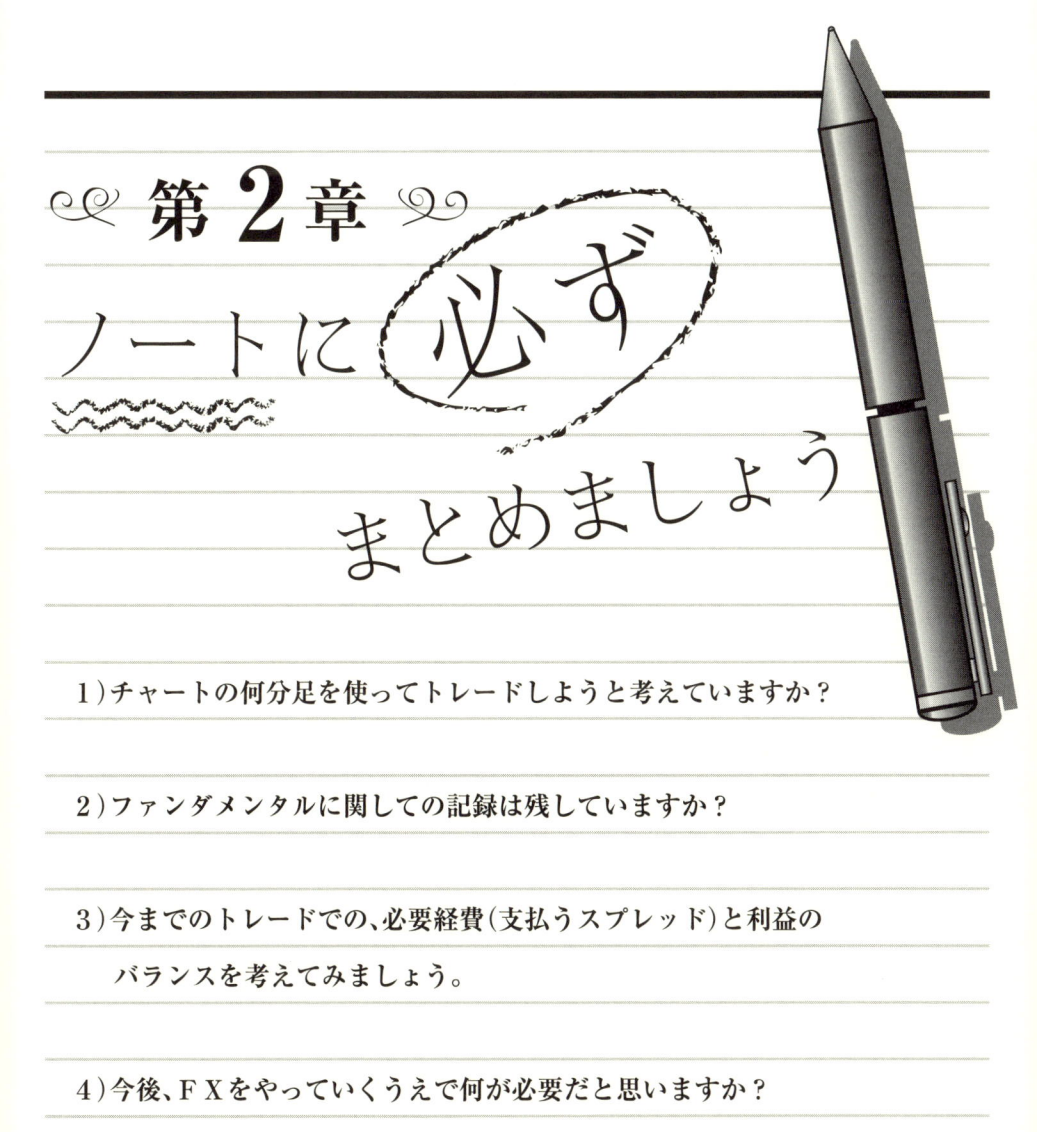

第2章 ノートに必ずまとめましょう

1) チャートの何分足を使ってトレードしようと考えていますか？

2) ファンダメンタルに関しての記録は残していますか？

3) 今までのトレードでの、必要経費（支払うスプレッド）と利益の
　バランスを考えてみましょう。

4) 今後、ＦＸをやっていくうえで何が必要だと思いますか？

5) 以上のことをできるだけ素直にノートにまとめましょう。

【第1部】
FXを始めるならば
知っておいてほしいこと

第3章

トレードする時間をマネジメントしましょう
～タイムマネジメントについて～

本章では、私が毎日欠かさずチェックしている情報や、トレードしてもよい時間帯を紹介します。
相場というものは、重要指標の発表やゴトー日、要人の発言といったものに大きく左右されるときがあります。いざというときに困らないためにも、ここで紹介する情報については常に目を通すようにしてください。

FX マーケットの特徴からトレードする時間を見極める

　先述したように、私は最初のころ、毎日の記録を残すときに、相場が大きく動いた時間を必ず書いていました。利益が取れたら必ず「何pips取れたか」をメモしていました。すると、1分足でトレードしているときにきちんとトレンドが発生して利益が取れているのは、約1時間に1回の割合であることに気づきました。

　これらを週末に見直していくうちに、最初は何となくですが、「あれ？　決まった時間帯に利益が取れている気がする。動き出す時間が同じなのかな？」と思うようになりました。そのことにふと気づいてから、過去のチャートをかなり遡って見て、大きなトレンドが起こった時間帯もメモしていきました。すると、おもしろいことに「トレンドの始まる時間が大体同じであること」を発見したのです。

　また、大きな指標発表のときや年末年始についても何年か遡って見てみると、有名なブログなどに書いてある「今日はFOMCなので動かないですからトレードはしません」や、「年末年始にトレードをするのは負け組」という言葉は、ある程度は当てはまることもあるけれど、"絶対ではない"こともわかりました。

FX トレードのタイムマネジメントをする

　市場の動きを予測するためのいくつかのヒントさえ知っていれば、これらの要素を盛り込んで、できるだけ「動かない時間（レンジ相場）」に巻き込まれないようにすることができます。この予測をするためのいくつかのヒントを参考に、トレードする時間帯とトレードしない時間帯をはっきりさせて、トレードする時間帯を自分で割り振りましょう。そうすることで、テクニカルなどでチャートを見る前にリスク管

理ができます。私は週末になると、「来週はどのようなトレードをしようか」とある程度の計画を練ります。そして、翌週の平日はその計画に基づいてトレードしています。

この章では、これらの予測をするためのいくつかのヒントを、過去の記録から説明していこうと思います。

各国のマーケットオープン時間を知る

各市場のオープン時間については皆さんご存知かと思いますが、よく把握できていない方のために図でわかりやすく説明します。

◆各市場の OPEN 時間

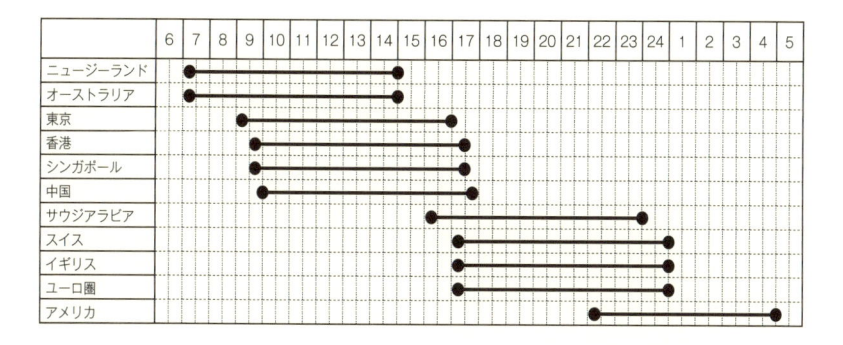

	6	7	8	9	10	11	12	13	14	15	16	17	18	19	20	21	22	23	24	1	2	3	4	5
ニュージーランド		●━━━━━━━━●																						
オーストラリア		●━━━━━━━━●																						
東京				●━━━━━━━●																				
香港				●━━━━━━━●																				
シンガポール				●━━━━━━━●																				
中国				●━━━━━●																				
サウジアラビア											●━━━━━━━━━━━●													
スイス											●━━━━━━━━━━━━━━●													
イギリス											●━━━━━━━━━━━━━━●													
ユーロ圏											●━━━━━━━━━━━━━━●													
アメリカ																	●━━━━━━━━●							

上記のように２４時間のうちでほとんど稼動しています。特に各国の輸出入に必要な仲値を決める時間帯までは、どの国も仲値決定に向かって市場が動きます。ただ、最近は中国の動向も重要視されていますから、午前中の動きは難しいと感じることが多くなりました。

図を見るとわかるように、黒い線の重なっているところが「市場は活発に動く時間帯」です。ただし、この本では、私が毎日記録しているノートから"よく動く時間帯"を説明しようと思います。

49

FX トレンドの発生しやすい時間帯を知ってください

　先にもお話ししたように、毎日チャートを見ていて、トレンドが発生したときを振り返ってみると、「昨日と動き出す時間が、大体同じ時間だな～」と思うことが非常に多いです。私のブログにもエントリーの時間帯を載せていますが、トレンド発生の時間帯はほぼ同じです。私はトレードの時間帯を区切って決め、トレードする時間帯とトレードしない時間帯を決めています。私の経験から導き出した「トレードしてもよい時間帯」は以下の３つです。

◎午前（東京時間）　０９時から１１時前後
◎午後（欧州時間）　１５時から１８時前後
◎夜中（ＮＹ時間）　２３時から２４時前後

　この時間帯の範囲で市場に勢いがついたときのみエントリーするようにしています。市場に勢いがついたかどうかは、序章でも少しふれたように ADXDMI と BBand Width Ratio で判断します。具体的に言うと、ADXDMI と BBand Width Ratio が同時に右上がりになっているかどうかを確認します。右上がりの場所が相場に勢いがついてトレンドが発生しているときです（詳しくは第４章参照）。

　実際の例を見てみましょう。次ページのチャートを見ると、午前中は①９：３０、午後は②１６：４５、夜は③２４：００に大きなトレンドが発生していることがわかります。市場は生きていますので、毎日、右ページのチャートのようにきれいに動いてはくれませんが、傾向を見ると、東京市場のオープン時間、欧州市場のオープン時間、ＮＹ市場では指標発表後にトレンドが発生しやすいといえます。

　トレンドの発生しにくい時間に大事な資産を投じてもあまり意味がありません。ですから、時間帯を区切ってトレードするようにしてみ

◆トレンドの発生しやすい時間帯の実例

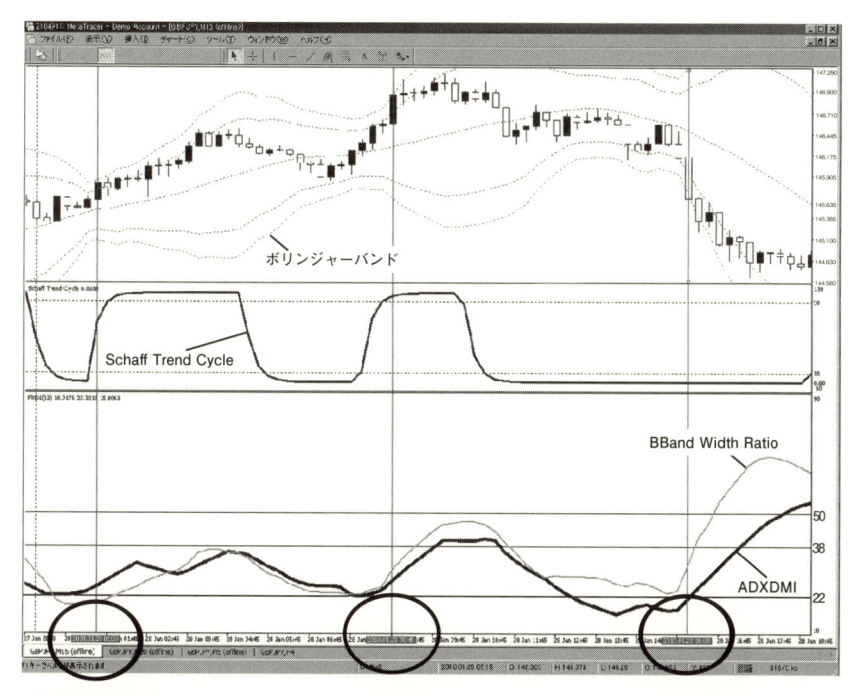

①日本時間9：30　　②日本時間16：45　　③日本時間24：00

注）できるだけ実戦に近い形を出すために、本書では、著者が実際に使っているチャートを無理に加工することなく、できる限りそのままの姿で紹介しています。そのため、多少見づらいところもあるかもしれません。ご了承ください。

■トレードしてもよい3つの時間帯

午前(東京時間)　　午後(欧州時間)　　夜中(NY時間)

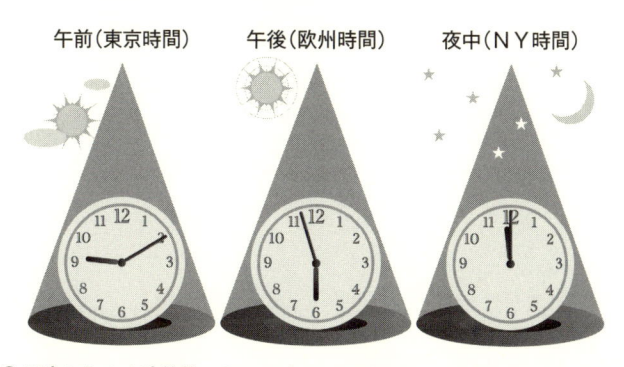

◎9時から11時前後　◎15時～18時前後　◎23時～24時前後

51

てください。それだけでも損が減ると思います。なお、テクニカルについては自分で使用しているものでもよいと思います。

　先にも説明したように、市場が動き出す時間は毎日大体同じです。ですから、前日にトレンドが発生した時間帯は必ずメモしておき、次の日はその時間帯を意識してトレードするように心がけてください。それだけでリスクがかなり減ると思います。私は、最近こそトレードに慣れましたから覚えておくだけになりましたが、最初のころは前日のトレンド発生時間は必ずメモしていました。それが今、経験として本当に役に立っています。

FX 各国の休日について

　本章の原稿を書いているとき（２０１０年２月１３日から１９日）は、中国は旧正月です。そのため、午前中に市場が動くことが少なく、利益を出すのに大変苦しみました。

　余計な苦労をしないためにも、各国の休日は必ずチェックして、基本的にはその国の市場の時間帯はトレードの対象にはしないほうがよいと思います（欧州の市場はイギリスやドイツ、フランスなど主要国のひとつがお休みでも影響が大きく、あまり動かないため、トレードはお勧めしません）。私は各国の休日の市場の時間は相場があまり動かないので、絶対にトレードしないようにしています。

　しかし、例外はあります。自然災害や各国の紛争があった場合、地理学的に近い国の通貨は影響を受けて大きく動く場合があります。例えば、日本が祭日でも、北朝鮮に何か問題があったときには日本円が売られるのでクロス円が大きく上昇します。

　また、年末の１２月３１日や年始の１月２日が平日の場合、ここ数年は大きく動いています。年末年始にトレードをするのは負け組のす

◆２００９年１２月３０日のチャート

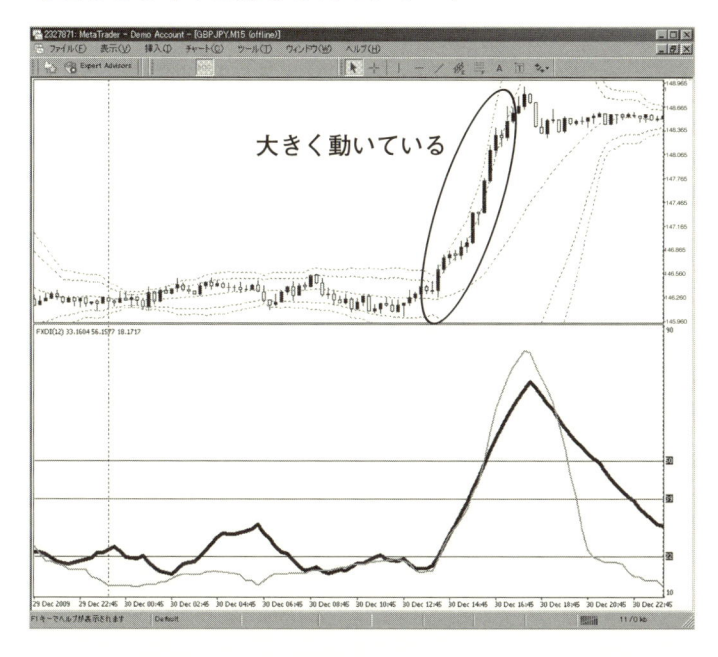

◆２００９年１２月３１日のチャート

ることだと話す人がいますが、私はそうは思いません。大きく動く稼ぎ時だと思います（５３ページ参照）。

FX ゴトー日の値動きについて

　ゴトー日といえば官公庁や金融機関の決済等が重なる日です。私がＦＸを始めたころは、ゴトー日にはただひたすら上昇する日が多かったように思います。最近の特徴はどうかというと、２００９年半ばくらいからは仲値決定の１０時まではあまり動きがなく、１０時を過ぎて仲値要因が削げ落ちてから下落し始めることが多くなりました。
　以上を踏まえて、１０時前に上昇に勢いがついても、１０pips近く利益が取れればよいほうと考えるようにして早めに決済し、１０時以降の動きに注目しています。
　次ページのチャートは仲値決定後の１０時ごろの動きです。右の①②③以外の日でも、２０１０年１月５日や、２０１０年１月２５日や、２０１０年２月１０日もやはり同じ動きになっています。
　午後では、１３時以降も動きがはっきりしていることが多いですが、私は午後から欧州時間まではあまりトレードはしません。なぜなら、勢いよく動くことが少ないことと、家事などを欧州時間前に済ませたいという理由があるからです。ときどきチャートを見ながら「今動いたわね。悔しい〜」と思うときがありますが、それはそれでよしとしています。

FX ずっとレンジ相場だった場合にはどうするのか

　レンジ相場かどうかは、ADXDMIとBBand Width Ratioのどちらか一方が右下がり、もしくは平行であることなどで判断ができます

◆ゴトー日の午前１０時ごろの動き

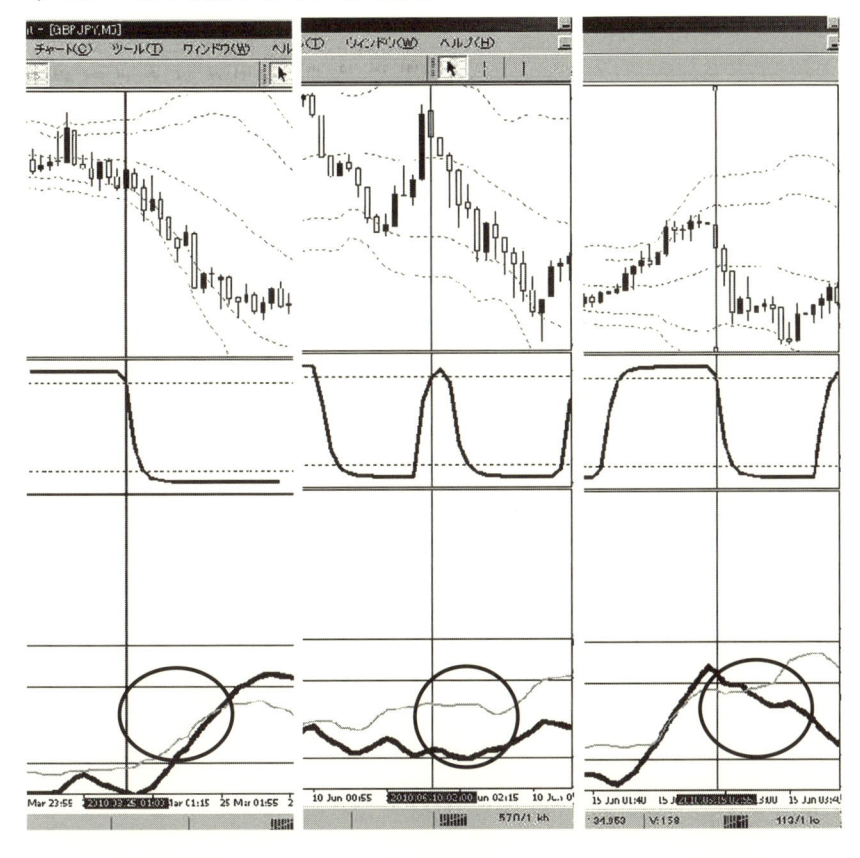

①２０１０年３月２５日　②２０１０年６月１０日　③２０１０年６月１５日

ゴトー日の動きはほぼ同じ。
仲値要因が削げ落ちる１０時まではあまり動かない

（詳しくは第4章をお読みください）。朝からレンジ相場が続いた場合、１１時３０分から１２時３０分の間に動き始めることがよくあります。または、欧州時間の１６時くらいから動き始めることもあります。こうした動きを私はいつも本当に不思議に思っていました。

両方ともに理由がよくわからない場合が多かったのですが、レンジ相場の日でも記録を残していくうちに、市場が動き出す時間帯に共通点があると気づきました。こういった過去の経験から「レンジ相場が続いたらその後に必ずといってもよいほど大きく動く」ことがわかりました。このことを受けて、朝からレンジ相場が続いた場合には、１１時３０分から１２時３０分くらいと、欧州時間の１６時くらいからは相場に勢いがつくのを待つようにしています。ただし、相場に絶対はありませんから、大きく動くのを待ち伏せして「来た〜」と判断してエントリーしたとしても、当然、損をしてしまうこともあります。そのときには「後で取り返せるのだ」と自分に言い聞かせ、その後の無駄なエントリーは避けるようにしています。

FX 前日のＮＹダウの動きを把握すること

私は毎日のＮＹダウの数字を記録に残しています。ＮＹダウの数字を残そうと思ったきっかけは、ＦＸのニュース記事で、「昨夜のＮＹダウの上昇と株価の上昇の流れを受けて、東京時間午前はドル円が上昇」という内容を読んだときに、「昨夜のＮＹダウの数値と、東京時間の動きには連動する法則があるのではないだろうか」と思ったからです。

ＮＹダウの数値と今日の東京時間の動きを調べていくうちに、ある一定の決まった動きが見られることに気づきました。±２００ポイント以上動くと早朝の動きに影響を及ぼすことが多いのです（下記表中Ａ）。ただし、前夜にＮＹダウで大変大きな動きがあったのに、早朝

にその動きとは逆になる動きを誘発するニュースや事件があった場合や、２０１０年５月６日のＮＹ時間のようにＮＹダウが一時１０００近く下がるような異常事態が起こったり、午前中にＧＤＰの発表があったり、また夕方以降に大きな指標発表がある場合は必ずしも当てはまりません（下の表中Ｂ）。

■ NYダウの数値と動きの関係

日付	前日のNYダウ	朝の市場の動き	特徴	
2010年2月5日	-268.37	午前中レンジ・欧州時間に下落	前日ポンド円は3円近くの下げ	B
2010年1月22日	-213.27	東京時間から下落	特になし	A
2010年1月5日	-216.9	東京時間から下落	特になし	A
2009年11月10日	203.52	ずっとレンジ	フィッチが英国に格付けリスク発言	B
2009年11月6日	203.82	朝から下落	米雇用統計	B
2009年10月2日	-203	朝から下落	米雇用統計	B
2009年7月16日	256.72	朝から下落	中国GDP	B
2009年7月6日	-223.32	朝から下落	特になし	A
2009年6月23日	-200	朝から下落	特になし	A
2009年6月2日	221	朝から下落	オーストラリア政策金利	B
2009年5月27日	196	早朝に上昇	特になし	A
2009年5月19日	235.44	早朝に上昇	特になし	A

　このように、ＮＹダウの数値とその後の東京時間の動きの傾向を意識していれば、条件に当てはまるときは自信を持ってエントリーすることができます。ただし、あくまでも相場に勢いがつくのを待ってからトレードに挑んでいただきたいと思います（詳しくは第４章参照）。

～豆知識（ＮＹダウとドル円、ポンド円の関係）～

　ＮＹダウが±200前後動くと、ドル円はもちろん大きく影響を受けますがポンド円でも同じように大きな影響を受ける場合が多くなります。それは、ポンド円はドル円とポンドドルの合成通貨だからです。ドル円が上昇して、ポンドドルも上昇した場合はポンド円は上昇します。どちらかの通貨の組み合わせが逆のトレンドの場合（ドル円が上昇、ポンドドルが下降）はレンジ相場になります。ユーロ円も同じように、ドル円とユーロドルの合成通貨です。

主な指標とその前後の動きを知りましょう

　ずっと記録をつけてきて気づいたことは、各国の政策金利、雇用統計、ＧＤＰなどの重要指標発表の日には"ある一定の動き"が見られるということです。それは、指標発表直後ではなく、午前中の東京時間、午後からの欧州時間などによく表れます。

　下に表にまとめたのは、重要指標発表日の「午前」「午後」「欧州時間」の動きをメモしたものです。↑は上昇、↓は下落、→はレンジ、VはV字トレンド、Aは逆V字トレンドです。

①過去５カ月（※）の主要国の政策金利発表日の動き

時間帯	FOMC			ユーロ政策金利			英政策金利			豪政策金利		
	午前	午後	欧州	午前	午後	欧州	午前	午後	欧州	午前	午後	欧州
2010年1月	→	↑	↑	→	→	↑	↑	↓	↑	/	/	/
2009年12月	→	→	↑	↑	↓	↑	↓	↑	↑	→	↑	↓
2009年11月	→	↑	↑	↓	→	V	↓	→	V	↓	→	↓
2009年10月	/	/	/	↓	↓	↑	↑	→	↑	↓	→	↑
2009年9月	→	→	↑	↓	→	↑	↓	→	↑	↓	↓	↑

※２００９年９月～２０１０年１月

　ＦＯＭＣの日は、午前中はほぼ必ずレンジになり、欧州時間（日本で言うと１５～１７時）にほぼ必ず上昇しています。このことから、ＦＯＭＣが発表された日は、「トレードするならば欧州時間からでよい」という予定が立てられます。

　ユーロの政策金利とイギリスの政策金利が発表される日も欧州時間帯にほとんどが上昇します。このことを考慮すると、午前中の動きは

欲張らないトレードをして、欧州時間から気合を入れてトレードするような予定が立てられます。

　オーストラリアの政策金利が発表される日は、早朝から午前中の間に下落していることがほとんどです。ですから、早朝からトレードできる場合は、（早朝から午前中は）下落のトレンドが来るのを待ってからトレードするような予定が立てられます。

②過去5カ月（※）の主要国の雇用統計・失業率発表日の動き

時間帯	米雇用統計			ユーロ失業率			英失業率			豪失業率		
	午前	午後	欧州	午前	午後	欧州	午前	午後	欧州	午前	午後	欧州
2010年1月	↓	→	↑	↓	→	↑	↓	↓	↓	→	→	↑
2009年12月	V	↓	↑	↑	→	↓	→	→	↑	↑	↓	↑
2009年11月	→	↑	↓	/	/	/	↓	↓	↑	A	↓	↓
2009年10月	↓	↓	A	V	↓	↑	↓	↑	↑	↓	→	↑
2009年9月	↓	↑	↑	→	→	↑	→	→	↓	↑	→	↑

※2009年9月～2010年1月

　各国の午前・午後の市場の動きはバラバラですが、欧州時間から上昇することがやはり多いです。ここでも欧州時間をメインにトレードする予定が立てられます。

　ユーロ圏の失業率発表の日は上下に激しい動きをしますので、10pipsほどの利益が取れれば十分だと思ってトレードするほうがよいと思います。

　また、オーストラリアの失業率発表は午前中なのに欧州時間に上昇することのほうが多いので、午前中の発表とはいえ欧州時間にトレードする予定が立てられると思います。

59

③過去5カ月（※）の主要国のGDP発表日の動き

時間帯	米GDP 午前	午後	欧州	ユーロGDP 午前	午後	欧州	英GDP 午前	午後	欧州	豪GDP 午前	午後	欧州
2010年1月	/	/	/	↓	→	↑	↓	→	A	/	/	/
2009年12月	↑	→	↓	↑	→	↑	↑	→	↓	→	→	↑
2009年11月	↓	→	↓	/	/	/	→	→	↑	/	/	/
2009年10月	↓	→	↑	/	/	/	/	/	/	/	/	/
2009年9月	↑	→	↑	↓	→	↓	↑	→	↓	↓	→	↓

※２００９年９月〜２０１０年１月

　ＧＤＰの発表日に関しては、上昇・下落がバラバラな傾向にありますが、午前と欧州時間にしっかり動くことがわかると思います。以上のことから、午前中と欧州時間にトレードする予定を立てることができます。

　注意することは、ＧＤＰの発表が米国とヨーロッパ諸国でいくつも重なったりした場合、動きが激しく上下することがあるということです。エントリーする基準はあくまでも相場に勢いがついたときのみです。第４章でそのタイミングをしっかり学んでください。

FX ファンダメンタルによる予想

　ＦＸの業者さんが発信するニュース速報を、私はトレードをしている間は何度も最新の状態に更新して確認しています。なぜなら、ニュースの中には市場を大きく動かす内容のものがあるからです。そして「このニュースは大きく動く！」と確信できたときには、エントリー時に枚数を増やします。

ひとつ例を挙げたいと思います。指標などに関係なく、ファンダメンタルだけで大きく動いた出来事があります。それは、２００９年１２月１４日、ドバイショック後にドバイ関連でポジティブなニュース（このときはドバイ首長国政府に対し、アブダビ首長国政府が１００億ドルの支援を決めたというニュースが報じられました）が報道されたときの話です。チャートを見てもとても勢いがあったため、私は枚数を多めにしてエントリーしました。すると、たった４分で５１pips獲得できたのです。うれしくて「よ〜しっ！！」と、チャートの前でガッツポーズを何度もしたのを覚えています。

　この例のようなことはたびたびあります。特に、ＮＹ時間にファンダメンタルのニュースが出て市場が大きく反応した翌朝は、東京市場も同じ動きをする場合が多いので、朝から気合を入れてトレードする準備をするようにしています。

　私が知っている、過去に大きく相場が動く元になったニュースは以下の通りです。

【ネガティブなニュース】

①格付け機関による特定の国に対する格下げ

②金融引き締めの発言

③財政難の発言

④利上げ憶測の後退（公定歩合引き上げ等による）

⑤通貨の切り上げ・預金準備率の引き上げ

⑥内閣の解散

⑦北朝鮮のミサイル発射報道（日本円に対してネガティブ）

⑧ＧＤＰの数値が悪いといううわさ

⑨特定の国の債務不履行のうわさ
⑩財務相の辞任
⑪感染症の流行懸念報道
⑫新たな課税報道
⑬特定の国の不動産情勢の悪化
⑭特定の国の為替介入
⑮金融機関の破綻
⑯指標結果が悪いといううわさ

【ポジティブなニュース】

①利上げの憶測
②内閣解散後の新内閣発足
③ＧＤＰの数値が良いといううわさ
④指標結果が良いといううわさ

3月・4月・8月・12月について

　各月の特徴です。ここ２年くらいの記録で説明します。これらの動きを、よく動く時間帯の中で意識しましょう。

①3月
・前半は、決算計上前の「決算の数字を押し上げる動き」をします。
　これは、基本的に、外貨が上昇する動きになります。そして、２０

日を過ぎたころに決済の外貨売り・円買い（円転のレパトリエーション。レパトリエーションとは海外へ投資していた資金を自国に戻す行為）があります。
・後半は、海外に投資していた外貨資金を売って円を買い戻し、自国に戻すレパトリエーションが起こるので、円高傾向になります。
・特に週末はポジション解消の円高傾向が強くなります。

②4月
・イースター休暇の前日・前前日はポジション解消の動きが強くなります。２００９年は、ユーロ圏のクローズ（ＣＬＯＳＥ）時間近くに大下落しました。特にイースター休暇の前前日の下落が大きかったです。
・大手投信・国債・大口オプションの新規設定があるため、一旦円を売り、商品の外貨を買う動きがあります。
・アメリカの金融機関の決算発表月なので、決算発表前はポジション解消の大きな動きがあります。
・ゴールデンウィーク前のポジション解消の動きも月末に出てきます。

③8月
・お盆休みの前のポジション解消の動きがあります。

④12月
・欧米でクリスマス休暇があるため、２０日くらいになるとポジション解消の動き（投資家が保有している各通貨は売られる傾向）が出てきます。クリスマス休暇中はほとんど動かないです。
・日本も年末年始休暇前にポジション解消の動きをします。
・３０日・３１日は欧州時間開始以降によく動きます。

FX 1日の値幅について

　市場が大きく動いたときに、「もっと下がるんじゃないか？　もっと上がるんじゃないか？」と思って飛びつき買いをしたら、まったく逆に動いて大きく損をしたことはないでしょうか。この経験、私には何度もあります。過去の経験から言うと、大きく動いた後すぐに、もう一度、大きく動くことはないので、そういうときは半日はトレードをしないように心がけてください。

◎ポンド円　３円以上
◎ユーロ円　２円以上
◎ドル円　　１円以上

　私の場合は、上記の値幅になるほど大きく動いたときには、半日はトレードしない、もしくはトレードしてもほどほどにするようにしています。例えば、欧州時間に大きく動いてたくさん利益が取れた場合、ＮＹ時間はほどほどに利益が取れれば良いと思って、ポンド円でトレードしたとして１０pipsくらいしか狙わないようにしています。
　「市場は私たちの都合で大きく上下に動いてくれない（第1章)」ということに気づいてからは、リスク管理のひとつとして、「どれだけ動いたか」を常に意識しています。

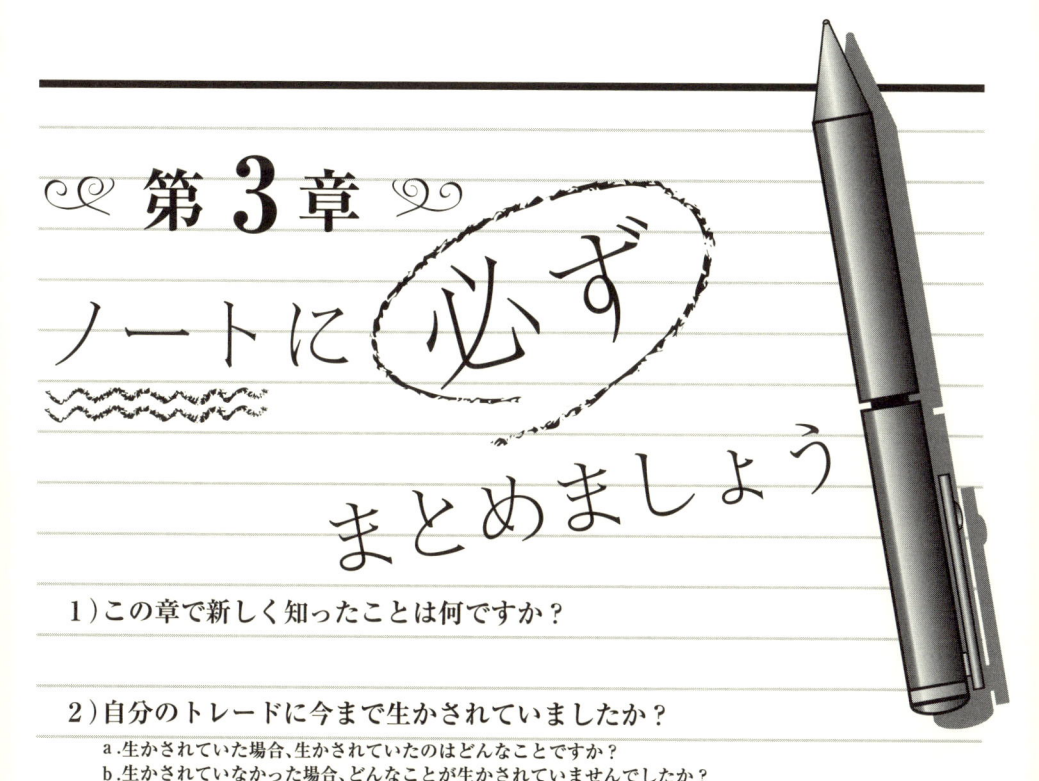

第3章
ノートに必ずまとめましょう

1）この章で新しく知ったことは何ですか？

2）自分のトレードに今まで生かされていましたか？
　　a.生かされていた場合、生かされていたのはどんなことですか？
　　b.生かされていなかった場合、どんなことが生かされていませんでしたか？

3）今後、自分でどのようにしないといけないと思いますか？

4）タイムマネジメントをする前に、チェックしなければいけない項目でチェックしましょう。
　　①トレンドの発生しやすい時間帯　　　⑤毎日のNYダウの数値
　　②各市場のOPEN時間　　　　　　　　⑥主な指標予定
　　③休日国はないか　　　　　　　　　　⑦ファンダメンタルで大きなニュースはあったか
　　④ゴトー日かどうか　　　　　　　　　⑧今は何月か
　　　　　　　　　　　　　　　　　　　　⑨1日の値幅

5）以上のことをできるだけ素直にノートにまとめましょう。

6）練習しながら気づいたことは、どんどんノートに書き出していきましょう。

7）タイムマネジメントだけでなく、市場の勢いをつかむことにもきちんと慣れましょう。慣れるまではリアルトレードは絶対にしないようにしましょう。

> 【第2部】
> えつこ流
> ＦＸの実践方法

第4章

> ## 勢いをつかむ方法
> 〜勢いをつかんでからエントリーする〜

　本章では"勢い"をつかむ具体的な方法を紹介します。私たち素人が市場からお金をもらえるのは「きちんと動いている（勢いがある）とき」だけです。ということは、勢いが出るまでは私たちは待たねばなりません。勢いが出てくるまで、エントリーしたい気持ちをジッと我慢するのです。私は、次の言葉を皆さんに送ります。

　「ＦＸで私たちがすべき一番偉大な仕事は待つことである！」

FX＝ギャンブル性が高い理由

　FXはギャンブル性が高いとよく言われますが、それは、初めてトレードをした人があまりにも利益を出せないがゆえに、どんどんエントリーと決済を繰り返し、まるでゲームをする感覚でFXのトレードをしているからではないでしょうか。'損をしても当たり前'というように、損を前提にしているのでギャンブルですよね。

「枚数を増やして、ほんの数十分で何万円ものお金を手に入れる」

　FXをする人なら誰でも必ずいつか実現させたいことではないかと思います。私も最初からそう思いながらトレードをしていました。実際、今では、よく動くときにエントリーすればお金がたくさん増えていきます。
　しかし、何の戦略も立てようとしなかったころは違います。その当時に使っていたテクニカルのサインどおりにエントリーしているにもかかわらず、損をしてしまうことがたくさんありました。「理屈も確率も何もないな〜」。そう思ってFX自体に腹を立てたときもあります。
　突然ですが、ピコピコと勝手に動いていくチャートを見て、何かに似ていると思うことはないでしょうか。FX業者さんのチャートで見ているときはあまり感じなかったのですが、MetaTrader 4でチャートを見るようになって、私は「ゲームの画面みたいだな〜」と思うようになりました。勝手に動くチャートからお金が獲得できるところは、ゲームで敵を倒すと自分のポイントが増えるところによく似ていると思います。損をして、その損を取り返そうとして何度もエントリーする行動は、ゲームに負けたことで減ってしまったポイントを取り戻そうとする行動そのものではないかなと思ったこともしばしばあります。
　チャートを立ち上げたらすぐに根拠もないままエントリーしたくなる方が多いようですが、それはゲームをするときの心理と同じです。

何万円も払ってエントリーしながら、数分のうちにお金を取られるだけで終わるゲームをやめられないのです。

🅕🅧 安心してトレードするために必要なこと

　第3章でタイムマネジメント（Time Management）の説明をしました。しかし、市場に絶対はありません。ですから、タイムマネジメントによって自分の中でスケジュールを立てることは、トレードする前に知っておかなければいけないことを揃えただけだと思ってください。
　朝のタイムマネジメントは単なる下準備にすぎません。これは「朝、トレード時間の予定を立て、動きを予想しても、それが絶対であると考えてトレードしてはいけない」ということを意味します。
　自分の思った通りに、実際に、相場が動くときだけトレードすることが重要です。これは、「市場に勢いがつくまでは待つことを習慣化させることが重要」ということも意味します。
　過去の経験から、私には声を大にして言いたいことがあります。それは、"待つこと"は、トレードをする私たちにとって一番偉大な仕事です、ということです。残念ながら、それに気づいていない人が非常に多いと思います。

勢いのあるときにだけ
参加しないと勝てないですよ。
ＦＸにおいての私たちがすべき
偉大な仕事とは、
**勢いが出てくるまで
"待つ"ことです**

← 待つ →

勢いがあるときとは

下のチャート（4−1）は、上の段が Bollinger Bands（ボリンジャーバンド）、真ん中の欄が Schaff Trend Cycle（シャフトレンドサイクル）、一番下が、ADXDMI（黒い太線）と BBand Width Ratio（淡い黒線）です。

実際に私が使用しているテクニカルのインジケーターは、これだけではありませんが、ここではあえて、勢いがついたときをわかりやすく説明するために、このチャートで説明します。私がいつも使用しているチャートは、私のブログ（199ページ参照）にトレード直後の画像をアップしていますので、そちらをご覧ください。

◆4−1

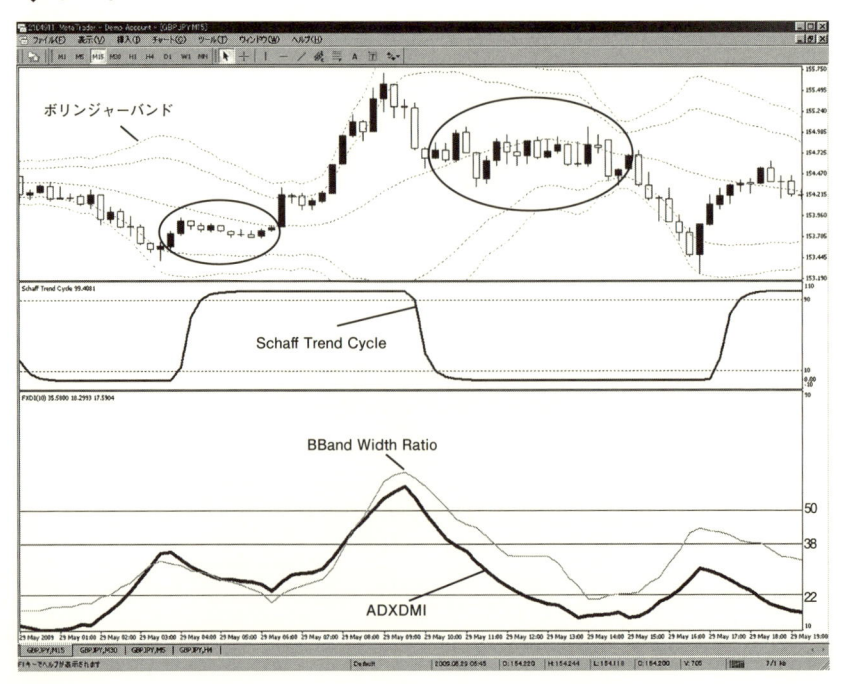

第一印象では「Schaff Trend Cycle が上を向いているから上昇している」「Schaff Trend Cycle が下を向いているから下降している」と捉えます。でも、４－１のチャートに示した丸の中は、ほとんど動きがないレンジ相場です。勢いに注目せずに、こういうときにエントリーすると、スプレッドが狭いドル円では何とか逃げ出せたとしても、スプレッドの広いポンド円のような通貨で利益を出すのは難しいと思います。

　私は今、一番重要なことをお話ししました。頭の中に叩き込んでください。**勢いに注目せずにエントリーすると利益を出すのは難しい**のです。

　下のチャート（４－２）は、先のチャートに四角い枠を追加しただけのものです。この四角い枠の中のチャート全体の動きに共通の特徴がありますが、パッと見て気づきますか？

◆４－２

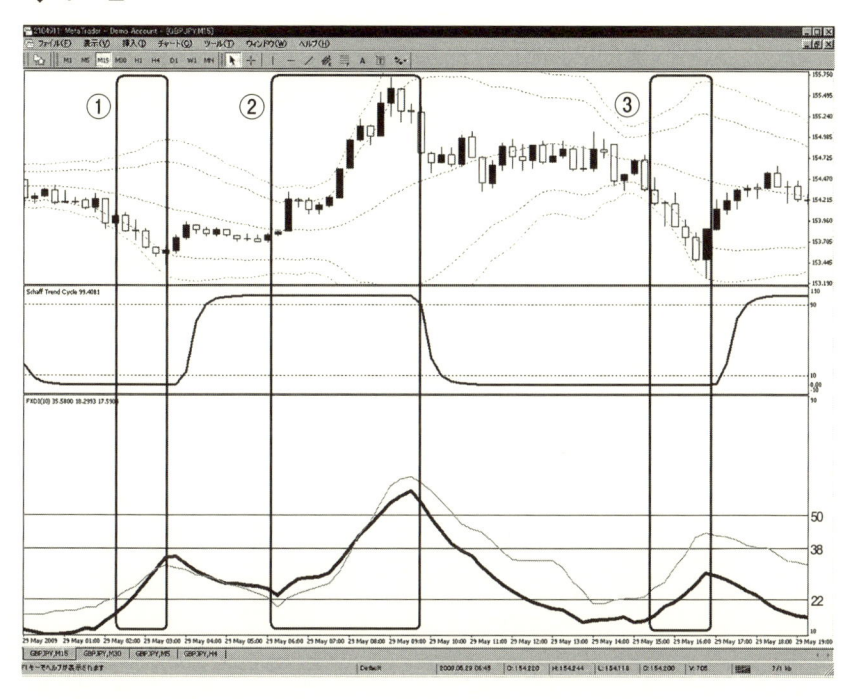

4－2の①と③の枠を見てください。完全な下降トレンドです。そして、ADXDMIとBBand Width Ratioは同時に右上がりになっています。

次に②を見てください。完全な上昇トレンドです。そしてこちらも、ADXDMIとBBand Width Ratioは同時に右上がりになっています。

もうおわかりになりましたか。**市場に勢いがあるときは、ADXDMIとBBand Width Ratioは同時に右上がりになる**のです。今まで損切りや駄目エントリーが多かった人は、この市場に勢いがあるときのみエントリーするようにトレードルールを変更してみてください。それだけで損が減ってくると思います。

ただし、第9章で後述するように、チャートにきちんと慣れる必要があります。なぜなら、4－2のチャートのように、市場は毎日こんなにわかりやすく動いてはくれないからです。

市場に勢いがあるかどうかの判断の基本はADXDMIとBBand Width Ratioが同時に右上がりになっているかどうかです。ただ、これはあくまでも基本であって、実際は右上がりの形にもいろいろあります。自分自身できちんと記録を取り、いろいろなパターン（後述）に慣れていく必要があります。この慣れていく作業は非常に重要です。

4－3のチャートの①をご覧ください。ADXDMIは右上がりですが、BBand Width Ratioがほぼ水平になっています。ローソク足を見ても、上昇に勢いがありません。

②を見てください。ADXDMIもBBand Width Ratioもきちんとした右上がりになっています。これらのチャートの形を覚えておきましょう。エントリーしたほうがよい場合とエントリーを避けたほうがよい場合との見極めができるようになります。

4－4のチャートの①をご覧ください。ADXDMIがレベル２２付近で右上がりになり、BBand Width Ratioも右上がりになっています。ADXDMIとBBand Width Ratioのレベル２２付近での右上がりの形

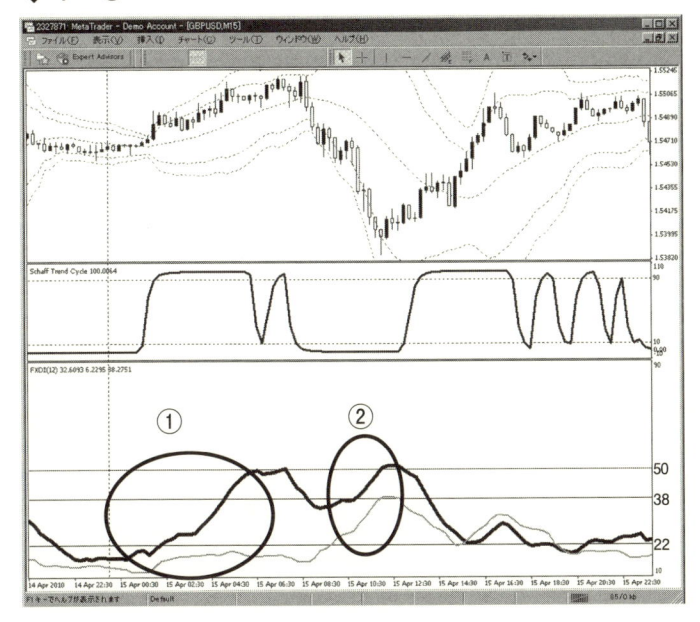

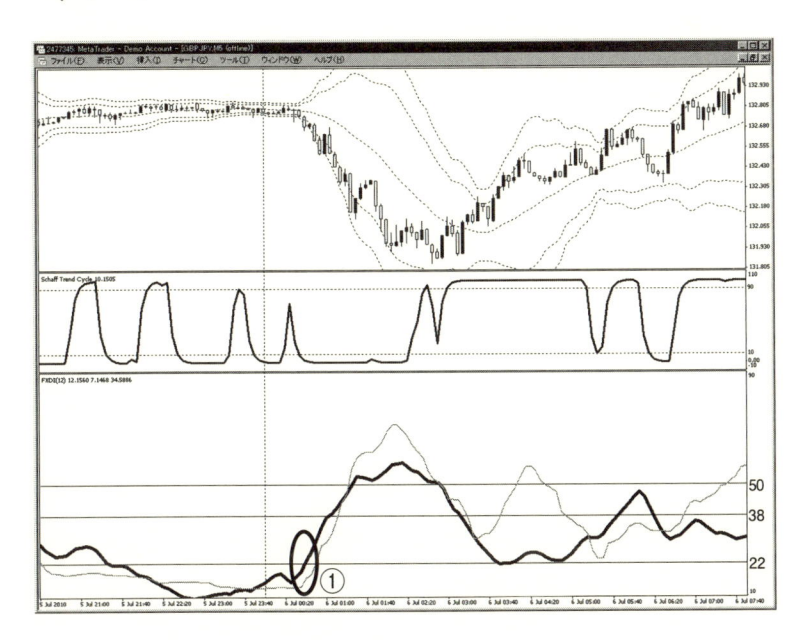

◆4-3

◆4-4

は勢いがつきやすいパターンの典型です。しっかりと覚えるようにしましょう。

さらに、下の4－5のチャートの①をご覧ください。BBand Width Ratio が ADXDMI より上になっています。勢いの強いトレンドの場合には BBand Width Ratio が上になる場合が多いです。この形も覚えてください。エントリーチャンスのパターンです。

◆4－5

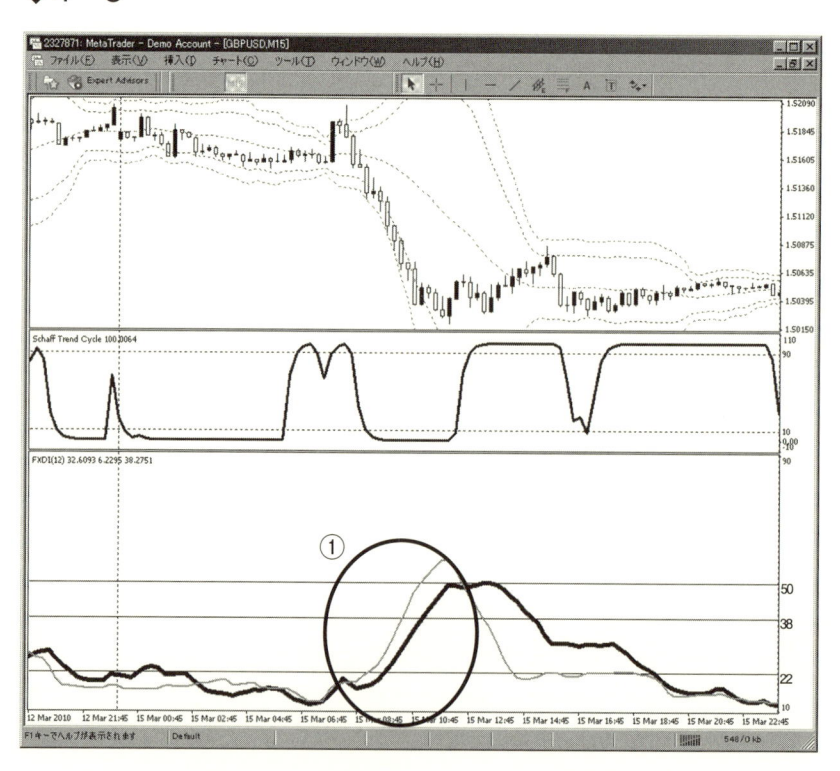

第1章でも述べましたが、私は1日8時間以上チャートに向き合うという状態を、今のルールに至るまで1年以上は続けていました。いろいろなパターンのチャートに慣れるのには時間がかかります。でも、

そのルール(勢いをつかめば損が減るというルール)を探す努力は省かれるわけですから、私よりも早くチャートのパターンに慣れることができるのではないでしょうか。

ブログを読んでくださっている方で、この勢いをつかむ方法だけを忠実に守ってくれている女性がいます。パソコンが得意なほうではなく、MetaTraderにさわるのも初めてで、実際に「パソコンは主人に任せきりだったのに、主人が単身赴任になったので、私がチャートを設定するんです……」と不安そうに話していました。私も、「きちんと使えるかしら……」と心配していましたが、始めてからまだ1カ月も経たないうちに、1回のトレードの利益は少なくても、ほとんど損をしないようになったそうです。「よーし！」と言いながら思わず両手でガッツポーズをしてしまいました。この方の成果は、本当に自分のことのようにうれしく思います。

FX 市場の勢いをつかむ戦略を確立しておく

市場の勢いをつかむために、自分に一番合った、損を最小限に抑える戦略を、チャートに真剣に取り組んでしっかりと自分で確立しましょう。

戦略も何もなくトレードをするのは、お金をその場で捨てているのとまったく同じことです。私は、序章でもお話ししたように、過去に記録した投資ノートが非常に役に立っています。そのノートには、自分に言い聞かせるように指標発表日の動きの特徴や、よく動いた時間帯を記入して来ました。要するに、市場の勢いをつかむ自分のルールを作ったのです。私はそれを「Market Force Strategy（市場の勢いをつかむ戦略）」と呼んでいます。これこそ、損を最小限に抑えることのできる戦略だと思います。

私のブログに、「勢いを見るなんて考えたことがなかったです」とか、

「時間帯で動きの予想ができるんですか？　考えたことがなかったです」と、たくさんの方からコメントをいただきました。このエピソードからも、普段、勢いをつかむという行為がおろそかになっていることがわかると思います。ということは、裏を返せば、"勢いをつかむ"という行為ができれば、あなたはその他大勢の負け組から抜け出せるということにもなるのです。市場の勢いについては必ず意識するようにしてください。

FX それでも逆に動いたとき

　タイムマネジメントも完璧で、ADXDMIとBBand Width Ratioが同時に右上がりになっているのに、すぐに動きが鈍くなり逆のトレンドが始まる場合があります。そういうときの市場は買いと売りの攻防戦が激しく、どんなプロのトレーダーも難しいと感じる相場だといえます。そして、そういうときに限って、逆指値にばっちり引っかかってくれます。

　条件が揃っていても逆の動きをし始めたときはすぐにトレードを中止し、「今日は動きが変な日だからトレードしなくてもいいや！」と自分に言い聞かせるくらいの余裕を持って、トレードからいったん離れましょう。

　私は過去に、「そんなはずはない。私のテクニカルは絶対だから。時間帯も大丈夫だから」と念じながら決済しないでチャートを睨んでいたことが何度かありました。完全に逆に行き、１０枚買っているのに４０pipsくらい損をして、マウスと電卓に八つ当たりをして壊したこともあります。昼間で主人も息子もいませんでしたが、電卓はなんとも凄まじい様子になってしまいました（苦笑）。

　きちんと動くときにだけ相場からお金がもらえます。それをしっかりと頭に叩き込んでください。

🅕🅧 大きく動いた後、これは特に難しい

下の4−6のチャートは、3円くらい動いたときのものです（ポンド円）。

◆4−6

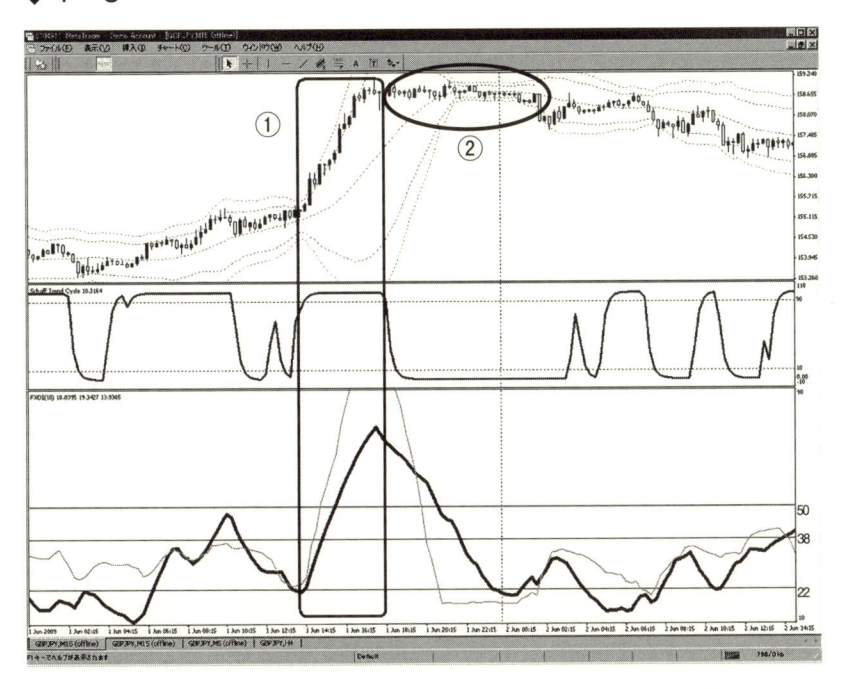

①の枠の中は勢いがありますが、②の円の中は勢いがあまりありません。しかもその勢いのない時間が8時間近くも続いています。
　このように、**3円近く動いた相場ではレンジの状態からなかなか抜け出せない場合が多いので、ADXDMIとBBand Width Ratioがいったん下に戻るまでは、エントリーは避けるようにしてください。**
自分がパソコンの前にいなかったときにものすごい勢いで大きく動いていたことを見つけたときは、心理的に「私もこんなに利益を取りた

かった。悔しい」と強く思ってしまい、もっと上昇するのを期待してしまいがちになります。「昨夜大きく上昇したから、朝も大きく上がるに違いない」と勝手に思い込んで、勢いを重視せずにエントリーしてしまうこともあるかと思います。実際、そんな苦い経験が私にはとても多くあります。

　非常に大きく動いた後は、次の確実にわかりやすい動きがあるまではトレードは避ける。私の二の舞いを演じないためにも、このことを心がけてください。

🔄 勢いをつかむ範囲

　ここでは、市場の勢いをつかんだらいつまで保有していればよいかの目安について説明します。

　次ページの4－7のチャートを見てください。①、②、③、④は市場に勢いがあるときです。その各枠のADXDMIとBBand Width Ratioは、⑤のレベル表示の「22」に近い位置から始まり、右上がりになっています。このレベル表示の「22」は勢いがついたと判断できる目安になります。

　その上のレベル表示の「38（4－7参照）」はポジションを安心して保有していられる安全圏を終えた、と判断する目安です。このレベル表示の「38」近くになったら、決済する準備を始めてください。それ以上にADXDMIが上に伸びた場合は、私は絶対に再エントリーはしません。いつ逆に動いてもおかしくないところまで市場が動いていると判断できるからです。

　この**レベル値の目安をきちんと守る**ことで、私は安心したトレードができるようになりました。

◆4−7

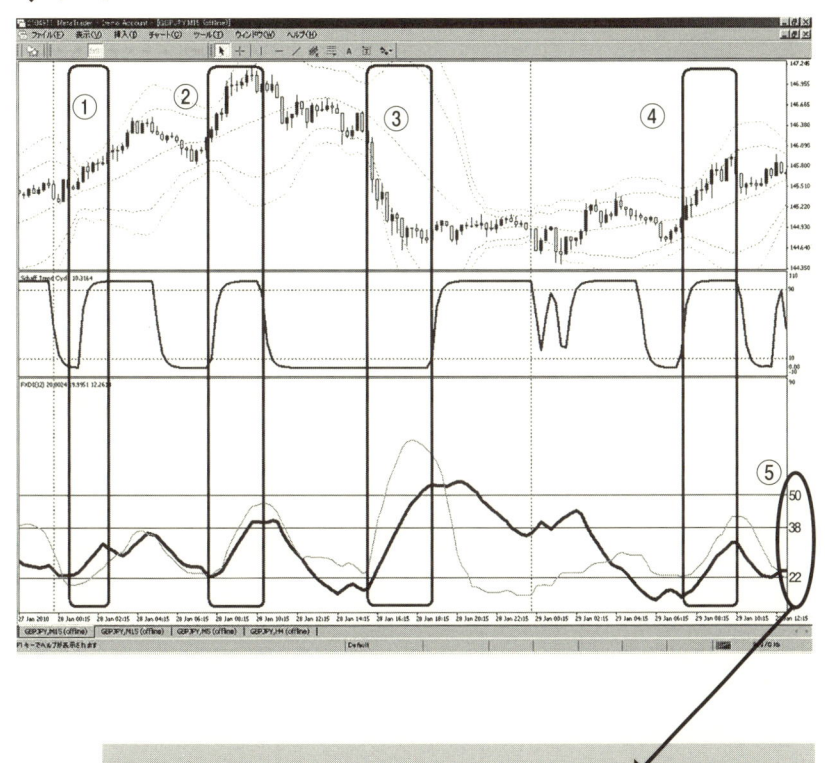

レベル表示の「22」は勢いがついたと判断できる目安になり、「38」は安心して保有できる安全圏を終えたと判断できる目安になる。「22」に近いところから仕掛けて、「38」近くで手仕舞うのが損を減らすやり方といえる

FX エントリーのステップについて

1）トレンドの把握には大きな時間足が必要

　為替の相場は、いろいろな要素の影響を受けて動いています。私は大まかに次の3つのことをいつも意識しています。

　ひとつ目は「指標発表後の結果の良し悪し」で、2つ目は「ファンダメンタル的にポジティブか、ネガティブか」、3つ目はテクニカルから見て「買われすぎか、売られすぎか」です。

　市場の動きには、何かしら根拠らしきものがあります。ひとつ目と2つ目は第3章で説明しましたので、ここでは、3つ目のテクニカルを使って、市場の大きな流れをつかむ考え方を説明します。では、4－8のチャートを見てください。

　まず、①の5分足を見てください。下落していますね。Schaff Trend Cycle（4－8のチャートの2段目のインジケーター）が下降をしてかなりたちます。

　次に②の15分足を見てみましょう。15分足の丸囲み部分ではまだ Schaff Trend Cycle が下に位置していますから下降トレンドです。一方、ADXDMI と BBand Width Ratio がしっかりとした右上がりになっています。5分足のローソク足の範囲（丸囲み部分）が15分足ではこのように短く表示（丸囲み部分）されています。

　③の30分足を見てみましょう。Schaff Trend Cycle が下にしっかり向きましたね。下降トレンドの開始です。この30分足でのトレンドの反転と開始は、非常に勢いをもって動きます。そして、5分足のローソク足の範囲（丸囲みの部分）は30分足ではこんなに狭く表示（丸囲み部分）されます。

　最後に④の4時間足です。Schaff Trend Cycle を見ても、下降トレンドはもうしっかり発生しています。こちらは表示されている中で最後のローソク足だけが、5分足の①の丸で囲った範囲と同じものにな

◆4-8

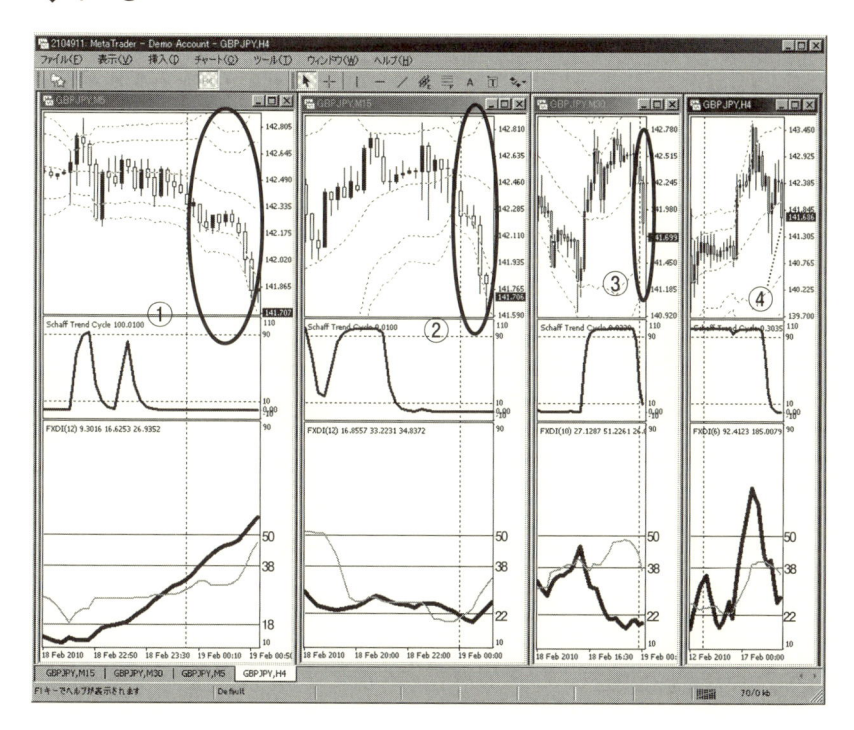

ります。

　大きな時間足でのはっきりしたトレンドは、5分足や15分足に長い時間影響を及ぼすことがよくわかります。大きな時間足のトレンドを把握することは、とても重要なのです。

2）私が使っている重要な各時間足の説明

　以下に、各時間足について説明します。

①4時間足

　4時間足では約半日分の長い時間のトレンドの状態が把握できます。

②30分足

　30分足は非常に重要です。FXトレードをしているすべての金融機関が必ず判断材料にしているのではないかと思うくらい、トレンドが反転するときにSchaff Trend Cycleがよく動きます。私のように、1回のトレードで3分から30分くらいしかトレードしない場合は、ちょうどよいと思います。

③15分足

　15分足は非常に重要な30分足のトレンドをより早く示してくれます。15分足でのADXDMIとBBand Width Ratioのしっかりした右上がりは、30分足でのトレンドの始まりをしっかりと教えてくれます。

　基本は、エントリーのタイミングも決済タイミングも、15分足を見ます（決済のタイミングについては、私は慣れているので30分足を見ていますが、慣れないうちは15分足のほうがよいと思います）。なぜなら、5分足だけを中心にトレードすると、エントリーの回数が増え、拘束時間が長くなるからです。より確実に大きな勢いを1日に2〜3回つかめればそれだけで安定して毎日利益が取れますので、15分足はトレードするうえで非常に重要な時間足になります。

④5分足

　5分足では、大きな時間足と同じ動き（トレンド）になっているかを確認しています。さらに、15分足のADXDMIとBBand Width Ratioが右上がりになっているかを確認して、エントリーのタイミングを知るために使用しています。

3）大きな時間足から確認してエントリーする

　私の経験から言わせていただくと、エントリーするときは大きな時

間足から確認することが重要だといえます。先ほど紹介したチャートを見てもわかるように、大きな時間足でのはっきりしたトレンドは、５分足や１５分足に長い時間影響を及ぼすからです。

　私はいつも、５分足、１５分足、３０分足、４時間足を表示させています。チェックする時間足の順番は、４時間足→３０分足→１５分足→５分足です。そのステップと、各時間足で「何を確認するべきか」については以下のとおりです。

ステップ１：大きな時間足でトレンドの方向性を確認
　大きな時間足（４時間足と３０分足）でトレンドを確認します。このとき、上昇トレンドなのか、下降トレンドなのかを見るようにします。

ステップ２：１５分足で勢いがあるかどうかを見る
　１５分足を見て、ADXDMI と BBand Width Ratio を見て、同時に右上がりであれば相場に勢いがついていると判断できます。

ステップ３：５分足のトレンドを見てからエントリー
　万全を期すため、５分足のトレンドが大きな時間足と同じトレンドになっているかを確認します。そして、同じトレンドになっている場合にエントリーします。

> 大きな時間足を見ることが大事！
> ４時間足と３０分足でトレンドを見て、
> １５分足で勢いを確認し、
> ５分足でもう一度トレンドを見てから
> エントリーよ！

まれに、大きな時間足は上昇、１５分足も上昇なのに、５分足だけ上昇しているとはいえない（勢いがあるとは判断できない）ときがあります。リスクを最大限軽減したければ、このようなケースではエントリーしないほうがよいでしょう（注：ステップ１とステップ２がクリアできていれば、普通はエントリーしてもある程度利益は取れます）。大きな時間足のトレンドと同じ方向に動いてからエントリーしたほうがよいと思います。

　実際に私がトレードをするときは、「キンコーン！」とアラーム音で上昇と下落を教えてくれるように、５分足にＶＱなどのインジケーターを使用しています（今回、説明のために載せたチャートには「印刷すると非常に見づらくなる」という理由から表示させていません）。５分足でアラーム音が鳴ったら、パッとチャートを見て、まずは４時間足、３０分足を見てトレンドが上昇トレンドか下降トレンドか把握し、１５分足で ADXDMI と BBand Width Ratio の様子を見て、今エントリーか、見送りかを判断しています。この間は２～３秒間くらいではないでしょうか。

　これができるようになると、例えば、昼間に家にいる主婦の方などは、チャートの前で長時間ボーッと待っている必要がなくなります。実際、私もアラーム音を最大にしておいて、今はトレンドが発生していないと判断したら、すぐに別の仕事や家事や子供の世話をしています。

　この作業に慣れるということは、エントリーすべきか否かを瞬時に判断できるようになるということでもあります。転じて、それは、時間に余裕を持つことができるようになるということなのです。

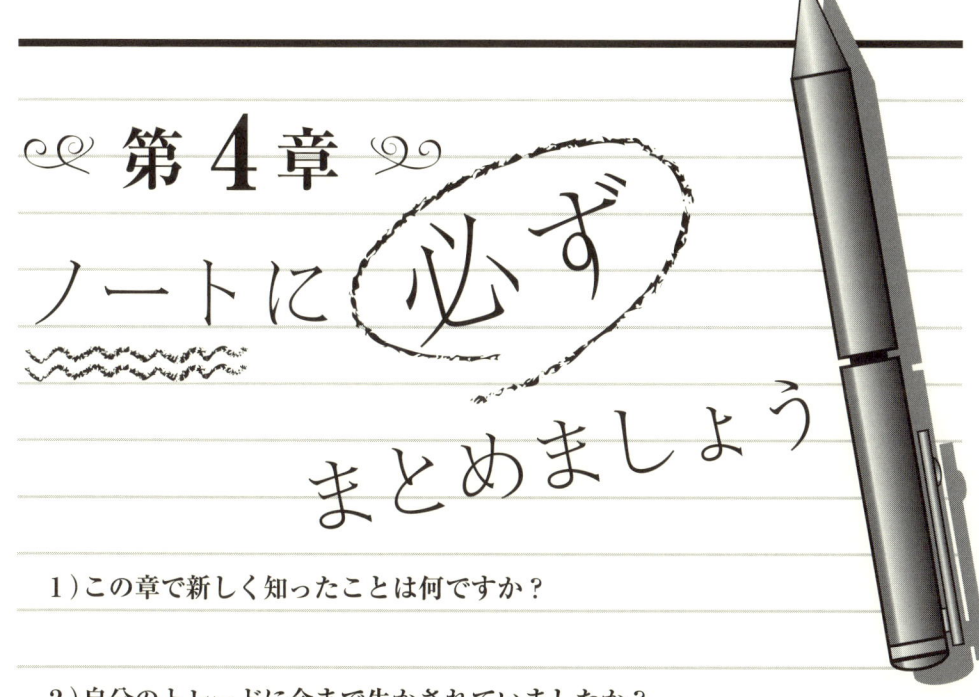

第4章 ノートに必ずまとめましょう

1）この章で新しく知ったことは何ですか？

2）自分のトレードに今まで生かされていましたか？

  a．生かされていた場合、生かされていたのはどんなことですか？
  b．生かされていなかった場合、どんなことが生かされていませんでしたか？

3）今後、自分でどのようにしないといけないと思いますか？

4）気づいたことを意識しながら、まず自分のトレードルールを書き出しましょう。

5）そのルールで判断できるようにチャートに慣れましょう。
  自分で自信が持てるようになるまでは、リアルトレードは絶対にしないようにしましょう。

【第2部】
えつこ流
ＦＸの実践方法

第5章

決済の基準と損切りについて
〜欲張らずに、機械的に〜

本章では、「エントリーした後、いつ決済したらよいのか」について説明しています。ボリンジャーバンドを押し動かしたときに決済することや、「ポンド円なら２０pips、ユーロ円なら１５pips、ドル円なら１０pipsを目安にする」など、私の経験談を交えながら"決済基準"について解説していきます。

決済のタイミングはボリンジャーバンドで

　第4章では、相場に勢いがついたときにエントリーする方法を説明しました。よく動く時間帯に相場に勢いがつくと、その動きはトレンドの進行方向にあるボリンジャーバンドまで達します。これは、第9章で説明する Strategy Tester で過去のチャートを確認してみればわかると思います。

　決済する場合には、端から端まで全部を取ろうとはせず、ローソク足が長い長方形になってボリンジャーバンドを押し動かした瞬間に決済するようにしましょう。

　5-1のチャートを見てください。ローソク足がスーッと伸びて、ボリンジャーバンドを押し動かした瞬間に決済です。繰り返します。

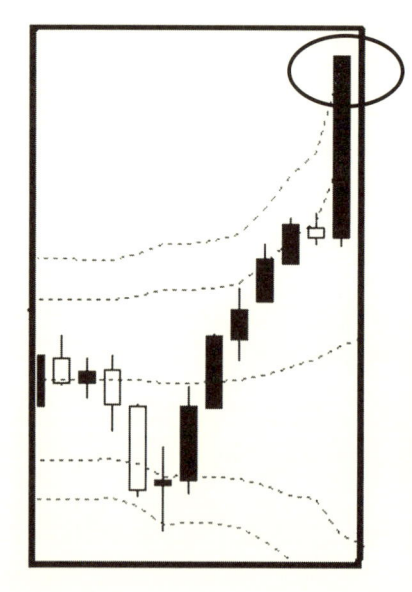

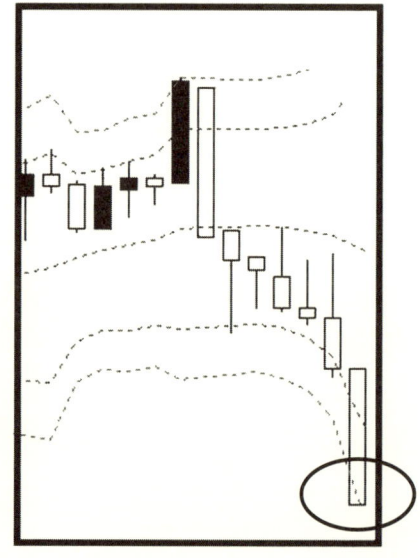

◆5-1

ローソク足がスーッと伸びて、ボリンジャーバンドを押し動かした瞬間です。何度もつぶやいて頭に叩き込んでください。

　普通に決済すると、約定するまでにレートが滑ってしまって、思っていたよりも利益が少なくなってしまう場合が多いのですが、このタイミングで決済すると利益の追加されることのほうが多くなります。ＦＸや株式投資の書籍で「頭と尻尾はくれてやれ」とよく記述しているように、私も本当にそう思います。

　次の５−２のチャートの、楕円形の線で囲んだ部分を見てください。ボリンジャーバンドを押して突き抜けています。この瞬間が一番安全圏です。

　相場は勝手に動きます。ですから、端から端まで全部取れるとは考えないでください。安全なところで確実に利益を取るようにしてくだ

◆５−２

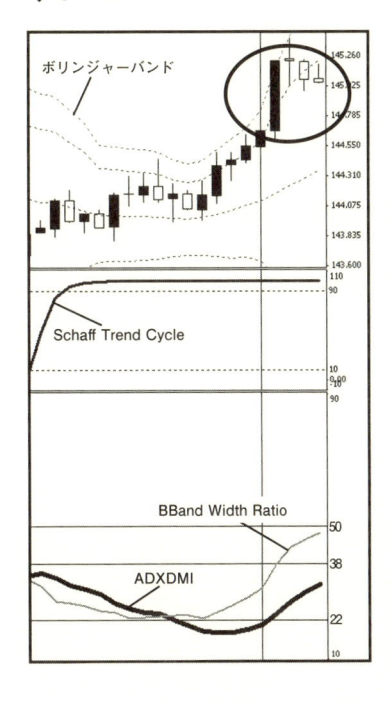

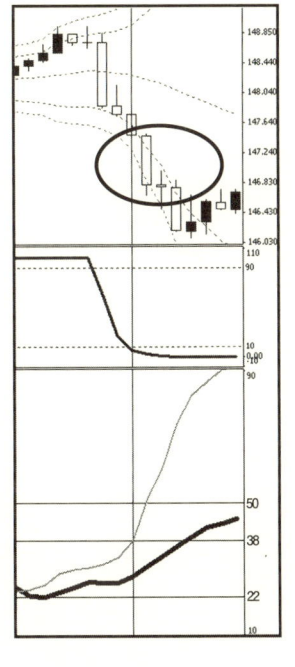

さい。

「運に任せよう」とか、「もっと動くでしょう」などと思って、漠然とした考えでボーッとチャートを眺めていると、あっという間に逆のトレンドが始まってしまいます。

ローソク足がスーッと伸びて、ボリンジャーバンドを押し動かした瞬間。
ローソク足がスーッと伸びて、ボリンジャーバンドを押し動かした瞬間。
ローソク足がスーッと伸びて……

呪文でも唱えるかのように何度もつぶやいて頭に叩き込んでください

🄵🅇 決済の数字的目安

　私は今までに、ドル円・ユーロ円・ポンド円のトレードをしていました。大きく動いたときに、数字的にいつも決済の目安にしていたのは、「ポンド円は２０pipsくらい、ユーロ円は１５pipsくらい、ドル円は１０pipsくらい」でした。

　相場の勢いをつかむことに気がついたころ、利益が取れているにもかかわらず、決済のタイミングがよくわからなくて結果的に損をしてしまうことが何度かありました。そのときのことを冷静に思い返すと、「あぁ、あのときに決済しておけばよかった」と思うときは、決まっ

てボリンジャーバンドを最初に押し動かした瞬間だったのです。特に、ポンド円では、ほとんどが２０pipsくらい利益が取れているときでした。

そこで、ユーロ円やドル円の過去チャートを見て、相場に勢いがついたときから、ボリンジャーバンドを最初に押し動かした瞬間までの数字を見ていくと、ユーロ円は１５～１８pips、ドル円は１０～１２pipsくらいであることがほとんどでした。

こうした経験から導き出したものが「ポンド円は２０pipsくらい、ユーロ円は１５pipsくらい、ドル円は１０pipsくらいで決済する」というルールだったのです。実際、このルールを作ってトレードするようにしたところ、利益確定がしっかりできるようになりました。特に、ポンド円では顕著でした。

決済するときに思い出してほしいこと

私の経験から、決済するときに思い出してほしいことを２つ紹介します。それは「毎日毎日、大きく取れるようなことはない」ことと、「相場は自分の思い通りには動いてくれない」ことです。以下で、それぞれについてお話ししようと思います。

①毎日毎日、大きく取れるようなことはない

私の手元には、ひびの入った電卓があります。そして、そのひび割れた電卓を見るたびに思い出すことがあります。それが、「毎日毎日、大きく取れるようなことはない」という事実です。

利益がたくさん取れるようになってくると、「もっと動くでしょう」と必ず思うようになってきます。この気持ちがわかる方も多いのではないでしょうか。

勢いをつかめるようになり、トレードに慣れてくると、１回のトレードで利益を４０pipsくらい取れるようなことも何度か経験しました。でも、その後くらいから決済のタイミングが徐々におかしくなってきたのです。大きく動くチャートに慣れてしまうと、相場の勢いがなくなってきたにもかかわらず「どうせもっと動くから待とう」と勝手に判断してしまうようになるのです。その結果、２０pipsくらいまで増えてきたせっかくの利益が、逆に動いてマイナスになってしまうことが何度かありました。「あれっ？？」と思ったときはもう遅く、逆指値に引っかかってしまい、結果としてマイナス２０pipsになっていたというようなことを繰り返しました。

　そして、ある日、同じようなミスをまた犯しました。自分のトレードに完全に自信を持っていた私は、利益が取れているはずなのに利益確定できなかったことと、逆に２０pipsも損をしてしまったことに腹が立って腹が立って、思いがけず近くにあった真新しい電卓を「ガン！」と拳で叩いてしまったのです。そのときにできた"ひび"が先に紹介した"それ"なのです。

　このとき、私は「これは絶対に改善しないといけない」と、危機感を覚えるほど強く真剣に思いました。そこで、まずは利益が取れていたにもかかわらず損をしたときのことをすべてノートに書き出してみました。すると、「ローソク足がボリンジャーバンドに接してスーッと伸びた瞬間に決済しないといけないのに、そのスーッとローソク足が伸びてもまだ伸びると思い込んで決済していないでいた」という理由がほとんどであることに気づいたのです。

　今の私は、トレードする前も、ポジションを保有しているときも、独り言のように「決済は２０pips、決済は２０pips……」とブツブツつぶやいています（ポンド円の場合）。これを怠ったときには、たまに決済のタイミングが狂います。

　皆さんも、パソコンの前にメモ書きを貼ったりするなど、「相場は

何度も大きく動かないから、慎重にしよう」と自分で強く意識できるような工夫をして、私が犯したようなミスをしないように心がけてください。

②相場は自分のために動いてはくれない

　1日の目標獲得pipsを決めてしまうと、その数字を目指してしまいがちになります。テクニカル的な判断では「そろそろ決済だな」と思っていても、「あと１０pips動いてほしい」と、自分の願望をかなえたいがゆえになぜか相場にお願いをしてしまい、動くのを待ってしまうときがありました。こういうときは決まって非常に大きなマイナスになりました。今でも「随分大きな授業料を払ったな」と後悔しています。

以上、お話ししてきたように、「毎日毎日、大きく取れるようなことは絶対にない」ということと、「相場は自分のためには絶対に動いてくれない」ということをしっかり意識して、決済のタイミングを間違えないようにしてください。とにかく利益を残す。これが一番大切なことです。
　第9章で後述するStrategy Testerで、エントリータイミングと一緒に、決済のタイミングも必ず練習してください。

損切りについて

　私のブログに訪問される方から、「損切りがなかなかできません」や、「損切りはどれくらいと決めていますか？」とよく質問されます。
　チャートに慣れていくと、これ以上はもう動かないだろうと思ったり、これから勢いがなくなって、その後に逆のトレンドが始まるとわかってくるので、上記の数字を意識しなくても、数pipsで損切りができるようになります。
　でも、まだチャートに慣れていなかったり、なかなか損切りができなかったりして、はっきりとした基準が必要な場合は、数字的には、ポンド円は２０pips、ユーロ円は１５pips、ドル円は１０pipsを必ず守ってください。これができないとあっという間に資金が減ってしまいます。損切りは心を鬼にして、機械的に行ってください。そして、視覚的には、Schaff Trend Cycleが自分の思っている方向と逆に反転し出したら、すぐに損切りしてください（5－3参照）。
　勝手に動いて行く相場に対して、思った方向に動かなかった場合はとにかくすぐに損切りです。資金を減らしてしまっては意味がないです。思った方向に動いてくれるときだけ、大切なお金を投資してください。

◆5-3

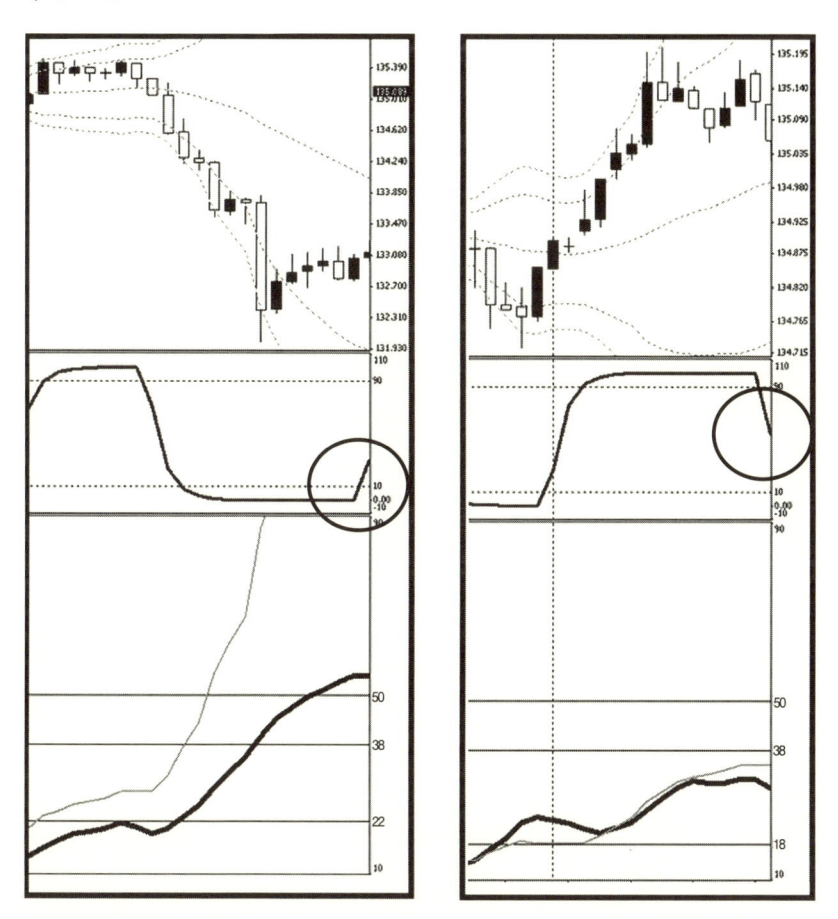

丸囲みの部分を見るとわかるように、Schaff Trend Cycle が逆に動き始めています。このように、自分の思っている方向と違う方向に動いたらすぐ損切りです

FX エントリーしてから決済までの緊張

　私の場合、エントリーしてから決済までの間に、電話がかかってきたり、話しかけられたりすると集中力が停止してしまい、判断力が鈍ってしまいます。ですから、エントリーしてから決済するまでは、ほか

のことは一切しないようにしています。いくつもの時間足のチャートを同時に見て判断しているので、チャートへ集中させた意識をほんの一瞬たりとも途切れさせたくないのです。実際、エントリーから決済までの間は、チャートを見ている目からマウスを持っている手の先までビリビリと緊張しています。

　相場に勢いがついてエントリーした後、チャートに集中しているときに、あのスーッとローソク足が伸びる瞬間は、自分自身がローソク足と一体化したような感覚になります。そして「よしっ！」という掛け声とともに決済のボタンを押しています。

　ブログに、「エントリーしている間は緊張してドキドキします」というコメントをよくいただきます。それは私も同じです。でも、しっかりとした根拠を伴ってエントリーすると、"どちらに動くかわからなくてドキドキする緊張"ではなくなって、"決済のタイミングを間違えないようにドキドキする緊張"に変わります。

　次のエントリーが怖くなる緊張ではなく、トレードが楽しくなる緊張だと思います。この良い意味での緊張感を、皆さんに味わっていただきたいと思っています。

第5章 ノートに必ずまとめましょう

1）決済のルールで、あなたの今までのルールを書き出してください。

2）この章の決済の基準と比べてどう思いますか？
　　今後、どのように決済のルールに取り組もうと思いますか？

3）損切りの基準で、あなたの今までのルールを書き出してください。

4）この章の損切りの基準と比べてどう思いますか？
　　今後、どのように損切りのルールに取り組もうと思いますか？

5）以上のことをできるだけ素直にノートにまとめ、自分流の決済と損切りのルールを書き残しましょう。

【第2部】
えつこ流
FXの実践方法

第6章

どういうときに枚数を増やすのかについて

少しずつ利益が残せるようになってきて、FX自体にも慣れてくると、つい気が大きくなって、一気に枚数を増やして勝負したくなることがあると思います。でも、何の考えもなしに、「えいや〜」と簡単に枚数を増やしてはいけません。枚数を増やすことについても、やはり戦略が必要です。

本章では、どういうときに枚数を増やしてもよいか、逆に枚数を増やしてはいけないときはどういうときなのかについて解説していきます。

簡単に枚数を増やしてはいけない

　私のブログに訪問される方で、「枚数を増やしたら、今日1日で資金が全部吹き飛びました」とか、「枚数を増やしたら、緊張して良いトレードができませんでした」とコメントされる方が何人かいました。
　トレードを始めたばかりのころ、資金が増えたので枚数を倍に増やしたことが私にもあります。例えば、5枚でトレードして10pips利益が取れた場合、お金は5000円プラスになります（5枚×10pips×100円）。それが10枚になると、10pips利益が取れた場合は増えるお金は1万円になります。「利益が倍になる」というところに目がくらんで、ウキウキしながらエントリーするわけですが、枚数を増やした日に限って相場が思った通りに動かずに、逆に動き出してしまうことが多々ありました。結果、プラス1万円を狙っていたはずなのに、マイナス1万円になってしまい、あまりの情けなさに、机をバンバン叩いて頭を抱えたこともあります。
　枚数が増えると、利益が出たときの金額も大きくなるのでとてもワクワクします。リスク管理よりも大きな利益を得られそうという方向に気持ちが傾きがちです。日本のことわざを借りれば、取らぬ狸の皮算用状態になってしまうのです。
　私たちは、ここで冷静にならなければいけません。枚数を増やすと

利益は倍になりますが、損も倍になります。この「損も倍になる可能性が高くなる」というところに注目しないと、やっと増えた資金をあっという間になくしてしまう可能性が高くなります。

以上を踏まえると、「資金が増えたからという理由だけで枚数を増やすのは、かなりリスクの大きいこと」と言えるのではないでしょうか。そうであれば、やはりしっかりした戦略が必要になります。私が過去に残した記録を参考に、枚数を増やす場合の戦略を説明したいと思います。

FX 月初は枚数を増やしてはいけない

「資金が増えたので来月から枚数を増やします」というコメントをよくいただきます。そのとき、私は決まって「第2週までは待ったほうが良い」とアドバイスします。

その理由は、**月初はあまり動かない**からです。次ページの6－1のチャートを見てください。四角い枠の中は月の初めの1日目から数日目のチャートです。2日間は完全にレンジ相場です。

月初にアメリカの雇用統計発表があります。雇用統計発表の数日前から、「○日後の雇用統計を控え市場は様子見ムード」などと、ニュースでもよく説明されています。

こうした"動かないとき（レンジ相場のとき）"に、それまで着実に利益を伸ばして蓄えてきた大切な資金を、枚数を倍にして投じてしまったら、あっという間に資金はなくなってしまいます。

今の私は、週末になると、1週間の利益を入力したエクセルシートを見ながら、翌週の計画を練っています。でも最初のころは、よく動く日やよく動く時間帯をあまり意識しなかったので、資金が増えていると、「来週から枚数を増やそう」と単純に考え、かつ、行動していました。

しかし、思うように資産が増えなかったため、あらためて損をした

日を振り返ってみたところ、損をしていた日が月初から雇用統計発表の日までの間に集中していたと気づいたのです。
　そこで、月初には決して枚数を増やさないようにして、トレードも控えめにしました。すると、損をする回数が徐々に減ってきたのです。「やっぱり」と思い、さらに月初から雇用統計発表の日以外に枚数を増やすと、月末の残高が増えました。私は何かを見つけたような気がして、自分のルールに「雇用統計の日までは枚数を増やさない」というルールを追加しました。
　皆さんも、枚数を増やす場合は、月の初めの週は避けてください。
　また、自分でも過去のチャートを遡ってみて、月初の週の動きを確

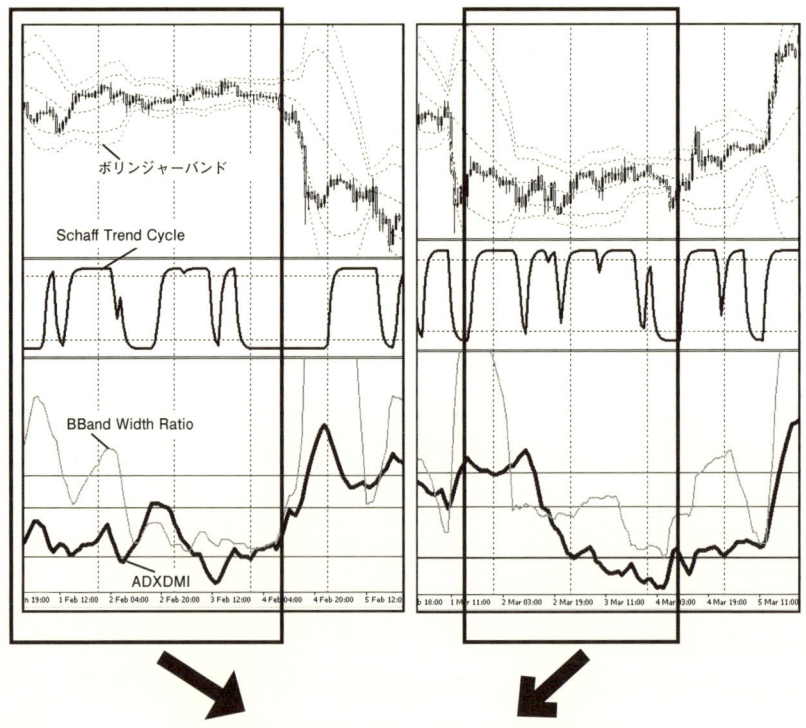

◆6-1

雇用統計までの月初はほとんど動かない！

認しましょう。そして、気づいたことがあれば余すことなく記録に残すようにしてください。

第２月曜日に枚数を増やしてはいけない

　枚数を増やすときに月の初めの週は避けるように説明しました。ただし、第２週目の月曜日は朝からすぐに枚数を増やしてはいけません。なぜなら、第２週目の月曜日は欧州時間まではあまり動かないからです。第２週目の月曜日は特殊で、午前中から欧州時間まではあまり大きく動きません。ですから、枚数を増やすのでしたら１カ月のうちの第２週の火曜日からにしてください。

　６−２のチャートは２月１５日（左上）、２月２２日（右上）と、３月１日（左下）、３月８日（右下）の月曜日のチャートです。１５

◆６−２

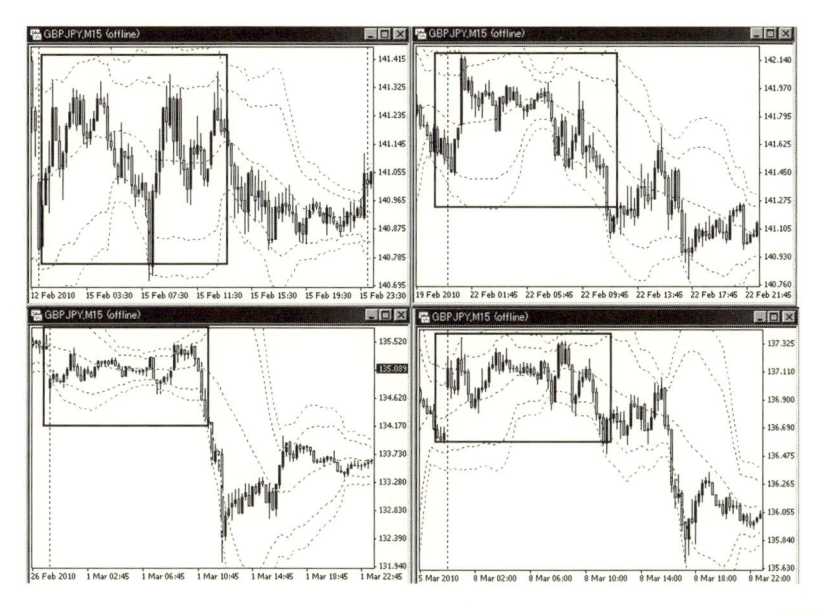

103

日は午後からそこそこに動いていますが、ほかの月曜日は欧州時間が始まるまではレンジ相場です。

　毎日記録していくうえで、月曜日の動きについては「午前中は動かなかった」「午後から動いた」のように、簡単で構いませんので記録に残すようにしてください。後々、必ず参考になります。

第2週の月曜日が過ぎるまで、ガマンガマン！

私の枚数の増やし方

　私は主人が作ってくれたエクセルを参考に毎日のトレード枚数を決めています。口座の残高の半分を、取引証拠金で割った枚数が基本になりますが、そのエクセルの表の通りに必ず増やしているわけではありません。枚数は毎日少しずつ増やします。

　月末も、次ページのエクセル表のようにすごい数字にはなっていません。まったく入力のない段階のものです。こんなに順調に資金が増えることを想像すると、見ているだけでウキウキしてしまいますね。

　相場が毎日必ず、私たちにわかりやすく動くのであれば、エクセル表の通りに枚数を増やせるのですが、相場は毎日、私たちの都合の良

◆6−3

	目標ピプス	50.0		枚 数	300	クリック365			
	通貨相場	135.00		ロスカット	150.0	レバレッジ	400		
	口座残高	当日利益目標	当日利益実績	可能枚数	ロスカット(損額)	月の利益累計	利益累計	出 金	出 金(税金分)
1	100,000	25,000		5.0	**75,000**	25,000	28,720		
2	125,000	30,000		6.0	**90,000**	55,000	58,720		
3	155,000	40,000		8.0	**120,000**	95,000	98,720		
4	195,000	50,000		10.0	**150,000**	145,000	148,720		
5	245,000	65,000		13.0	**195,000**	210,000	213,720		
10	310,000	80,000		16.0	**240,000**	290,000	293,720		
11	390,000	105,000		21.0	**315,000**	395,000	398,720		
12	495,000	130,000		26.0	**390,000**	525,000	528,720		
13	625,000	170,000		34.0	**510,000**	695,000	698,720		
14	795,000	215,000		43.0	**645,000**	910,000	913,720		
17	1,010,000	270,000		54.0	**910,000**	1,180,000	1,183,720		
18	1,280,000	345,000		69.0	**1,035,000**	1,525,000	1,528,720		
19	1,625,000	440,000		88.0	**1,320,000**	1,965,000	1,968,720		
20	2,065,000	560,000		112.0	**1,680,000**	2,25,000	2,528,720		
21	2,625,000	710,000		142.0	**2,130,000**	3,235,000	3,238,720		
24	3,335,000	905,000		181.0	**2,715,000**	4,140,000	4,143,720		
25	4,240,000	1,150,000		230.0	**3,450,000**	5,290,000	5,293,720		
26	5,390,000	1,465,000		293.0	**4,395,000**	6,755,000	6,758,720		
27	6,855,000	1,500,000		300.0	**4,500,000**	8,255,000	8,258,720		
28	8,355,000	1,500,000		300.0	**4,500,000**	9,755,000	9,758,720		
31	9,855,000	1,500,000		300.0	**4,500,000**	11,255,000	11,258,720	5,291,250	5,627,500

◎目標ピプス：1日の目標ピプス
◎通貨相場：今の通貨の値
◎枚数：購入可能枚数
◎ロスカット：損切りのピプス値
◎レバレッジ：取引するレバレッジ
◎クリック３６５：クリック３６５で取引する場合
◎出金と出金（税金分）：支払う税金分の金額と税金支払いの対象外の金額（月末に自動で計算）
◎口座残高：現在の口座残高
◎当日利益目標：残高から計算した目標利益
◎当日利益実績：当日の実績入力欄
◎可能枚数：口座残高とロスカットの数字を考慮した枚数
◎ロスカット（損額）：ロスカットと枚数で計算
◎月の利益累計
◎利益累計

いように動いてはくれません。大きく枚数を増やすときはいくつかの要因が揃ったときだけです。

🔄FX 私が大きく枚数を増やすとき

　私は、ファンダメンタル・テクニカル・時間帯・勢いの4つの条件が揃わないと、枚数を倍にしたり、大きく増やしたりはしません。その基準は以下のとおりです。

①ファンダメンタル
　第3章でファンダメンタルによる予想を説明しました。要人の発言とか、利上げの発表などについては、必ず確認するようにしてください。ちなみに、最近（2010年7月現在）では、やはり経済状況の悪化から、金融機関の信用不安や、ヨーロッパ各国の財政状況悪化、中国の人民元切り上げ、預金準備率の引き上げといったニュースに市場は大きく反応するように思います。

②テクニカル
　上昇、下降トレンドを形成しているかどうかの確認はもちろん必要です。

③時間帯
　時間帯は大変重要です。第3章で説明した時間帯を必ず意識しましょう。

④勢いがあるか
　ADXDMIとBBand Width Ratioが同時に右上がりになっているこ

とがとても重要です。

　例えば、格付け機関フィッチが、アメリカの格付けをAAAからAに下げる（いきなり2段階の格下げ）ことを発表したとします。それを受けて、テクニカルが完全に下降トレンドになり、よく動く時間帯のときに、ADXDMIとBBand Width Ratioが右上がりになって相場に勢いがついた場合は、枚数を倍にしてエントリーします。

　このように、いくつかの根拠が揃うと、相場は確実にかなり大きく上昇（または下降）してくれます。こういったときでないと、枚数を増やして、安心してエントリーできないのではないかと思います。

　皆さんも、枚数を大きく増やしたいときは、冷静に今の相場を観察し、ファンダメンタルなどをチェックし、相場に方向性が感じられないときは枚数を増やすのはやめて、ほどほどにトレードするようにしましょう。

　枚数を増やすことにも戦略が必要です。枚数を増やすときの自分なりのルールを作成してもよいと思います。

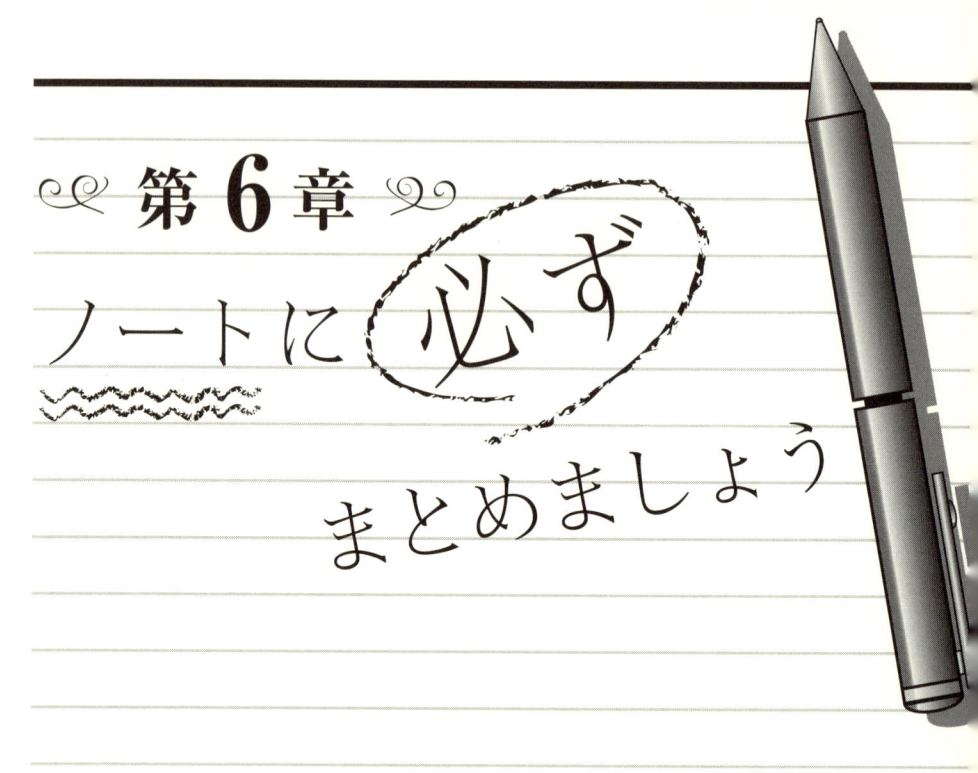

第6章 ノートに必ずまとめましょう

1) これまでは、トレードする枚数はいつ増やしていましたか？

2) 枚数を増やした日のトレードはどのような心境でしたか？

3) 今後はどのようなときに枚数を増やそうと思いますか？
   その条件を書き出してください。

4) 枚数を増やすときのルールを自分流のトレードルールに付け加えましょう。

【第2部】
えつこ流
FXの実践方法

第7章

FXの行動をプログラムしましょう

　人間、事前に準備をしておくと、冷静に物事を進められるようになります。このことはFXにおいても同じです。あらかじめ「何を、どうすればよいのか」がわかっていれば、スムーズに物事を進められると思います。

　事前の準備からエントリー、決済まで、「FXにおいてどう行動すればよいのかを順番にあらかじめ設定しておく」ことで、読者のみなさんにぶれない投資行動を行っていただきたいという思いから構成したのが本章です。まだ、行動指針が立てられていない人はぜひ参考にしてみてください。

FXトレードの行動をプログラムする

　私がトレードを始めたころは、チャートをつけたら即買いでエントリーしてトレードを始めていました。でも、どんどん損をするようになってしまったので、利益だけを取れるようになりたいと強く思ったことから、気づいたことはすべてノートに書き残してきました。その後、利益が大きく取れた日のことや、大きな損失を出した日のこと、大きく動いた時間帯はいつだったか、レンジが続いた時間帯はいつだったかを残していくうちに次第にトレードにも慣れてきて、利益も増え始めてきた、ということについては、再三、お話ししてきたとおりです。

　今、私はどうしているかというと、今まで記録してきたことを自分のノートにわかりやすく箇条書きにしてまとめ、毎日利益がどんなに出ていても意識して同じ行動を取るようにしています。

「以前は何も考えずにトレードしていて、損ばかりでしたが、えつこ流にして損が減りました」
「今まではマイナスばかりだったのですが、今月はプラスで終われました」

　私のブログに訪問される方からこのようなコメントをよくいただきます。ほとんどの方が、トレードに対する具体的な行動と取り組み方を知らないまま損を増やしていたようです。
　今、私が実際に行っているトレードの具体的な行動と取り組みを、FXの行動プログラムとしてこれから説明します。
　第4章で、チャートのテクニカルとしての勢いをつかむ方法を説明しました。本章では、行動でトレード時間を制限して損を減らす方法

を紹介します。この2つの方法をきちんと身につけることによって、自信を持ってトレードすることができます。

プログラム1 チャートに向かう前に情報収集しトレード時間のタイムマネジメントをする

　私は朝5時には起きて、家事をする前に必ず下記のことを調べます。すべて確認しないと絶対にトレードはしません。なぜなら、情報がなければ、勝手に動いていく市場の動きを読むことなどできないと思っているからです。

　またFXという一種の世界には、日本はおろか、世界各国に何万人というライバルたちがいます。その中には、とんでもない高学歴の人や、投資経験豊富な人たちも大勢います。最低限の知識として、その人たちが知っているであろう情報についてはできるかぎり努力して収集しないと勝てるわけがないと思います。

　事前に調べるべきは、第3章で説明した内容です。FX業者のホームページやニュース速報ですぐに調べることができますので、毎日、必ず確認しましょう。

①今日はゴトー日か確認する
　ゴトー日の場合は10時までの動きには慎重に取り組み、10時以降の仲値要因剥落後の動きも注意する。

②指標スケジュールを調べる
　重要指標の発表がある場合はその対策をきちんと確認し、トレードする時間とトレードを避ける時間帯をきちんと把握し、トレードに挑む。

③休日国を調べる

休日国の市場の時間帯はトレードしない（欧州の主要国がひとつもお休みの場合は欧州時間のトレードを控えるようにする）。

④ＮＹダウの数値を調べる

±２００の場合は早朝の動きに注目する。

⑤昨夜のニュースを調べる

重大な発言があった場合は、それがネガティブかポジティブかをチェックし、朝の動きをある程度予想しておく。

⑥今の時間はよく動く時間かどうかを調べる

今の時間が「９時から１１時前後」「１５時から１８時前後」「２３時から２４時前後」に当てはまっているかどうか、つまり、エントリーしてよい時間帯になっているかどうかを確認する。

⑦市場が大きく動いた後かどうかをチェックする

市場が大きく動いた後のときは、１日の値幅の基準に近いかどうかをチェックし、値幅の基準に近い場合は、テクニカル的にわかりやすい判断ができるまではトレードはしないこと。

---

①から④までは、私が毎朝チェックする下記のブログやサイトがあります（下記参照）。⑤についてはＦＸブロードネットで、随時、更新できるニュースを見ています。

【参考にしている情報源】

◎羊飼いのＦＸブログ　http://fxforex.seesaa.net/

◎トレーダーズ・ウェブ　海外市場スケジュール
　http://www.traders.co.jp/foreign_stocks/market_s.asp
◎ひまわり証券　経済指標　予測＆速報
　http://sec.himawari-group.co.jp/report/weeklycalendar/
◎ＦＸブロードネット　http://www.fxtsys.com/

　以上の情報を参考に、今日のこれからのトレード時間の「タイムマネジメント（Time Management）」を行いましょう。

プログラム2　チャートの前で待つ

　トレードするための必要な情報は集めました。次にするべきことは、市場に勢いがつくまで待つことです。これが非常に重要です。第4章で「ＦＸで私たちがすべき一番偉大な仕事は待つことである」と説明しました。ここでもあえて説明します。チャートを立ち上げてすぐにエントリーしてはいけません。勝手に動く市場においては、私も含め、素人でも利益を取ることができるのは、市場が勢いよく動くときだけです。**勢いがつくまでただひたすら待つこと！**　この行為があなたの大切な資産を守ってくれます。

　例えば、ADXDMI と BBand Width Ratio が右下がりのときや、下のほうに這いつくばっているときは、明らかに市場に勢いがありませんので、そういうときはニュースをチェックしたり、のんびり過ごしてもよいと思います。

　また、市場がかなり大きく動いてしまった後は、その日のトレードは見送ってください。第3章で1日の値幅の説明をしましたが、大きく動いた後はテクニカル的に動きを読むことが難しく、しかもほとんど動きがありません。

上記のように、待つ内容にも戦略を組み込んでください。そうすることによって、気持ちと時間に余裕ができます。

プログラム3　エントリーする

プログラム2までの確認が確実にできたら、ADXDMIとBBand Width Ratioが同時に右上がりになったタイミングでエントリーします。

◆7-1

（図：GBPJPY M5チャート。ボリンジャーバンド、勢いがついている、Schaff Trend Cycle、BBand Width Ratio、ADXDMI。「ADXDMIとBBand Width Ratioが"同時"に右上がりになったらエントリーすること」）

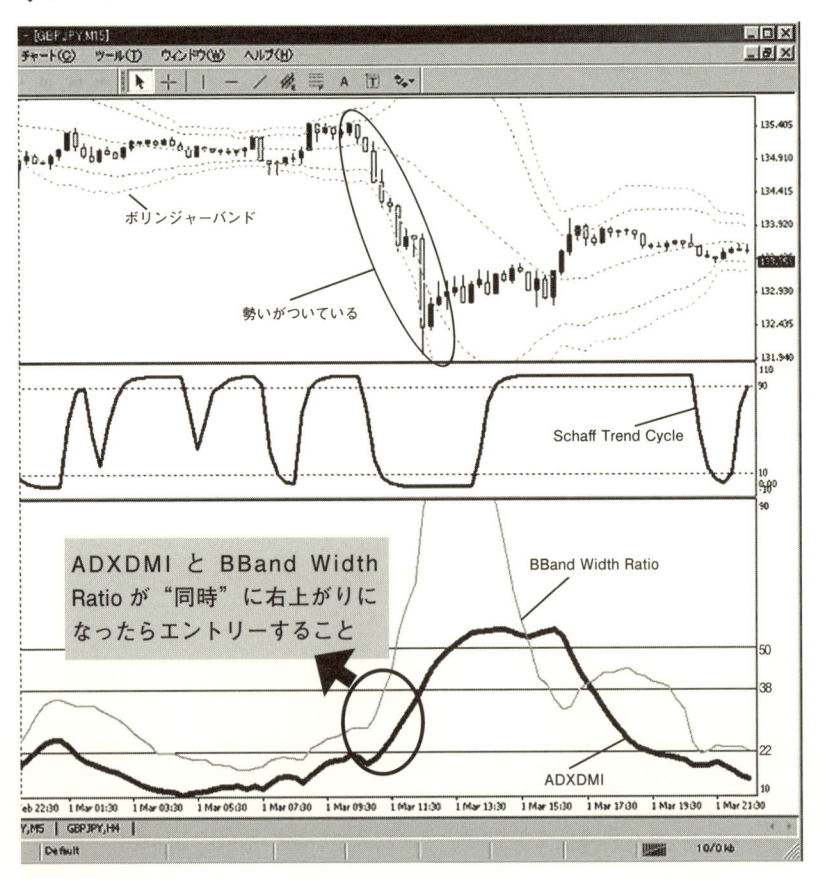

プログラム4　決済する

　ローソク足がボリンジャーバンドに突き刺さり、押し動かした瞬間に決済してください。ヒゲが出ずに、ローソク足が長方形に長く伸びたときが一番良い決済の場所です。

◆7-2

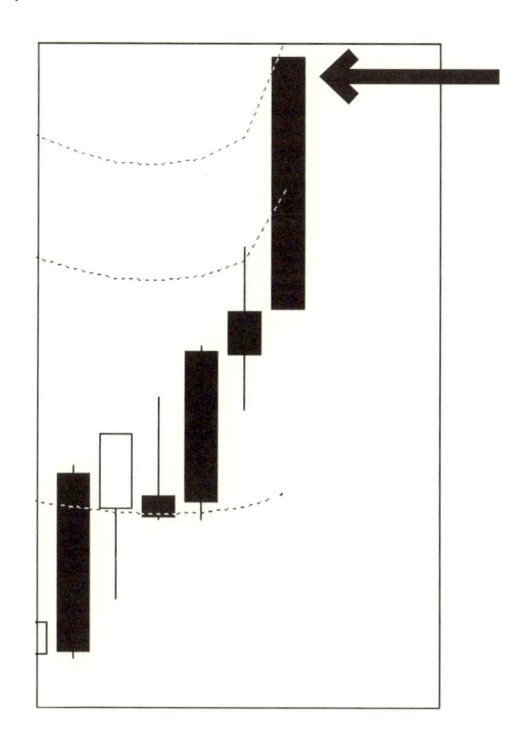

スーッと伸びてボリンジャーバンドを押し動かしたら決済

プログラム5　利益が出たその後にすること

　仮に、東京時間に大きなトレンドに乗れて利益を取ることができたとしたら、次の欧州時間まではトレードはしないようにしましょ

う。欧州時間に大きなトレンドに乗れて利益を取ることができたとしたら、NY時間のよく動く時間帯まではトレードはしないようにしましょう。

私の過去の経験からいうと、大きく利益が取れた後に調子に乗ってしまって、また続けてエントリーすると、必ず最初の利益分をゴッソリもって行かれることが多かったように思います。逆に、大きく利益が取れた後、家事や息子の世話でトレードをしていなかったときは、そのまま利益だけが残っていました。

私のブログによくコメントをくれていた方で、「大きく利益確定ができても、その後の数回のトレードで全部なくなりました」と言っていた人がいます。大きく動いたらその直後は、すぐに大きくは動かないことがほとんどです。仮に、すぐにまた大きく動き始めたとしても、自信を持って判断できるテクニカルの形ではないときがほとんどです。

私はよく動く時間帯に、仮に東京時間で1回のトレードで10pipsから20pipsくらいを取れたら、よほど自信が持てる材料がない限り、欧州時間まではトレードしません。トレードとトレードの間に数時間の間隔を空けるようにしています。

ひとつの時間帯に1回のトレード。この心掛けだけでも利益を守ることができます。

プログラム6　損失を計上してしまったときにすること

まず、1日に2回も駄目トレードをしたらその日のトレードはすぐに中止し、エントリーできるFX業者のレート表示を消すか、パソコンの電源を落としてください。

損を2回もするときは、エントリーの基準、決済の基準がおかしく

なっていることがほとんどです。

　私は最初のころ、損をするとその損を取り返したくて、そのまま何度も繰り返してエントリーしていました。買いでエントリーしたら下落し始めたので、今度は即座に売りでエントリーし、「（私の最初の思惑と逆に行くんだったら）もっと下がって！」と怒りながらエントリーしていました。エントリーの基準をまったく無視して参加した動揺しながらのトレードは、「まずい！」と思ったときにはもう遅い場合がほとんどでした。そして結局、大きく損を増やしただけという無残な経験を何度もしました。

　教訓として言えることは、そういうときはできるだけ早くトレードを中止してトレードルールを見直さないと、その後も損が増えるばかり、ということです。必ず駄目だった理由を突き止めてください。原因がはっきりするまでは次のトレードは絶対にしないようにしてください。

　そして、エントリーしてしまった内容を記録に残し、本来はどうあるべきだったか、理想のエントリー基準を書き出してください。

　この作業をするかしないかでトレードで成長するかしないかが決まります。駄目エントリーの内容を見直すのは吐き気がするほどイライラすると思いますが、さらなる高みに上りたいのであれば避けては通れません。失敗の原因を追及するのはトレードをするうえでも非常に重要です。

プログラム7　必ず記録を残すこと

　私はいつも1週間分のチャートをプリントアウトし、ノートに貼っています。最初は手書きで簡単なチャートの形を残していたのですが、

使用するテクニカルも増えてきて、その日のよく動いた時間帯のテクニカルの形をどうしても残しておきたくなったこと、さらには、チャートがよく動いた時間帯の記録は残していましたが、同時に、チャートの画像も残したほうが後から見直したときに過去のチャートを遡って探して見る必要もなくて便利かなと思うようになったことから、次第にチャートの画像をプリントアウトして残すようになったのです。

実際、記録を残していく中で、時間帯だけでなくチャートを残すと、その日の何時くらいに市場がよく動いたのかがとてもよくわかるようになりました。皆さんにも、よく動いた時間帯とその時間帯のチャートを残していただきたいと思います。

このときのアドバイスとして挙げるならば、市場が大きく動いた理由として、テクニカルや指標発表以外のファンダメンタル的要素がある場合は、その情報も残しておくということです。

また、その日の気になったニュースもできるだけ記録して残すようにしてください。ニュースを情報として残すことによって、どのようなニュースが市場に影響を与えるかがわかってくるようになります。翌月、翌年に読み返してもためになる"自分だけのＦＸの参考書"を作りましょう。

プログラム8　週末にすることと Strategy Tester の活用

　私は週末に指標スケジュールをノートに貼り付けます。私がプリントアウトするのは、ひまわり証券のマーケット情報にある「経済指標予測＆速報」の表です。URL はこちらです。

http://sec.himawari-group.co.jp/report/weeklycalendar/index.html

また、駄目エントリーがあればそれに関する反省とトレードルールの見直しをしています。このトレードルールの見直しは、トレード歴4年目に入る私でもよく行っていますので、皆さんも必ず行ってください。

　そして、週末はStrategy Testerでチャートを高速で動かしっぱなしにしています（第9章参照）。トレンドが発生して相場に勢いがついたときの様子をできるだけ目に焼き付けたいからです。チャートに慣れることも非常に大切なことです。

プログラム9　目標を明確にして具体的な記述を残すこと

　毎日トレードするにあたって、具体的な目標を皆さんは持っているでしょうか？　私は「今日は５０pips取る」というような具体的な数字の目標をノートに書くようにしています。不思議と、数字を大きめに書いておくと、その半分は必ず達成できます。

　また、「今日は雇用統計の発表があるので１０pips取れれば良いほうと思うようにする」のような記述をトレードする前に付箋紙に書いてパソコンに貼っておきます。こうするとしっかり意識できますので、トレードの失敗が減ります。

　目標を明確にして具体的に書き表すことは、大変効果があると実感していますので、皆さんにもぜひ実行してほしいと思います。

FX トレードルールに対する姿勢

　トレードルールに対して、皆さんはどのような心構えでトレードをしていますか？　私にとって、トレードルールは絶対に守らないといけない決まりです。

　トレードルールを破ると、ごっそり運用資金を持っていかれるからです。確かに、「何が何でも完璧にトレードルールを守る！」という意気込みでチャートに向かうことは疲れることでもあります。ときには「面倒くさい」と思うこともあるでしょう。でも、このルールが皆さんの資金を増やしてくれるのです。そして皆さんの資金を守ってくれるのです。

　日々、トレードルールを絶対に守るように努めてください。そして、毎日の記録の中から、自分らしい自己流のもっと良いルールに改良する努力もしてください。

FX 怠ったときに損をした

　毎日コンスタントに利益が取れるようになると、「私の思った通りに動くはず」と自分を過信してしまいます。私の場合は、「今月は結構残高があるから、少しくらい損をしてもいいかな」とたまに思うときがあります。

　ひとつの例として、トレードルールをまったく意識せずに、枚数を少なめ（3枚くらい）にしてルールに反したタイミングでポンド円でエントリーしていたときの話をします。このときの私は、損をすることがほとんどない日が続いたので過信していました。その証拠に、「ルールに反したタイミングでエントリーしても、自分の思った方向に行く」と信じ込んでいたのです。もちろん、根拠は何もありません。

あえて挙げるなら「自信があったから」といえます。

　結果ですか。みなさんのご想像通り、チャートは私の思った方向にはまったく動いてくれませんでした。しかも、急に大きく逆に動いてしまったのです。

　ちょっとした油断から生まれたこのエントリーのせいで、結局、私は夜中に２時間、パソコンの前に座ったままでいる羽目になりました。最終的には、真逆に８０pipsも動いてしまって２万４０００円の損をしました。金額的には大したことはないのですが、ルールを守らなかったことに対する腹立たしさで、自分の頬を何度も叩いたものです。

　利益が増えるとルールを疎かにしてしまう傾向は珍しくないようです。チャートに慣れてトレードに自信が持てていても、ルールを守らないと必ず損をすると思ってください。

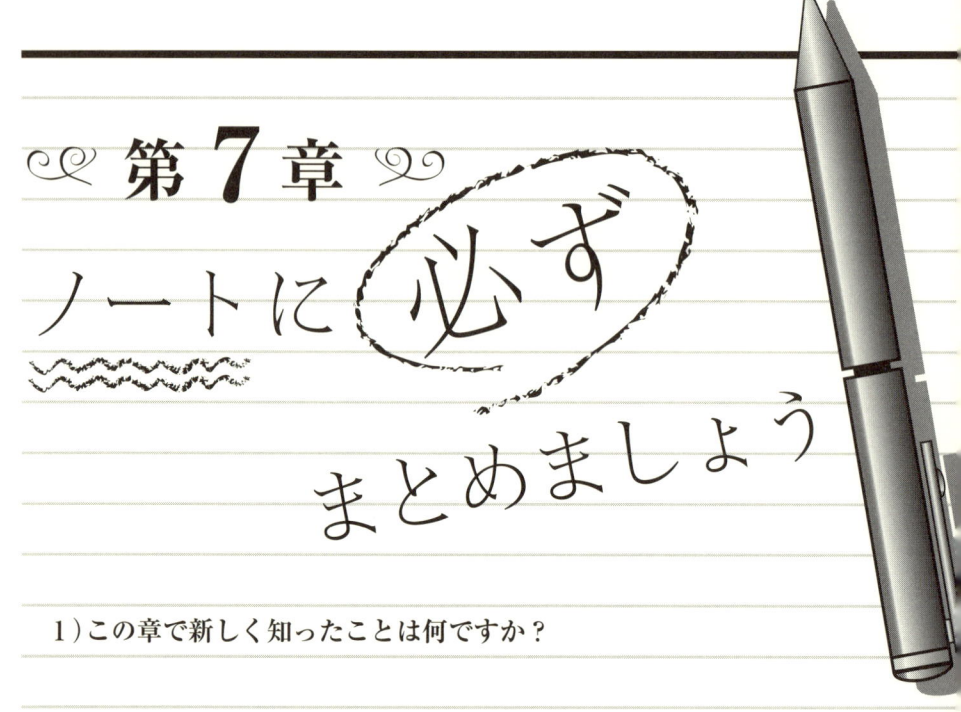

第7章 ノートに必ずまとめましょう

1）この章で新しく知ったことは何ですか？

2）自分のトレードに今まで生かされていましたか？
　　a. 生かされていた場合、生かされていたのはどんなことですか？
　　b. 生かされていなかった場合、どんなことが生かされていませんでしたか？

3）今後、自分でどのようにしないといけないと思いますか？

4）この章で説明した行動プログラムを参考にして、自分流のFX行動プログラムを作成しましょう。もちろん、必ずしも自分流にしなくても大丈夫です。

5）FX行動プログラムを意識したトレードの練習を、最低でも1週間はしましょう。

6）練習しながら気づいたことは、どんどんノートに書き出していきましょう。

7）FXの行動プログラムに慣れるまではリアルトレードは絶対にしないようにしましょう。

コラム：サラリーマンの方がＦＸに取り組むには

　私のブログには、サラリーマンの方がよくコメントをくださいます。その中でよくいただくコメントは、「自分はサラリーマンなので、えつこさんが大きく利益を取る時間帯は、トレードができません」とか、「ＮＹ時間の攻略方法を教えてください」という言葉です。そして一番気になるのが、「不景気のためにお給料が下がって、ボーナスもほとんどなくなったので、子供たちの学費を稼ぐために、仕事が終わって帰ってきてからの時間帯で、どうしてもＦＸで利益が取れるようになりたいんです」というようなものでした。
　「自分のためにではなく、家族のために～～」という書き込みを見たとき、仕事から疲れて帰ってきているにもかかわらず、経済的な理由から、ＦＸで貯蓄を増やそうとしている方たちに対して、「何が何でも損を減らして、できるだけ利益を残せるようにお手伝いしたい」と私は強く思いました。本書を読んでいただいている皆様の中にも、"そういう思い"を抱いている方が多いのではないかと思います。そこで、ＮＹ時間（帰宅してからの時間）にトレードするときの注意点をいくつか挙げたいと思います。
　１日のうちで一番よく動くのは夕方の欧州時間です。ＮＹ時間は、テクニカルの状態から見ると、トレンドのタイミングをつかみにくいところに来ている場合が多いので、ＮＹ時間にトレードするのならよほど条件が合うときでないと、リスクのほうが大きいと思います。

サラリーマンの方の場合、会社から帰宅して、食事をし、お風呂に入ってやっとチャートに向かうことができるのだと思います。それらの時間と睡眠時間を吟味すると、トレード時間は本当に限られていることがよくわかります。

◆7-3

相場に勢いのつきやすい時間帯　※サマータイム期間は欧州時間以降は1時間早くなります。

8	9	10	11	12	13	14	15	16	17	18	19	20	21	22	23	24	1	2

サラリーマンの勤務時間

8	9	10	11	12	13	14	15	16	17	18	19	20	21	22	23	24	1	2

7-3のタイムテーブルを見てください。夜のNY時間の四角い枠で囲った時間帯が、唯一、サラリーマンの方が相場の勢いをつかめそうなチャンスのときです。限られた時間になりますので、お仕事から帰って来てNY時間にトレードするのであれば、毎日利益が取れるとは考えないでください。

この時間帯は、ポンド円では欧州時間の大きな流れが続いていたり、または欧州時間に大きく動いてしまって、動きがほとんどなかったりすることが多いです。

とはいってもNY時間ですので、ドル円やユーロドルなど、ドルに関係する通貨は、この時間帯に大きく動く場合がやはり多いです。

また、重要指標発表後の動きは大きく、要人発言やニュースの内容によっても市場は大きく動きます。直近の例として、２０１０年３月８日のＮＹ時間にポンド円で２０pips近く利益を取ったときのことを紹介します。このときは、「イギリス政府が財政赤字削減を目的とした食料品への課税を検討しているとの記事が報じられた」とＦＸニュースで読んだので、下落の勢いがついたときに自信を持ってトレードできました。

　この例のように、トレードをする前には、発表された重要指標の内容、発言の内容を必ずチェックして、市場に勢いがついたと判断できるときだけエントリーするようにしてください。そして、チャートのテクニカルを見て、エントリーすべきかどうか自分で判断しにくい場合はエントリーしないようにしてください。「わからないときにはエントリーしない」というルールについては特に守ってほしいと思います。限られた時間内で資金を増やすためには、ガツガツと利益を取りにいかないことが一番大切なのです。

【ＮＹ時間のみトレードをする場合の行動プログラム】

　前に説明した内容と重複しますが、注意点をわかりやすくまとめて行動プログラムにしました。毎日、以下の項番１から４までを見ながらトレードしてください。また、週末などは第９章を参考にして、チャートに慣れる練習を行ってください。

①毎日トレードチャンスがあると思わないでください。サラリーマンの方や、夜しかトレードできない方の場合、チャートを立ち上げた時点でトレンドがすでに発生していたり、大きな

トレンドが終わりかけていることがほとんどだと思います。ですから、まずチャートを立ち上げて、１５分足の ADXDMI と BBand Width Ratio が同時に右上がりになっているか、そして ADXDMI がレベル表示の「３８（７－４参照）」よりも上にないかどうかをチェックしてください。もし「３８」より上に ADXDMI がある場合はトレードしてはいけません。

②項番１に当てはまらない場合は、指標スケジュールを確認し、ニュースのチェックをします。ＮＹ時間は指標発表後や要人発言後に大きく動く場合が多いですので、これらのチェックは大変重要です。

◎ひまわり証券 経済指標 予測＆速報
　http://sec.himawari-group.co.jp/report/weeklycalendar/
◎羊飼いのＦＸブログ　http://fxforex.seesaa.net/
◎ＦＸブロードネット　http://www.fxtsys.com/

③１５分足で ADXDMI と BBand Width Ratio が２本同時に右上がりになったらエントリーします。どちらか片方が平行や右下がりだった場合はエントリーしないでください。

④３０分足（慣れないうちは１５分足をお勧めします）のチャートで、勢いのついた方向のボリンジャーバンドにローソク足がスーッと伸びた瞬間に決済します。チャートに慣れるまでは、利益が１０pips くらいになったら決済してください（７－５参照）。

◆7-4

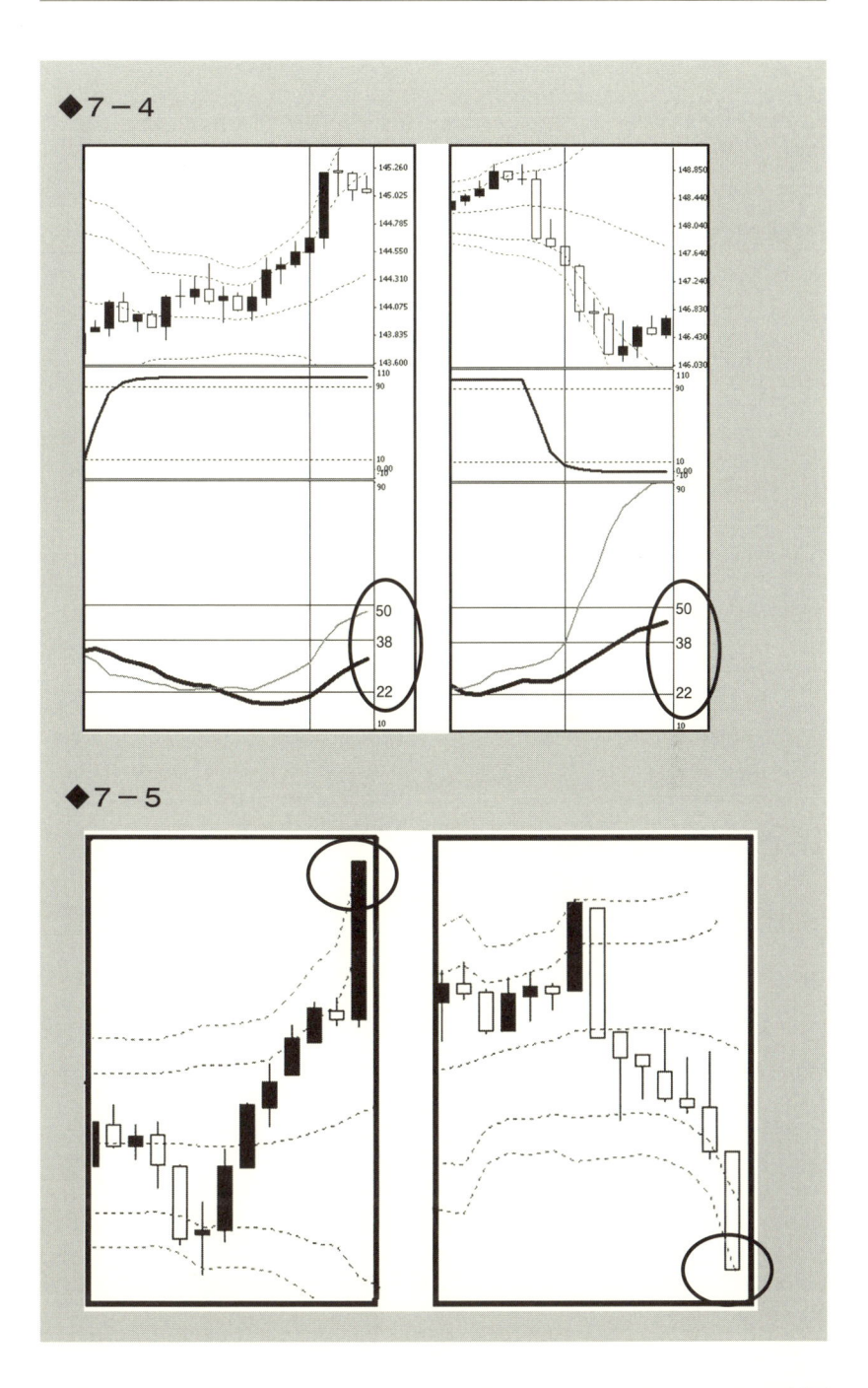

◆7-5

127

ノートに（必ず）まとめましょう

1）会社から帰宅した後のトレードの時間帯を意識したことがありますか？

2）今まで、毎日利益を取ろうとして損を増やしていませんでしたか？

3）今後、仕事とＦＸを両立していくうえでの、目標を作ってみてください。

4）ＮＹ時間での指標スケジュールや重要予定を調べる習慣を身に付けましょう。

【第2部】
えつこ流
FXの実践方法

第8章

事例紹介
～私のある日の動きとモニターさんの感想～

ここまでお話ししてきたことを実例で紹介したいと思います。私の２０１０年７月６日と７月７日、７月８日のトレードを取り上げます。また、私の方法を実践してくれているモニターの方、３人のお話も紹介します。

📊 2010年7月6日(火)のトレード

　いつもと同じように5時に起床し、PCを立ち上げ、チャートを立ち上げ、前夜のニュースをざっとチェックします。米国が休日だったので、特に大きなニュースはなし。そこで、家事をこなし、主人と息子の外出の準備を始めます。

　朝食を済ませ(6時45分)、主人を送り出した後、FXブロードネットのニュースを少し読みます。7時36分に「『中国が、欧州危機によって、資金を欧州通貨から分散させて日本国債への投資を拡大し始めた』と日本経済新聞が報じた」というニュースを見たので、「日本円が買われるのかな？」と漠然と感じました。
　その後、息子を見送った後、今日の指標スケジュールのチェックを行います。本日7月6日は午前中にオーストラリアの貿易収支の指標発表があるのみです。

　7時57分、パソコンの前に座ってチャートを見ていたら、15分足のADXDMIとBBand Width Ratioが右上がりになったことに気づきました。売りが加速していたので、先ほどのニュースと照らし合わせて「イケる！」と判断し、売りでエントリーします(**8-1参照**)。

　8時29分、30分足のローソク足がボリンジャーバンドに接して押し動かしたので決済しました。結果的に、39pips獲得しました。ブログに取引結果をアップし、相場が大きく下落した要因(今回の下落相場は、『中国が投資資金を欧州通貨から分散させて日本国債への投資を拡大し始めた』と日本経済新聞に報じられたため、欧州通貨が売られて、円が買われました)と思われるニュースをノートにまとめます。東京時間の朝一番に大きく利益が取れたので、自分のルールに

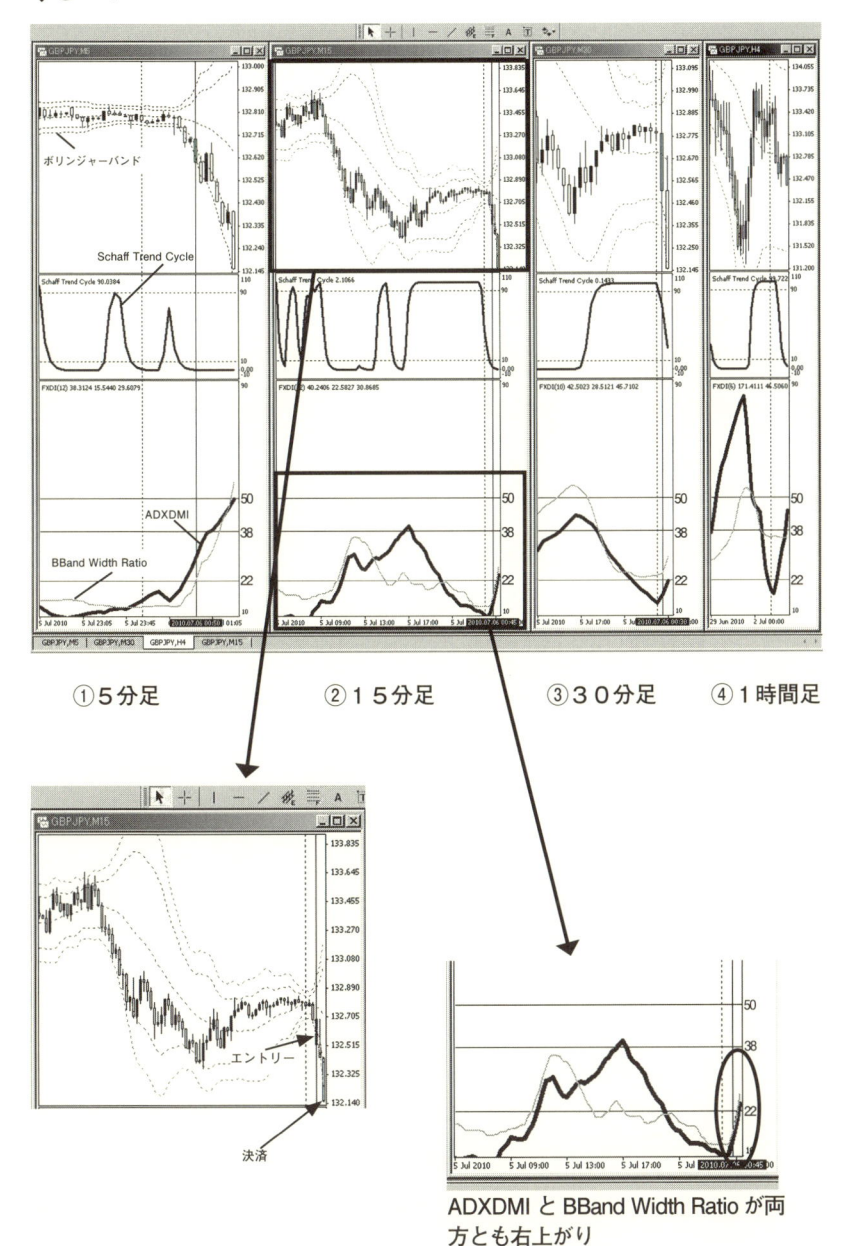

◆8−1

①5分足　　　②15分足　　　③30分足　　　④1時間足

エントリー
決済

ADXDMIとBBand Width Ratioが両方とも右上がり

131

従ってあまり欲を出さずに、次の欧州時間まではトレードは様子見することに決定。チャートはそのまま立ち上げておきます。ちなみに、この日はたまたま早い時間からパソコンの前に座りましたが、普段は８時３０分くらいからチャートの前にいます。

　１４時、幼稚園まで息子を迎えに行き、帰宅後、チャートを意識しながら息子と遊んだり、家事をしたり……。
　１５時１９分、息子に絵本を読んでいたら夢中になってしまい、チャートを見忘れていました。ふと気づいてチャートを見ると、上昇トレンドがすでに発生していました。
　ここで、エントリーしようかどうか考えましたが、１５分足のADXDMIがレベル３８の表示に近かったので、「そろそろ勢いがなくなる可能性が高い」と判断。トレードしないでおくことに決めました。
　すぐ目の前で勢いがついているのを見れば、エントリーしたくてしょうがない気持ちになるかもしれません。たぶん、昔の私ならエントリーしていたと思います。
　でも、今の私は違います。ここは飛びつき買いをしないようにと自分に言い聞かせて、次のチャンスを待つことにします（**８－２参照**）。
　チャンスはいくらでもありますから、あわてる必要はありません。条件が合わないときには「休む」こともちろん「あり」です。むしろ、そのほうが結果的に資産を増やすことにつながると思います。条件が合わないのに無理にトレードしても、良い結果にはつながりませんからね。

　１６時３０分、スイスの消費者物価指数が発表されました。予想を下回っていたのでどう動くのかを冷静に見ていたところ、欧州通貨もドルも上昇。それに伴い、１５分足のADXDMIとBBand Width

◆8-2

①5分足　②15分足　③30分足　④4時間足

上昇トレンドが発生！

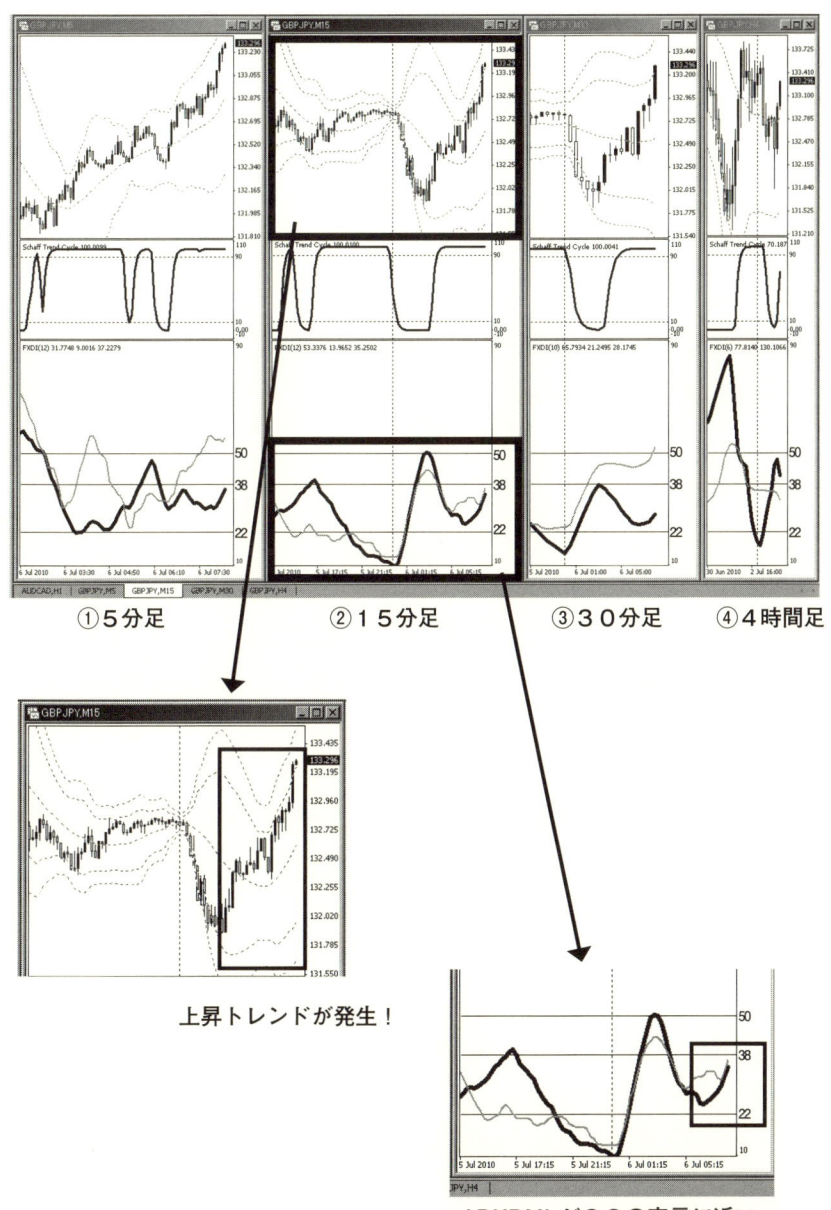

ADXDMI が38の表示に近い

Ratioが再び同時に右上がりになりましたが、１５分足のADXDMIを見ると、レベル３８の表示に近かったのでトレードしないでおきます（８－３参照）。

　ここも、先ほど同じように、条件が合わないのですからあわてません。次のチャンスを冷静に待つことにします。

　１７時、いったんトレード終了。朝のトレードで獲得した３９pipsがこの時点での利益です。数字的にはまずまずなので、ＮＹ時間は無理せず、ＮＹ時間の指標発表後の動きに注目しながら、時間が取れればトレードしようと決めました。

※結局、この日はトレードせずに就寝しました。３９pipsの獲得です。

２０１０年７月７日（水）のトレード

　この日もいつもと同じように５時に起床し、ＰＣを立ち上げ、チャートを立ち上げ、昨夜のニュースをざっとチェックします。ＮＹ時間にＮＹダウが約３００近く上昇したので、早朝に市場が上昇することを意識していました。家事をこなし、主人と息子の外出の準備を始めながら、チャートを注視します。

　いつものように朝食を済ませ（６時４５分）、主人を送り出し、息子を見送ってから、ＦＸブロードネットのニュースを読みます。
　今日は午前中は幼稚園の用事で、午後は幼稚園の避難訓練でトレードできませんので、所用が済むまでは指標スケジュールを把握しないでおきました。

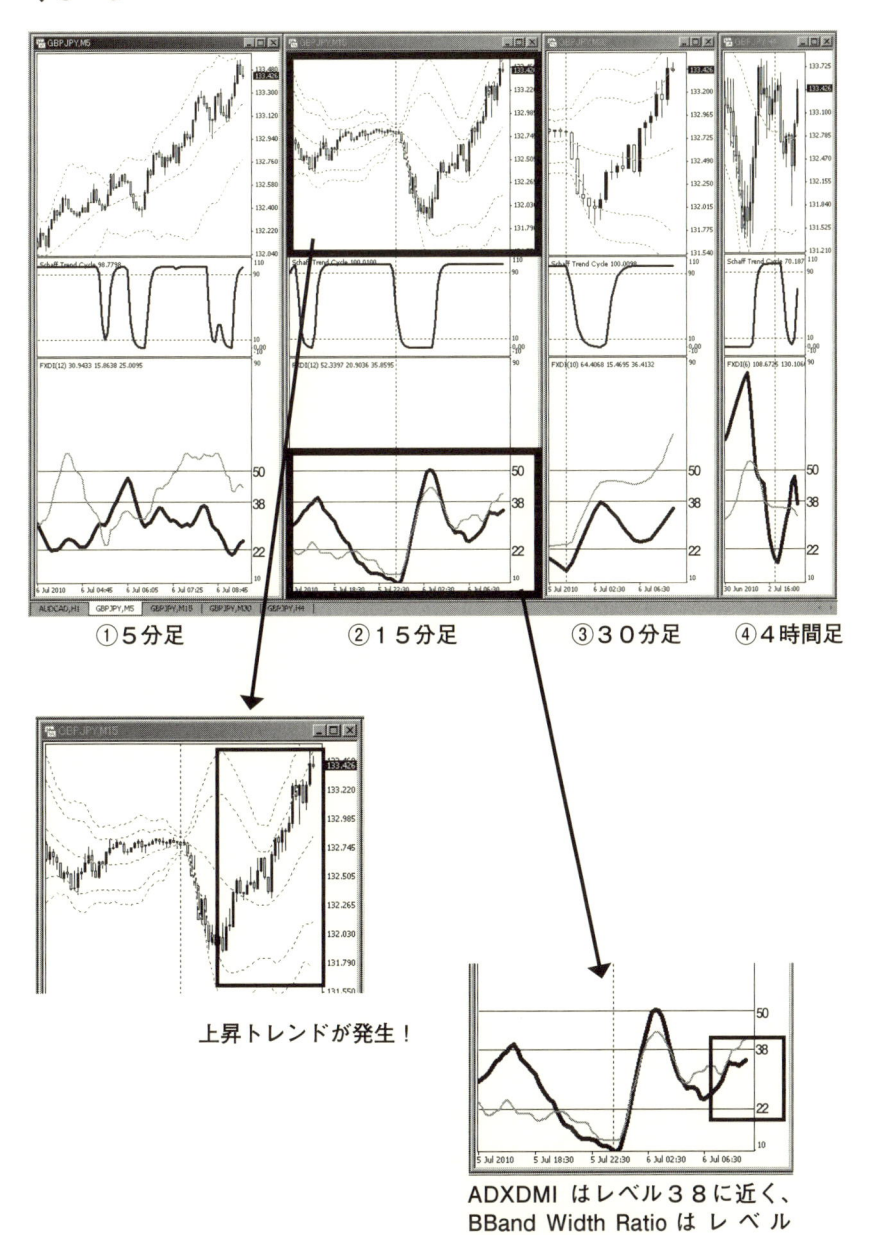

◆8-3

① 5分足　　　② 15分足　　　③ 30分足　　　④ 4時間足

上昇トレンドが発生！

ADXDMI はレベル38に近く、BBand Width Ratio は レベル38を超えている

135

１５時、用事も終わったので、パソコンの前でチャートを見ていました。先ほども書いたように、午前中からバタバタしていたので、ニュースは細かくチェックしていませんでした。４時間足は下降トレンドになって、ADXDMIとBBand Width Ratioは右上がりになっていました。１５時１５分になったころ、３０分足も１５分足もSchaff Trend Cycleが下降を示し、１５分足のADXDMIとBBand Width Ratioが右上がりになったので、下降に勢いがつくと予想。１５時２１分に売りでエントリーしました（８－４参照）。

　動きは最初からそれほど早くはありませんでしたが、４時間足が完全に下降トレンドで、かつ、勢いがあったことと、欧州時間のオープン時間帯だったので、２０pips近くは動くと考えました。

　その後、予想通り２０pipsくらい下がり、１５分足のADXDMIがレベル３８に近づいたこともあって、決済の準備を始めます。すると、３０分足のローソク足がボリンジャーバンドに接します。普通ならここで戻るところですが、このときは戻る気配もなくどんどん下降していくような勢いが見られました。ですから、決済すべきかどうか迷いましたが、毎日都合よく大きく動かないと自分を戒め、ポンド円は約２０pipsで決済するルールを優先し、１６時３分に決済しました。結果は２３pipsの獲得です。

　ここで私が伝えたいことは、トレードする時間帯を決め、勢いをつかんでからエントリーすれば、忙しい一日の合間でもきちんと利益が残せるということです。勢いをつかむことの重要性を感じてください。

　さて、その後はどうしたかというと、NY時間にもトレードしたかったのですが、この日はアメリカの指標がMBA住宅ローン申請しかなかったため、あまりNY時間は重要視しませんでした。結局、息子を寝かしつけるときにそのまま就寝してしまいました。

◆8-4

①5分足　　　②15分足　　　③30分足　　　④4時間足

決済
エントリー

エントリー

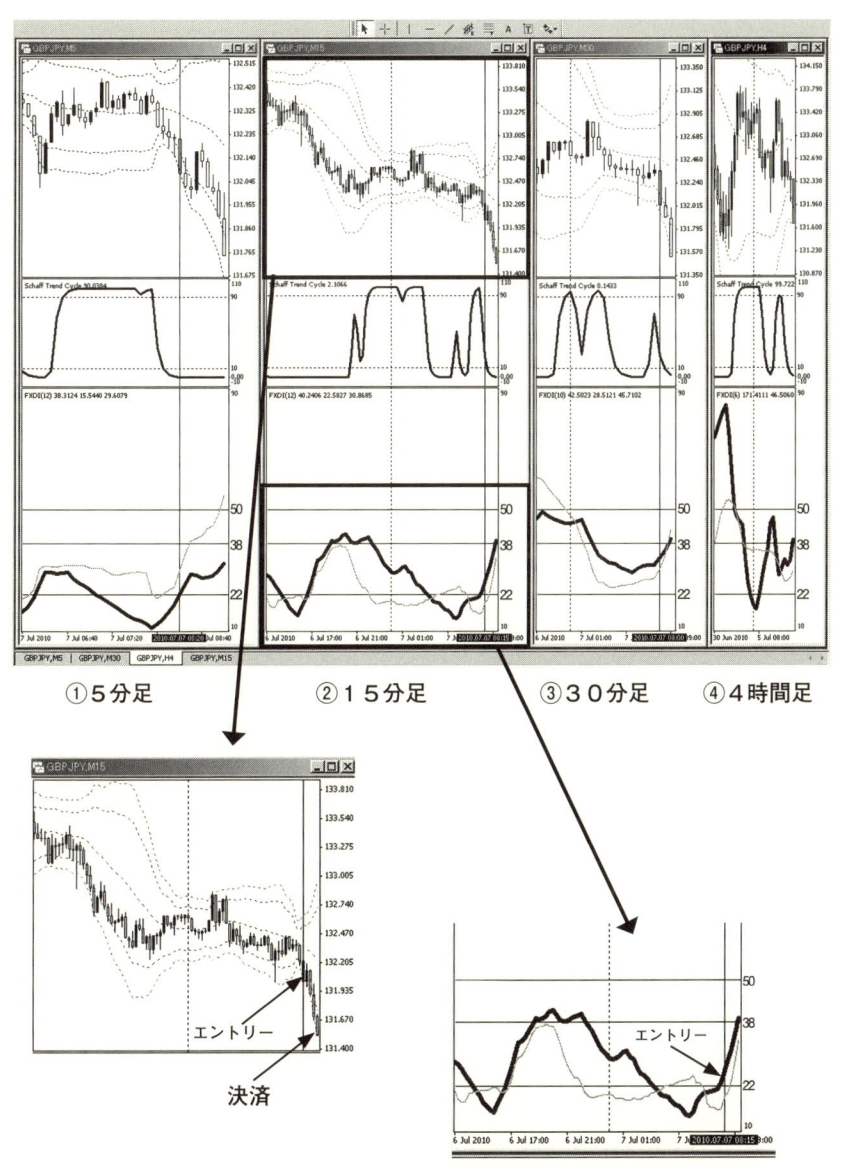

ADXDMI と BBand Width Ratio は
両方とも右上がり

137

FX 2010年7月8日（木）のトレード

　起床してから主人と息子を送り出すところまではいつもの通り、その後、FXブロードネットのニュースを読みます。今日の指標スケジュールのチェックを行い、NY時間にNYダウが274.66プラスとなり、かなり大きく上昇したことを意識して、チャートを見ていました。

　8時50分、日本の機械受注と国際収支の指標が発表されました。結果が良くなかったので、「NYダウは大きく上昇したし、日本の指標結果が悪かったので、日本円が売られるのかな？」と漠然に感じていました。

　その後、8時55分ごろから、パソコンの前でチャートを見ていると、4時間足は上昇トレンドになりました。9時になるころには、30分足と15分足のSchaff Trend Cycleも上昇を示し、15分足のADXDMIとBBand Width Ratioが右上がりになりました。テクニカル的に見ると、ADXDMIはレベル38に気持ち近いかなと感じましたが、ファンダメンタル的に考えると（NYダウが上昇したことと日本の指標結果が悪かったことを考慮すると）、上昇に勢いがつくと予想できました。そこで、9時1分にすぐに買いでエントリーしたところ、20pips以上あっという間に動き、プラス30pipsくらいになったので、30分足のボリンジャーバンドを確認してみました。ボリンジャーバンドはまだ一番外側のラインに達してはいませんでしたが、毎日都合よく大きく動かないと自分を戒め、ポンド円は約20pipsで決済するルールを優先し、9時13分に決済しました。ポジション保有時間は12分でした。

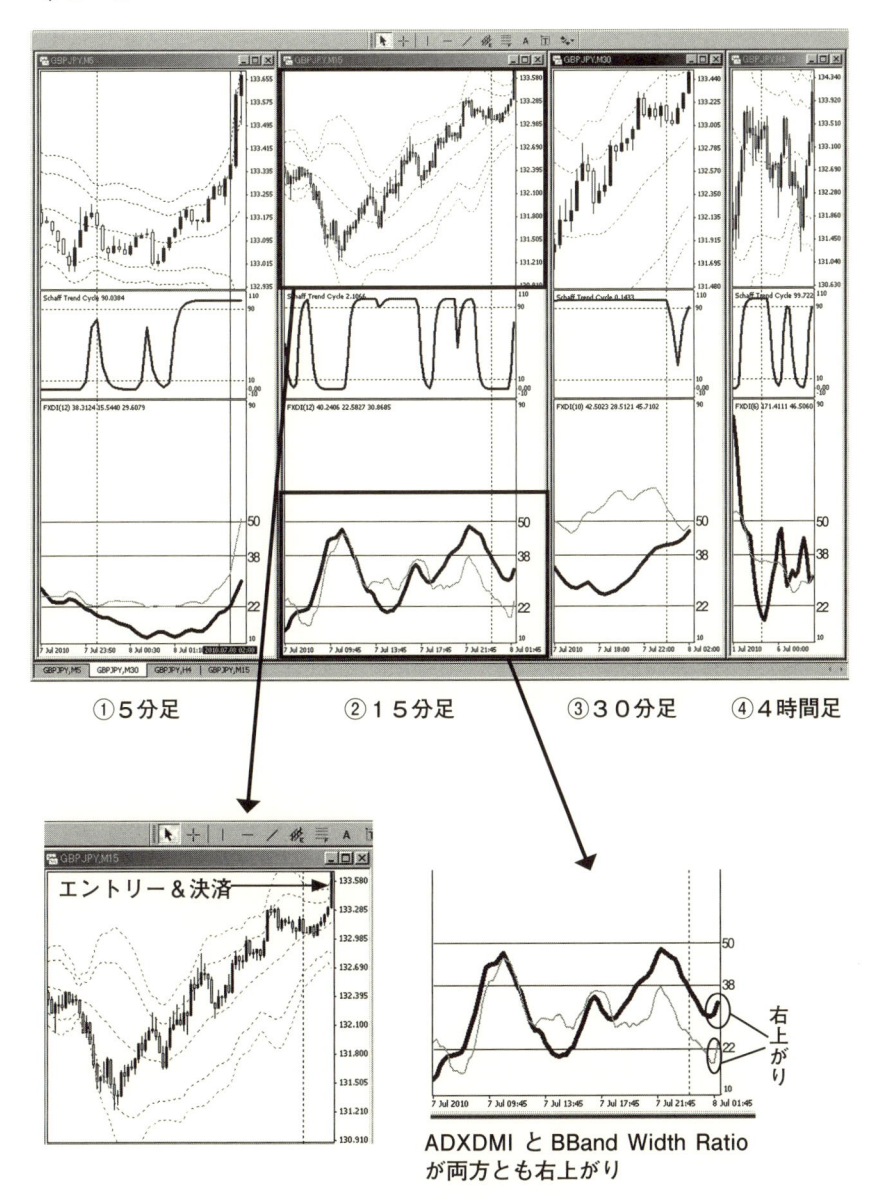

◆8-5

①5分足　②15分足　③30分足　④4時間足

エントリー&決済

ADXDMI と BBand Width Ratio
が両方とも右上がり

右上がり

結果的に、このトレードで２７pips獲得しました。ブログに取引結果をアップし、相場が大きく上昇した要因と思われるニュースをノートにまとめます。今日は、昨夜のＮＹダウの上昇がプラス３００近くあったことと、日本の指標結果が悪かったことで、円が売られやすい状況にあったと私は理解しています。東京時間の朝一番に大きく利益が取れたので、自分のルールにしたがってあまり欲を出さずに、次の欧州時間まではトレードは様子見することに決定。チャートはそのまま立ち上げておきます。

　１４時、幼稚園まで息子を迎えに行き、帰宅後、ご近所の息子のお友達が数人遊びに来ましたので、トレードは中止して、一緒に遊んだり、おやつを準備したりして楽しく過ごしました。

　１７時、いったんトレード終了。朝のトレードで獲得した２７pipsがこの時点での利益です。数字的には御の字なので、ＮＹ時間は無理せず、ＮＹ時間の指標発表後の動きに注目しながら、時間が取れればトレードしようと決めました。

※結局、この日もトレードせずに就寝しました。２７pipsの獲得です。

FX 行動プログラムを実行した人の感想

実践者の声：たぬたぬさんの場合

　たぬたぬさんは、ＦＸ歴２年ほどの専業主婦の方で、ＦＸのブログも運営されています。（たそがれＦＸ　http://ameblo.jp/shinbonwanwan/）

　ブログやメールでの交流が１年ほどあり、私が不調なときに励ましてくださったり、コメント欄や掲示板での質問者の方からの質問に快く答えてくださったりと、大変良くしてくださいます。
　損をした後のポジポジ病（何度もエントリーしてしまうこと）が悩みだったようなので、今回私の行動プログラムを実践していただきました。

〜〜〜行動プログラムを一週間やってみて〜〜〜

今回、大きく変わったことは、
トレード後にいろいろMEMOをするようになったことです。

トレード中やトレード後は、
今までは思ったことがあっても、
すぐ次のトレードを考えてしまいがちで、
反省点や、利伸ばしについて、
深く考えたことはなかったと思います。
まだ慣れていないので成績は相変わらずですが、
これを続けることにより
少しずつ変化が出てくればいいなぁと思っています。

朝、トレード前の準備をしていますが、
時に忘れてしまう項目もありました。
指さし確認というわけではありませんが、
ひとつひとつ丁寧にチェックしていく
行動の大切さが身にしみました。

特にトレードというのは興奮しがちで
きちんと状況判断ができなくなることもあります。
その興奮状態の歯止めとしてもよかったなあと思いました。

週末の反省も今まではやったことがありませんでした。
勝ったら「やったー」、負けたら「あー」というものでしたが、
今では、トレード熱がおさまった週末には、
"その週のトレード"を冷静に見直すことができるようになりました。

より「勝つ」ことに執着し、
そのための、準備を欠かさず、
日々の積み重ねの大切さを知った一週間でした。
ありがとうございました。

私が本書の中で繰り返し語っていることのひとつに「(ノートに)トレード結果を記録する」があります。この"記録を残す"という作業を実践している人は少ないようです。

　序章でもお話ししたように、私にとっては「記録を残す」ことは普通のことでした。そして、この作業を地道にこなしてきたからこそ、後に「勢いがついたときにエントリーすればよい」ということがわかったのだと思います。

　スキャルピングのように、一瞬の動きを狙っていくときには、その場その場での瞬時の判断が必要なので、ノートに何かをまとめたとしても、それはあまり役に立たないのかもしれません。でも、私が本書で紹介している手法の場合は、(スキャルピングに比べれば)時間軸も長めになっていますので、スキャルピングに代表されるような圧倒的な才能は必要ありません。どういうときに勢いがつくのかを知っていること、そのときのチャートに慣れていることさえできていれば、誰にでもできるものです。だからこそ、自分の行動を忘れないように記録しておいてほしいのです。

　たぬたぬさんは、今まであまりメモしたことがなかったようですが、行動プログラムを実践してからは、意識的に記録を残すようにしているようです。今後も続けてほしいと思います。

　週末のトレードの見直しもぜひ実践してほしいと思います。どうしてうまくいかなかったのか。どうしてうまくいったのか。他人にきちんと説明できるくらいになってほしいと思います。むしろ、"理由"を他人に説明できないようでは本物とはいえないのではないかと私は思います。

　さらには、次の週の準備も同時にやっておくとよいかと思います。人は、とっさの動きが起こったときには冷静さを失います。このことは、皆さんも経験されたことがあるのではないでしょうか。相場は生き物ですから、あらかじめ準備をしておいても万全ということはあり

ませんが、事前に準備をしておくのと、準備をしておかないのとでは雲泥の差だと思います。「▲日にはアメリカの雇用統計が発表されるから欧州時間まではトレードは控えめにしておこう」とか、「△日はゴトー日だから１０時以降の勢いに注目しよう」など、週が始まる前に意識しておけば、トレード計画もスムーズに進むと思います。

実践者の声：ＪＪさんの場合

> えつこさんへ
>
> 新たな気持ちでトレードに臨むことができたおかげで
> 今週は全勝でした。
> えつこさん流トレードのすごさを再確認できたのと
> 自分自身への自信がつきました。
>
> 以前のえつこさんのブログで、
> ご自身のノートとトレード体制が掲載されていたのを偶然読み、
> そのマネをしておりました！！
> このおかげで、私の生活に
> うまくＦＸを取り入れることができました。
> 今ではバイブル的存在になっています。
>
> 現在、飲食店を経営しながらの私のトレードは、
> 東京・欧州序盤をメインにやっています。
>
> 本業・主婦業を兼ねてのトレードですので、
> 思うようにＰＣの前に座ることができず

> どうしてもスキマ時間を利用したトレードとなってしまい、
> なかなかうまくトレードできず、
> 苦悩の連続だったそんなとき、
> 「えつこ流トレード・Market Force Strategy」と遭遇。
> 手法を教えていただいた当初のころは、
> 慣れるまで戸惑いはありましたが
> ささいなことでもとても親身にサポートしていただいたおかげで
> 自分でも頑張って時間を作ることができ、どうにか手法をマスター。
> 数カ月は試行錯誤を繰り返しましたが、
> 今では、念願でした私のライフスタイルに合わせた
> 「本業・主婦業を兼ねるＦＸ」ができています。
> 時々、失敗はありますけど……。
>
> 「わずかなおこづかいで構わない」と思って
> スタートしたＦＸでしたが
> 今では、２カ月に一度くらいのペースで、
> 近場への海外旅行ができる程度に成長できています。
> 自分が一番びっくりしています。

　ＪＪさんは、１年くらい前からブログやメールで交流のある方です。最初はMetaTraderも使用したことがなかったようで、まずチャートのセッティングから説明させていただきました。最初はデモトレードで練習して、今はしっかりリアルトレードで頑張っていらっしゃいます。今では掲示板等でも質問者の方に説明をしてくださることも多くなってきました。
　さて、もう私の手法を実践されてある程度の月日が経過された方ですので、今ではうまくいっているようです。でも、メールを見て

いただくとわかるように、最初のころは時間がうまくとれなかったようです。主婦をしていますと、２４時間ずっとパソコンの前に座っているわけにはいきません（これは、主婦に限った話ではありませんが……）。となると、必然的に、たまたまパソコンを立ち上げたときにトレードをすることになってしまいます。でも、これでは勝てません。なぜなら、やみくもにエントリーしていることと同じになるからです。実際、私もやみくもトレードで損失を膨らましてしまったことについてはすでにお話しした通りです。

ここで、思い出していただきたいことが「勢いのある時間帯のときにだけ参加する」ということです。私は、以下の３つの時間帯を挙げました。

◎午前（東京時間）　０９時から１１時前後
◎午後（欧州時間）　１５時から１８時前後
◎夜中（ＮＹ時間）　２３時から２４時前後

この時間帯のときにだけパソコンの前に座るようにして、あとの時間については家事や子供の世話など、ほかのことを片づける時間にするとよいと思います。

専業主婦の方の場合、上記の時間帯に限れば、比較的楽にトレードできると思います。サラリーマンの方の場合、主にＮＹ時間だけしかトレードできないことが多くなってしまうかもしれませんが、１２３ページを参照して、勢いのついたときには勇気を持って参加してみてください。

ＪＪさんも今では２カ月に一度のペースで近場の国に旅行に行けるくらいＦＸで稼げているようです。私の方法を実践されている方が少しずつ力をつけている姿をみると、私自身も本当にうれしくなります。

実践者の声：あさみさんの場合

　この方は最初はパソコンが苦手で、「MetaTrader 4」のセッティング自体にもとても苦労していらっしゃいました。ブログ上で、手順を画像をつけて細かく説明したことをよく覚えています。

あさみさんへ。
では手順をUPしていきますね。
まず、MT4にチャートの画面を4つ表示させるのですが、

MT4のツールバーの、ファイルを選択します。（下の画像参照）・・1番

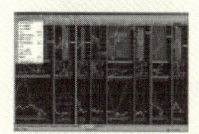

そうしたら、

Forexを選択して、GRPJPYを選択してください。（下の画像参照）・・2番

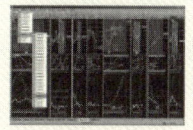

そうすると、チャートが表示されます。

赤丸の中の、端っこにカーソルを合わせると、チャートの大きさが調節できます。・・3番

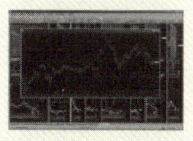

下の画像のように縦長に細くしてください。・・4番

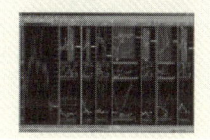

２０１０年１月の月初にお問い合わせをいただいてから、その後のトレードが大変心配でした。「エントリーと決済を間違えたりしていないだろうか」「通貨を間違えたりしていないだろうか」など、「MetaTrader 4」を使いこなすことができる or できないというところからなかなか進まないのではないかと思っていました。でも、そんな心配は必要ありませんでした。

日付	名前	ホスト	承認
10/01/22	あさみ ✉	拒否する	

タイトルなし
先日は大変お世話になりました。
只今初めてリアルトレードをしました。
15分足のADXDMIが上を向きそうだなと待ち構えていました。
私も15：30分にエントリーして③が出てすぐに手仕舞い、39.6pipis取れました。3分でこれだけは初めてです。
本当に嬉しかったので、すぐにお礼がのべたかったので、メールしました。本当に有難うございました。
これからも頑張ります。又色々教えて下さいませ。

日付	名前	ホスト	承認	削除
10/02/10	あさみ ✉	拒否する		✕

タイトルなし
先日は大変お世話になりました。
大分チャートにも慣れて、利益を伸ばす事は出来ませんが、15分足のADXDMIとBBが上を向いた時だけエントリーをしていますので、1日の獲得ピップ数はすごく少ないけど、毎日何とかプラスで終えています。

　上のコメントをいただいて、結果の出るのが早いことに本当に驚きました。また、そのことを大変うれしく思いました。
　あさみさんが私に教えてくれたことは、純粋に、単純に、勢いをつかむルールだけを守っていれば、毎日利益を取ることができる、ということです。そして、私が本書で説明している勢いをつかむ方法は、以下の手順で進めるものです。

１）まずは勢いのつきやすい時間帯のときだけパソコンの前に座る
２）「MetaTrader 4」を立ち上げる

3）１５分足の ADXDMI と BBand Width Ratio の両方が右上がりになったことを確認してからエントリーする

　この方法には深い知識も必要ありませんし、熟練の技も必要ありません。慣れてしまえば、小学生にもできてしまうようなものです。読者の皆さんもぜひチャレンジしてみてください。
　以下はあさみさんからのメールです。近況を教えてくれています。

ご無沙汰しております。
実は主人が赴任しています九州に引っ越すことになりまして、
それに向けて準備しているため
メールもちょっと見ていなかったので返事が遅くなりました。
九州は私の実家のすぐ近くで、年老いた両親がいますので、
今までのように長く座ってトレードできなくなると思いますが、
頑張ってやっていきたいと思います。

昔は、勝ったり負けたりしていて資金は増えなかったのですが、
今は着実に利益を残せています。
特に、えつこさんの手法を学んでからの私は
引き際が良くなったと思います。
例えば、欧州時間にサインが出てエントリーしたとしても、
多くても２５pips くらい取れたらやめることにしています。
↑２回に分けているときもあります
それで枚数を増やしていこうと思っています。
今はまだ７枚ですが、
少しずつ増えていけばよいなあ〜と思っています。

もちろん、いつもプラスの日が続くわけではなく、

> ときにはマイナスの日もありますが、
> そういうときは早くやめるせいか、
> 昔よりも資金はずっと増えました。
>
> これもえつこさんのおかげなのです。
> あのチャートのおかげなんです。
> もうこのチャートなしではできません。
> 本当にありがとうございました。

　あさみさんのうまいところは、欲を出さずに、規律を守っているところですね。そのことを顕著に表している一文が「欧州時間にサインが出てエントリーしたとしても、多くても２５pipsくらい取れたらやめることにしています」だと思います。

　第５章で、決済の目安として「ポンド円は２０pipsくらい、ユーロ円は１５pipsくらい、ドル円は１０pipsくらい」と説明しました。これは、「毎日毎日、大きく取れるようなことはない」という、私自身の経験から結論に至った数字です。あさみさんは"この数字"を軸に"自分に合った数字"をはじき出して、それを守っています。だから、プラスで終われる日が多くなってきたのだと思います。

　みなさんにも、本書に書いてあることを参考にして、何かひとつでも自分のトレードに役立てていただけたら私はうれしく思います。

> 【第3部】
> 知識を"技"に
> 昇華するために

第9章

> ## チャートに慣れてください
> ～チャートに慣れる練習をしよう～

第4章以降で、私が実際に行っているエントリーの仕方や決済の仕方についてお話ししましたが、本書で述べたことがあなたにもできるかどうかはその後の練習に左右されます。本書で説明したことはあくまでも知識に過ぎません。知識を"技"へと昇華させるには、やはり練習しかないのです。

本章では、どうやって、何を練習すべきかについて解説しています。まずはチャートに慣れてください。チャートに慣れることが常勝への一歩ともいえます。

FX チャートの動きには慣れたほうがよい

　ある日、私は某有名女性トレーダーさんの本を購入しました。その内容は、８割がＦＸの基礎知識や、業者や市場についての説明でした。テクニカルの説明はほんの数ページしかなかったですし、ありきたりなテクニカルしか取り上げられていなかったので、「買わなければよかった」という思いでいっぱいになりました。しかも、ひと通りテクニカルについて紹介した後、「さあ！　ではトレードしてみましょう！」と、さわやかにポーズを決めて勧めていたのです。

　しかし、私はあえて反論します。これまでにも再三お伝えしてきたように、チャートのさまざまな動きに慣れて、自信が持てるようになるまでは現金口座での取引はしないようにしてほしい、そして、チャートを見ても相場の動き（上に行くのか、下に行くのか）に自信が持てないときは絶対にエントリーしないようにしてほしいと思います。お金を失う可能性のあるＦＸのトレードにおいては、気軽にエントリーしては絶対にいけません。

　私は、私のブログに質問される皆さんに、「チャートには決まったパターンがありますから、そのパターンに慣れるように努力してください」とよく伝えています。

　毎日チャートと向き合っている方はすでに経験しているかと思いますが、あえてお話しします。レンジ相場のときや、大きく相場が動いたときは、後になってチャートを見直してみると、ある程度同じ動きになっていることがわかります。そのパターンを必ず記録しておいて覚えるようにすると、チャートが同じような動きをしたときに、エントリーや決済、レンジのときのエントリー見送りを、自信を持ってできるようになります。

　チャートパターンの記録の仕方について私自身はどうしていたかというと、手書きでチャートの絵を描いて残していました。特に大きく

動いたときのチャートの形は必ず残しました。

その記録が数カ月分になったときのこと、それまでのチャートを何気なく見比べていたときに「大きく下降するときはチャートの形がよく似ている」と気づきました。そこで、今度は上昇にも共通のパターンがあるのではないかと思って見比べてみたのです。すると、思っていたとおり、そこには共通のパターンが見られました。

それは、大きな時間足で反転すると、その後、強い勢いを伴って動くということでした。また、大きなトレンドが形成されたときは上昇でも、下降でも、ADXDMI と BBand Width Ratio は必ず同時に急角度で右上がりになっていることにも気づきました。

チャートには決まったパターンがあります

このことに気づき、明確なエントリーポイントがつかめるようになり、自分のトレードに自信が持てるようになってからというもの、利益がどんどん伸びました。このことは、別に私だけに当てはまることではないと思います。初心者の人でも、見たことのある決まったパターンのときのみエントリーするように訓練すれば、高い確率でリスクを回避できると思います。

Strategy Tester で練習する

　MetaTraderの中に、休日でもチャートを動かすことのできる大変便利なツールがあります。私のブログの中では何度か説明したことのある「Strategy Tester」というツールです。本書でも説明します。

　このStrategy Testerでは、ひとつの時間足しか検証できませんが、動く早さを調節できます。ですから、1日の長い動きを短い時間で見ることができます。週末の空いた時間に、何日分もの動くチャートを見て、大きなトレンドの始まりをつかむ練習や、レンジ相場を回避する練習ができるわけです。

　目で訓練し、視覚的に動きを覚える。これは動きの複雑なチャートを元にトレードするのであれば、大変重要なことだと思います。

　私はチャートに慣れた今も、休日はチャートを立ち上げたままにしています。そして、このStrategy Testerに、いつもトレードで使うテクニカルの15分足を表示させて動かしています。2日間も休んでしまうと瞬時でチャートを判断する感覚が鈍った感じがするからです。

FX Strategy Tester を表示する

では皆さんも、Strategy Testerを表示してみましょう。あらかじめ、いつも使っているチャートをテンプレートに登録してください。ご存知ない方のためにテンプレートの登録方法の手順を説明します。

まず、Strategy Testerで練習したいチャートをアクティブにします。そして、MetaTraderのツールバーにある「チャート」をクリックし、その下に表示された「定型チャート」をクリックします。そして、「定型として保存」をクリックすると、練習したいチャートが定型チャートに保存できます（9－1参照）。

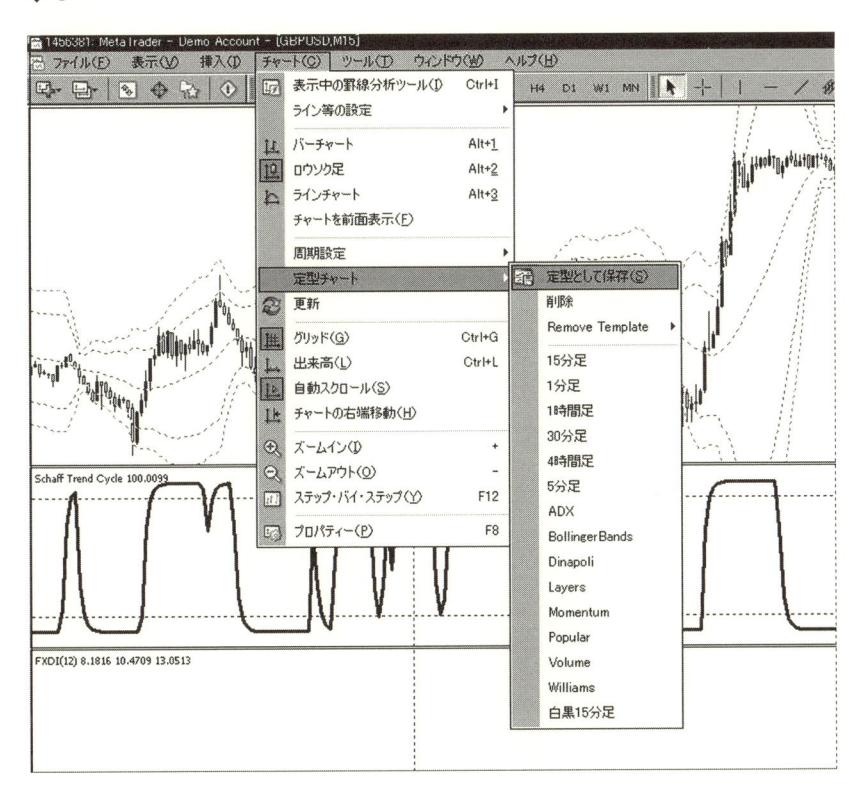

◆9－1

では、実際に Strategy Tester を表示させてみましょう。
MetaTrader のツールバーにある「表示」をクリックします。そして、
StrategyTester を選択してください（9－2参照）。

◆9－2

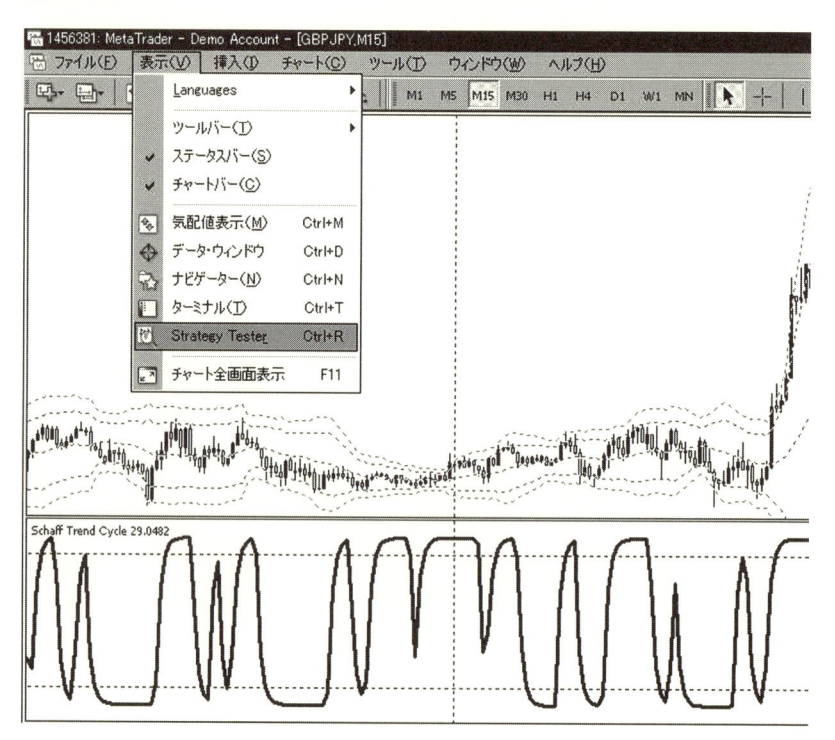

すると、画面の下の四角で囲った部分のように、Strategy Testerのセッティング画面が表示されます（9－3参照）。

◆9－3

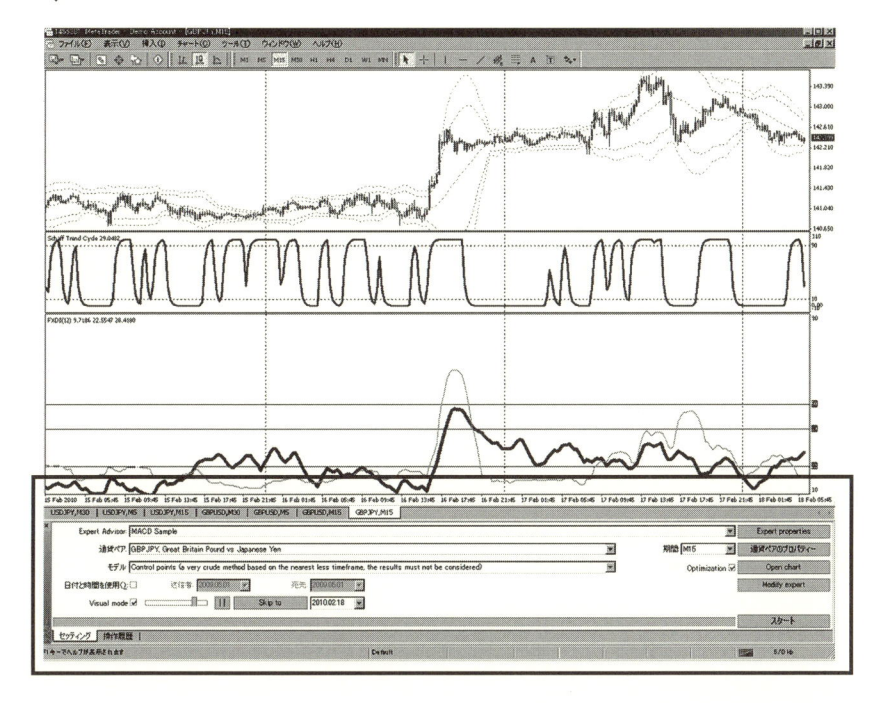

まず、ExpertAdvisorをどれでもいいので選択します（9－4参照）。

◆9－4（9－3の囲み部分の拡大）

通貨ペアでは、チャートの練習をしたい通貨を選択します。私の場合はポンド円（GBP JPY）です（9-5参照）。

◆9-5

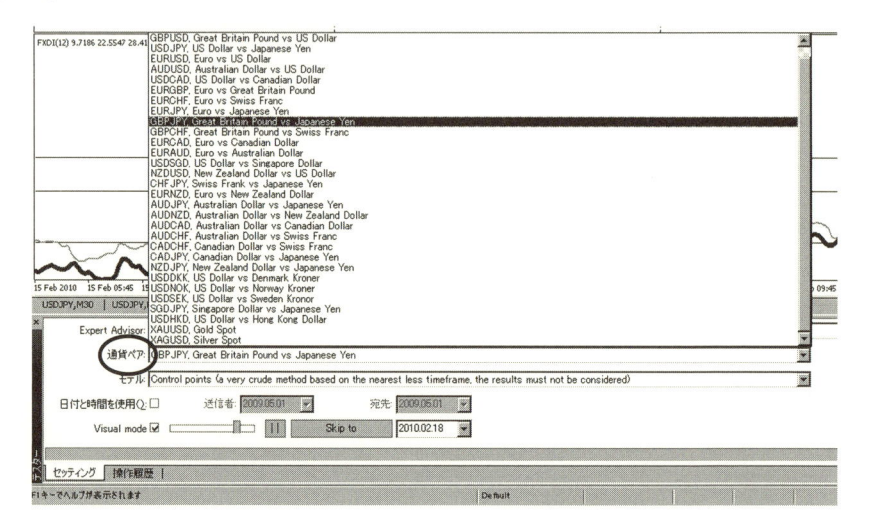

次に、モデルを選択してください。私はいつもControlPointsを選択しています（9-6参照）。

◆9-6

次に、期間を設定します。私はエントリーするときには１５分足のADXDMIとBBand Width Ratioの動きを重要視しています。なぜなら、１５分足のADXDMIとBBand Width Ratioが同時に右上がりになったときが良いトレンドの始まりになるからです。ですから、私は１５分足での練習をお勧めします（９－７参照）。

◆９－７

最後に、Visual modeをチェックします。設定はこれで終わりです（９－８参照）。

◆９－８

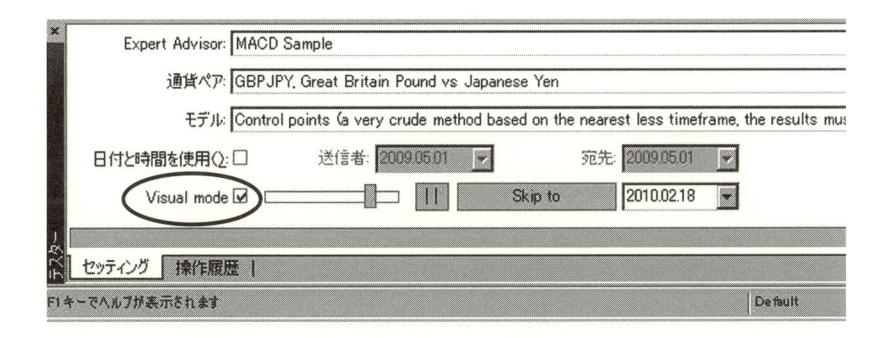

ではスタートボタンを押してください。

◆9-9

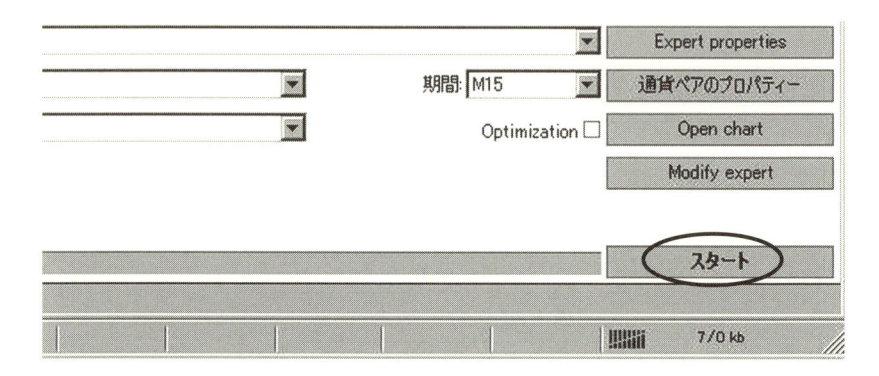

すると、下のチャートのように、インジケーターが何も反映されていない素のチャートが表示されて、どんどん動いていきます。

◆9-10

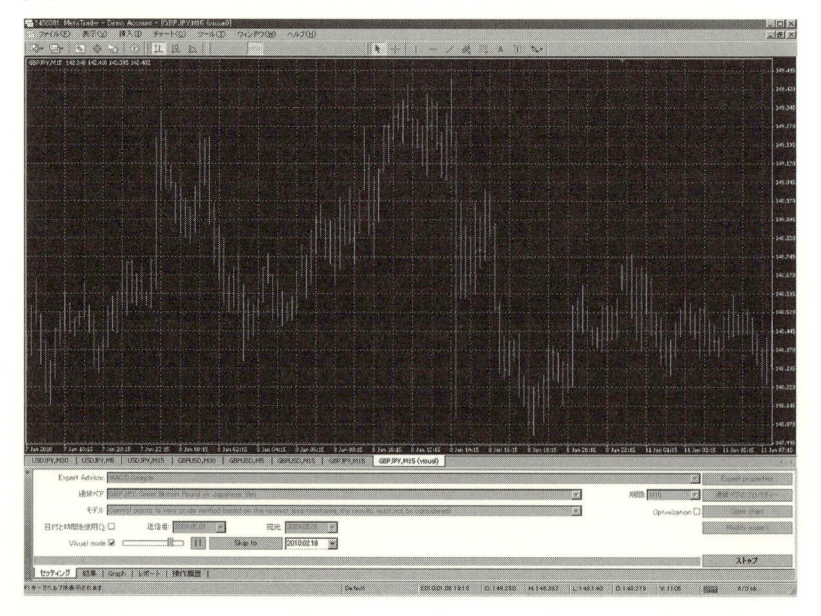

ここで、最初に登録した定型チャートを指定すると、表示させたいテクニカルチャートが表示されます。私は「白黒１５分足」というテンプレートのチャートを見たいので、MetaTrader のツールバーの、チャートを選択し、定型チャートの中にある、「白黒１５分足」を指定しています。

◆9－11

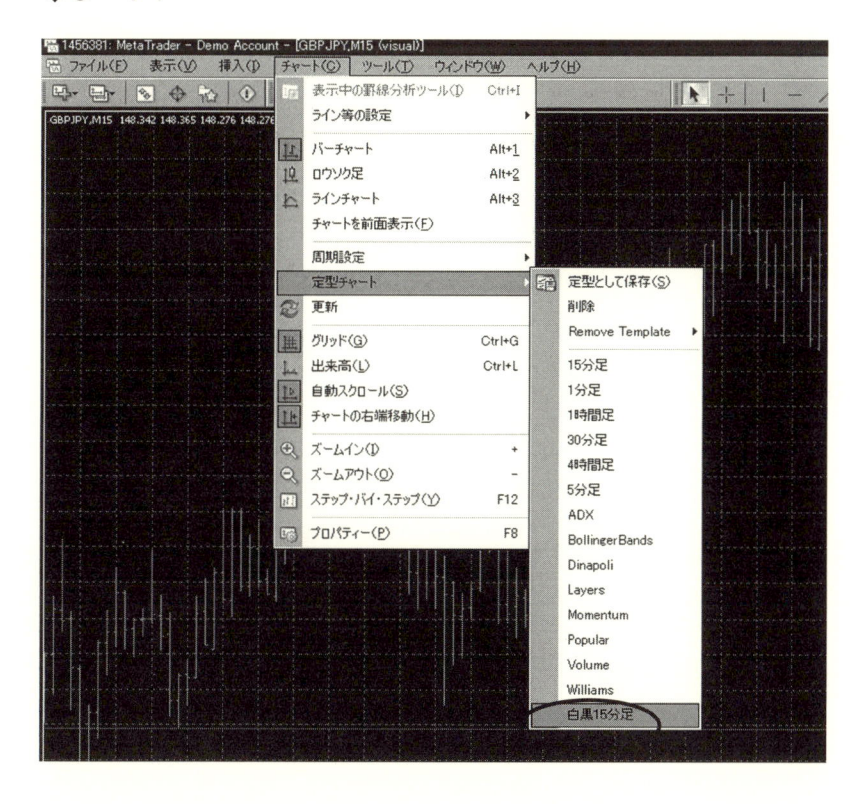

すると、下のチャートのように、定型チャートに登録した「白黒15分足」が表示され、どんどん動いていきます。

◆9-12

チャートの動く早さを調節したい場合は、Visual mode のボリュームを左右に動かして調節してください。

◆9-13

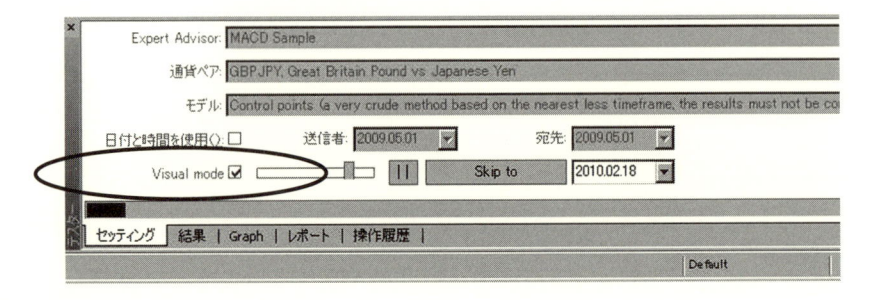

何を練習するのか

　StrategyTester を見て、漠然とリズムを覚えるだけでは何の意味もありません。漠然とした練習は時間の無駄です。必要ありません。

　このツールで習得してほしいのは、市場に勢いがついたときにエントリーする癖をつけることです。もっと具体的に言うと、相場に勢いがついたときに見られる"ADXDMI と BBand Width Ratio が右上がりになる様子に慣れる"ことなのです（第4章参照）。

　さらには、今、自分で使用しているテクニカルのインジケーターを定型チャートに登録し、馴染みのチャートでは勢いがついたときにどのような動きになるのか（どのような特長が見られるのか）を確認すること、「時間帯によってどういう動き方をするのか」を確認することが非常に大切になります。

　自分でも「これは必要だ」と思うことがあれば箇条書きにして、それを参考にチェックするようにしてください。

　自分なりのマイルールを作り出すと強力な武器になります。それがあなた自身のＦＸトレードの戦略となるのです。

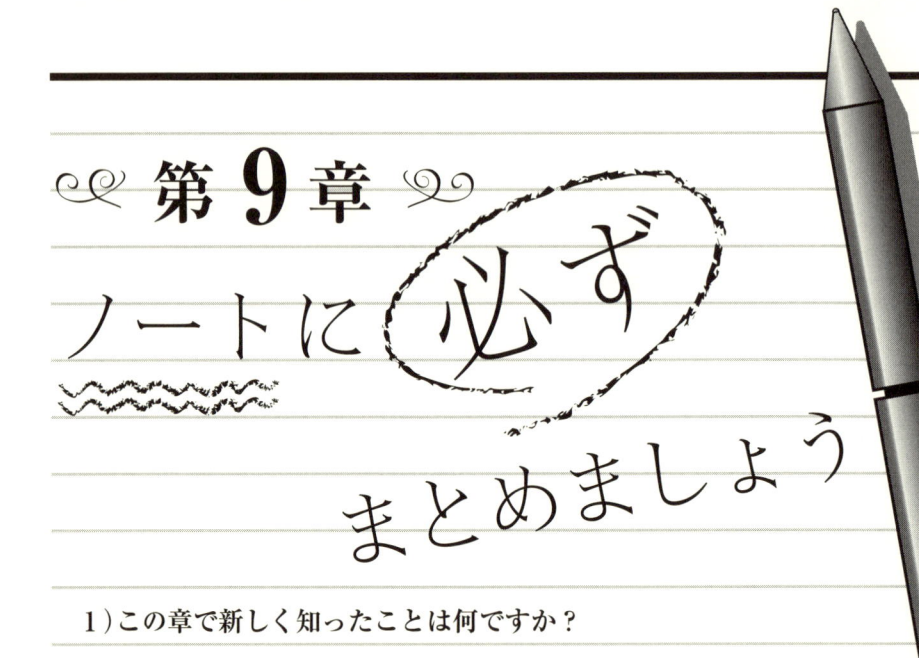

第9章 ノートに必ずまとめましょう

1) この章で新しく知ったことは何ですか？

2) 自分のトレードに今まで生かされていましたか？
   a. 生かされていた場合、生かされていたのはどんなことですか？
   b. 生かされていなかった場合、どんなことが生かされていませんでしたか？

3) 今後、自分でどのようにしないといけないと思いますか？

4) Strategy Testerで練習する前に、チェックしたい項目を書き出しましょう。

5) チェックしたい項目を元に、StrategyTesterで練習しましょう。

6) 練習しながら気づいたことは、どんどんノートに書き出していきましょう。

7) 自信が持てるようになるまでは、リアルトレードは絶対にしないようにしましょう。

【第3部】
知識を"技"に昇華するために

第10章

確認問題集
~本書の中身を簡単に CHECK！~

本書の中身が理解できているかどうか、読んだだけ終わっていないかどうかを確認するための簡易問題集です。
ここで、問題として挙げていることは最低限、理解しておいていただきたいことです。そのため、「問題にするまでもない」と思われそうなこともあえて問題にしています。あまり気張らずに、気軽にチャレンジしてみてください。

問題編：トレード前の準備

問題1
チャートを立ち上げるとエントリーしたくなりました。しかし、まだ指標のスケジュールを把握していません。エントリーしますか？

問題2
体調が悪いにもかかわらずトレードしようとしています。このままトレードするのは正しいでしょうか？

問題3
トレードをする前にチェックしないといけない項目をまだ確認していません。トレードしてもよいでしょうか？

問題編：トレード時間のタイムマネジメント

問題1
本日は月初の月曜日です。トレード時間はどのように計画を立てますか？

問題2
本日は米・雇用統計です。NY時間のトレード計画はどのように立てますか？

解答編：トレード前の準備

解答1
すぐにエントリーしてはいけません。指標のスケジュール、各国の休日等きちんと把握してからトレードするように心掛けましょう。

解答2
トレードは体調が良くなるまでお休みしてください。トレードには大変繊細な判断が必要です。体調が悪いと正しい判断ができない場合がありますので、体調がすぐれないときはトレードはやめましょう。

解答3
トレードをする前にチェックする項目を確認した後でないと、絶対にトレードをしてはいけません。必ずチェックしてからトレードするようにしましょう。

解答編：トレード時間のタイムマネジメント

解答1
午前中は様子見か、エントリーしても5～10pips取れたら決済しましょう。欧州時間から本格的にトレードしましょう。

解答2
雇用統計の結果発表が終了し、相場が一旦落ち着いた後で相場に再び勢いがついたときにトレードしましょう。

問題3
本日はアメリカが休日です。1日のトレードの時間帯はどのように計画を立てますか?

問題4
本日からイースター休暇で、アメリカやヨーロッパなどの国は休日です。トレード時間はどのように計画を立てますか?

問題5
今日はゴトー日です。トレード時間の計画はどう立てますか?

問題6
今日は午前中に来客があります。トレード時間の計画はどう立てますか?

問題7
今日は12月24日のクリスマスです。トレード時間の計画はどのように立てますか?

問題8
今日は平日の11日で、11時に中国の指標発表があります。トレード時間の計画はどのように立てますか?

問題9
今日は重要な指標の発表もない、ごく普通の日です。トレード時間の計画はどのように立てますか?

解答3
アメリカ市場時間以外の、東京時間・欧州時間にトレードするように計画を立てましょう。

解答4
多くの国が休日の場合はトレードはお休みしましょう。

解答5
ゴトー日は、9時50分くらいまではほどほどにトレードし、仲値要因削落となる、10時からの動きに注目すること。

解答6
100％トレードに集中できないときは、トレードはお休みしましょう。正常な判断ができる状況ではないはずです。

解答7
クリスマスは相場がほとんど動かないので、トレードはお休みしましょう。

解答8
指標発表前はトレードは控えめにし、11時の発表後に相場に勢いがつくのを待ちましょう。

解答9
勢いのつく3つの時間帯、具体的には東京時間（9時10分前後）、欧州時間（16時から19時前後、特に17時から18時）、ＮＹ時間（23時から24時前後）で、実際に相場に勢いがついたときにトレードしましょう。

問題編：エントリーのタイミング

問題1

下のチャートを見て、丸囲みのときにエントリーして良いか悪いか答えてください。理由も簡単に説明してください。

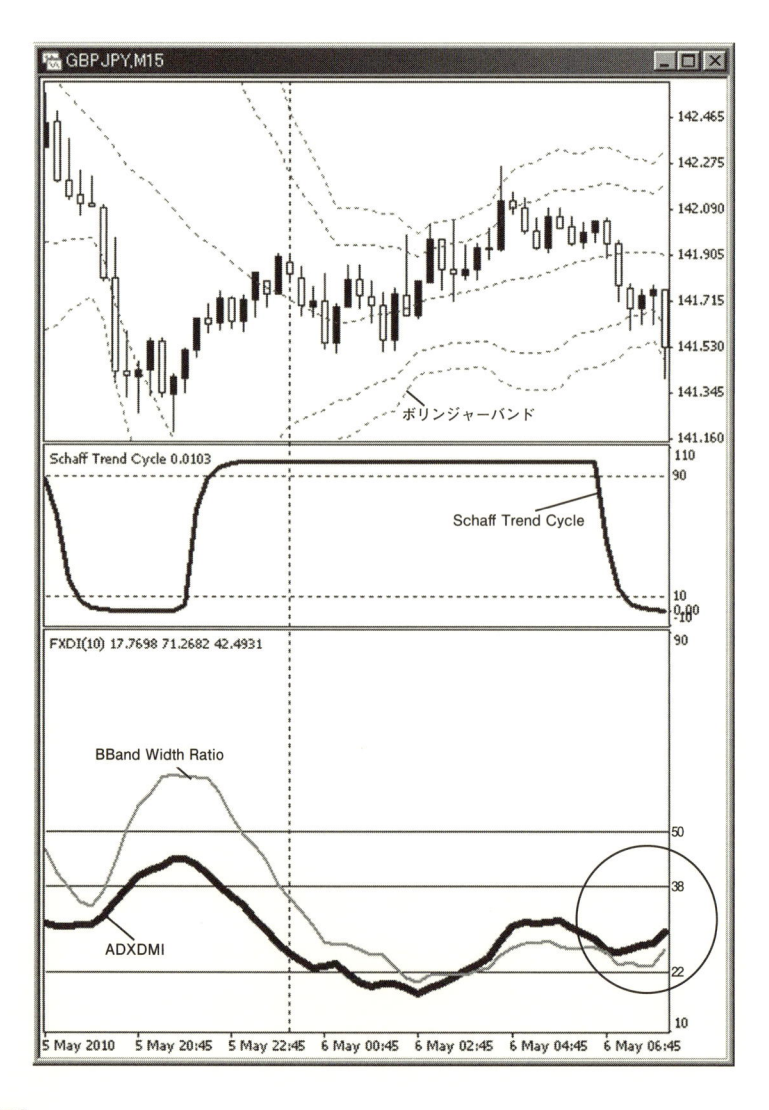

解答編：エントリーのタイミング

解答 1

ADXDMI と BBand Width Ratio が同時に右上がりなので、エントリーしても大丈夫です。

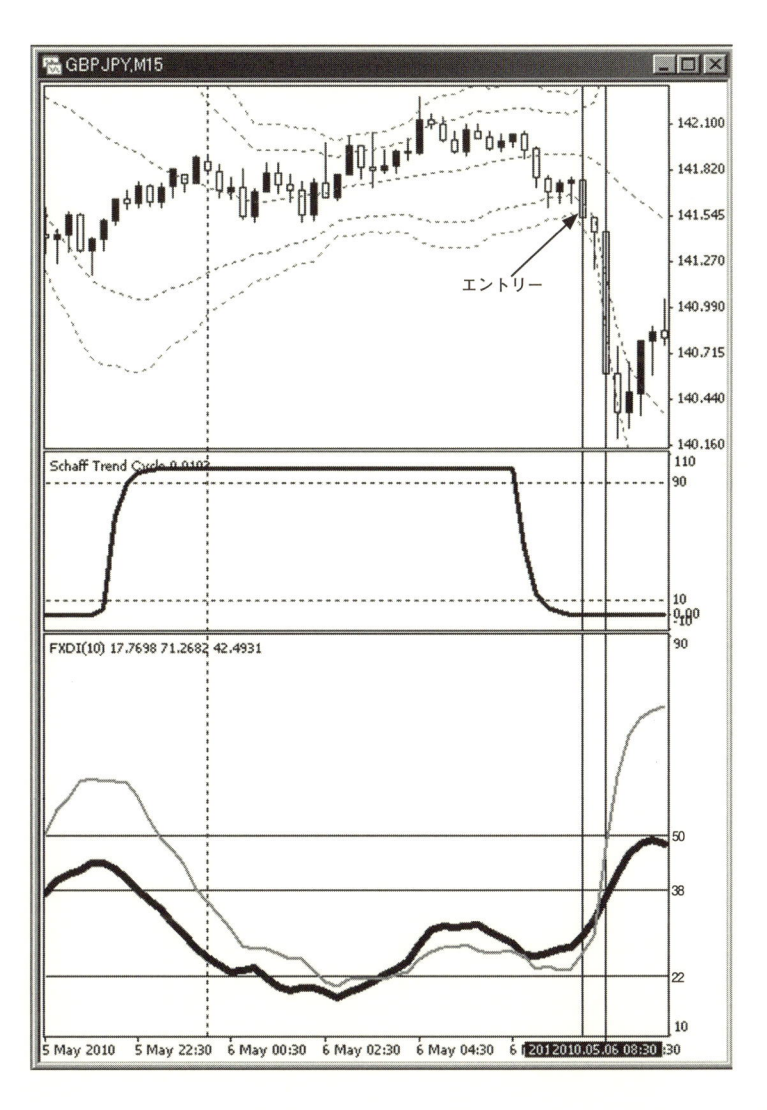

問題2

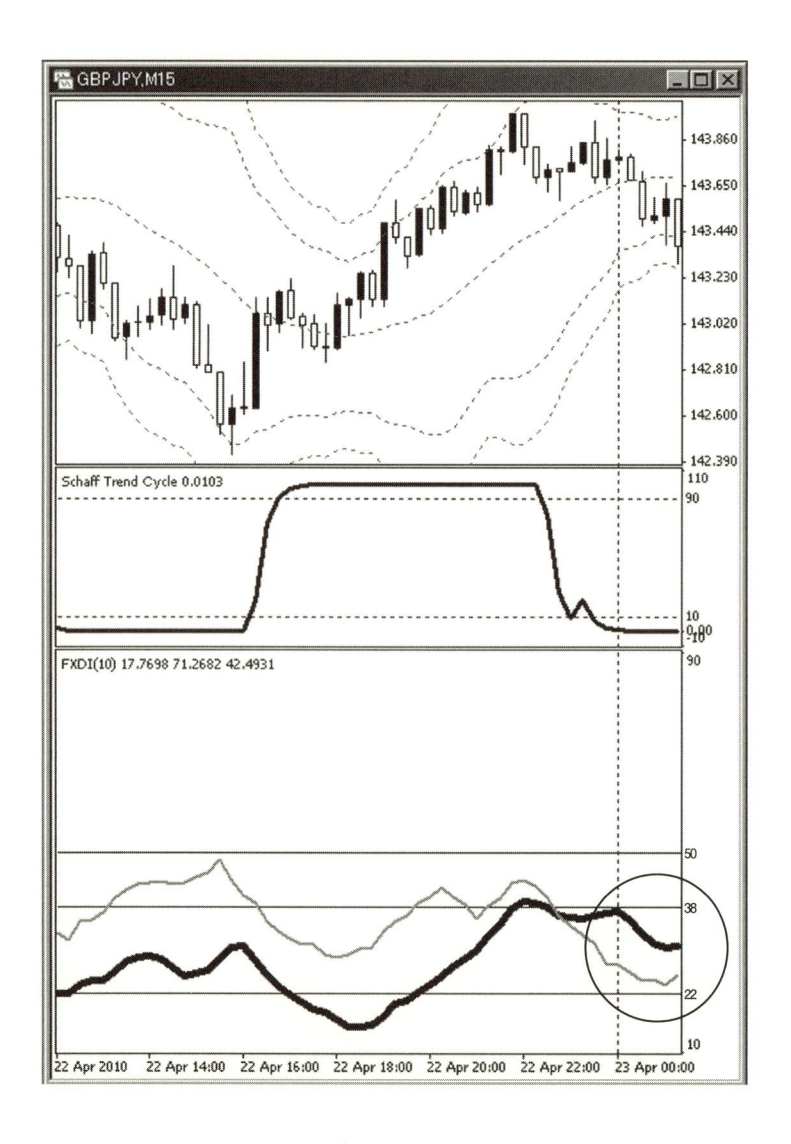

下のチャートを見て、丸囲みのときにエントリーして良いか悪いか答えてください。理由も簡単に説明してください。

解答2

ADXDMI は水平のままで、BBand Width Ratio だけ右上がりなので、エントリーしてはいけません。

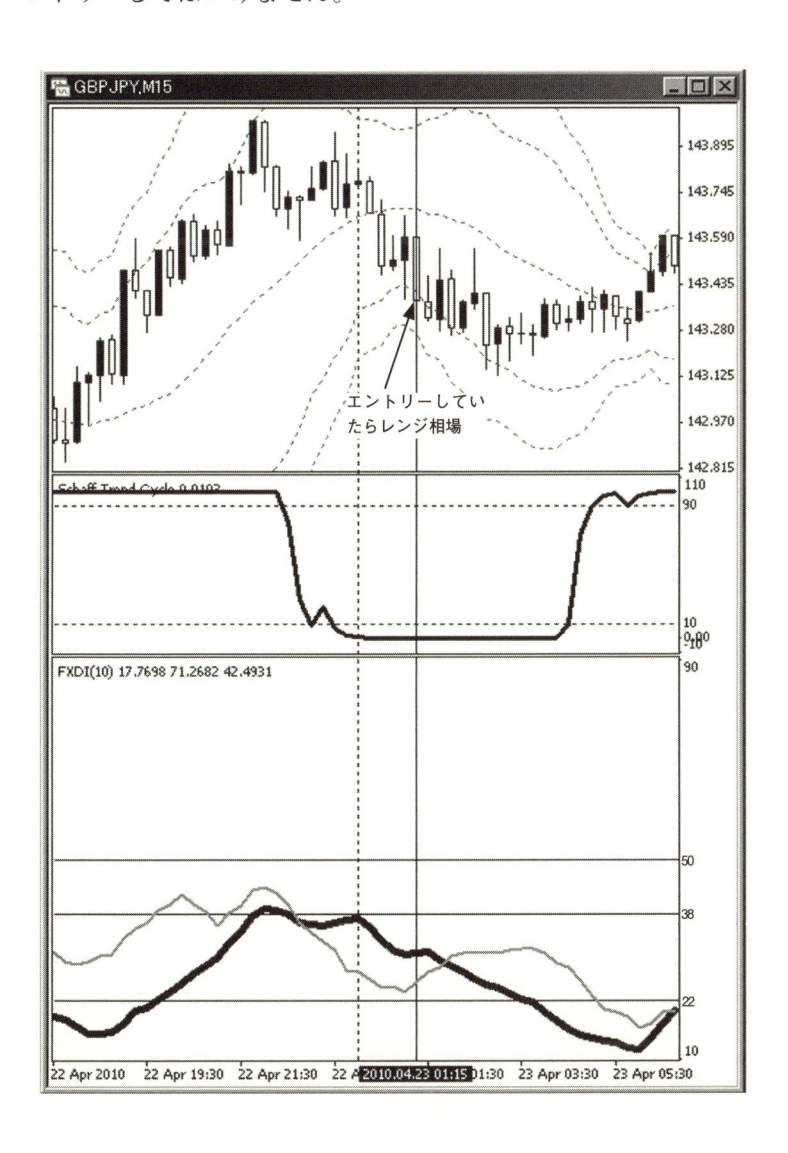

問題3

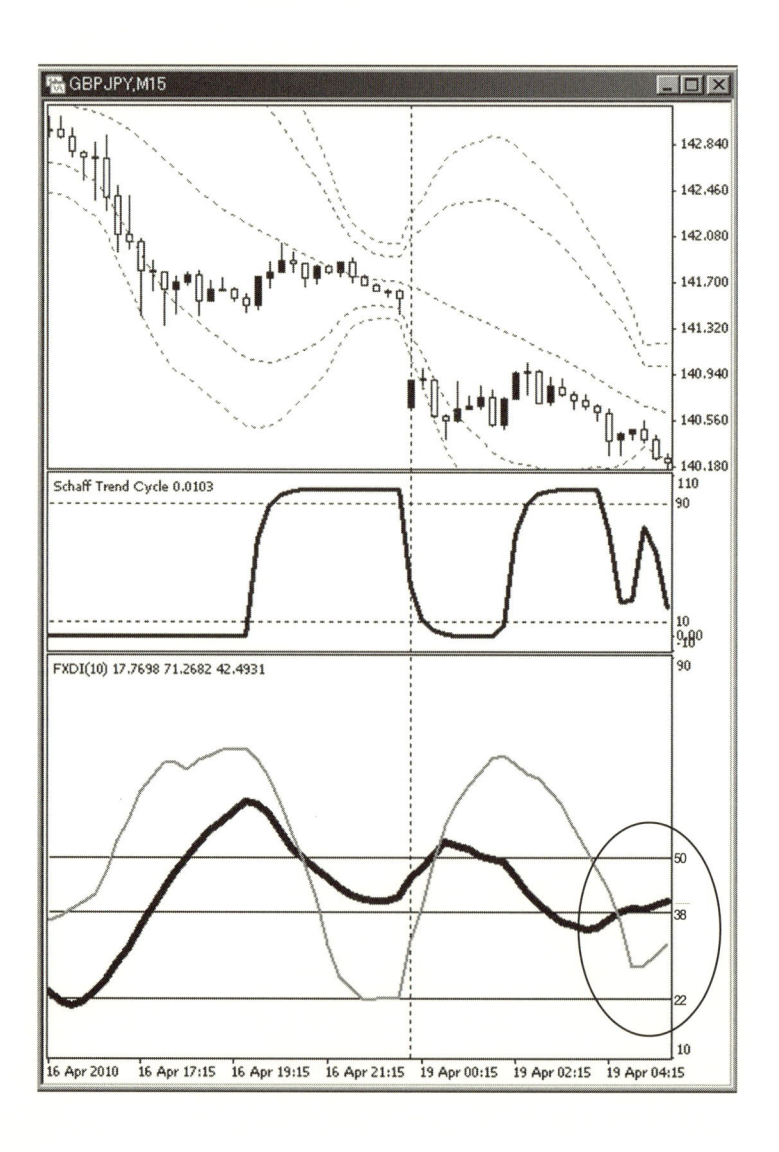

下のチャートを見て、丸囲みのときにエントリーして良いか悪いか答えてください。理由も簡単に説明してください。

解答3

ADXDMI はレベル３８を超えていて、BBand Width Ratio だけ右上がりなのでエントリーしてはいけません。

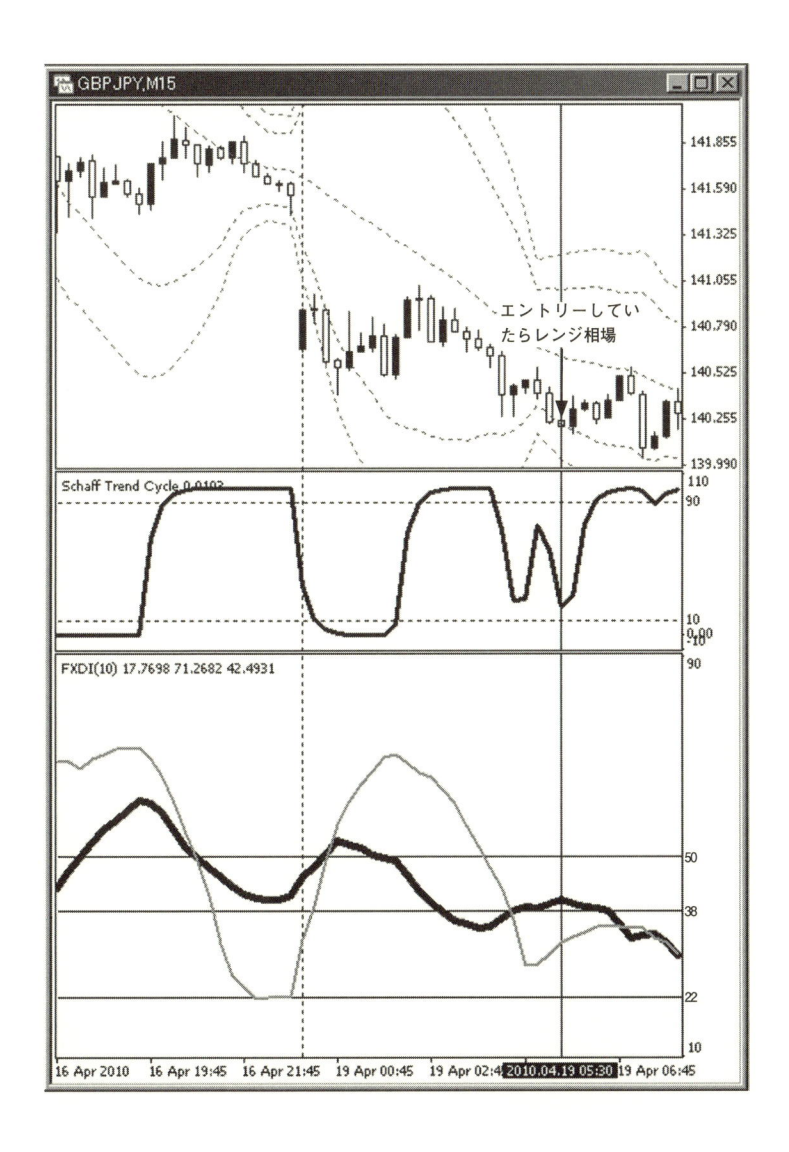

問題4

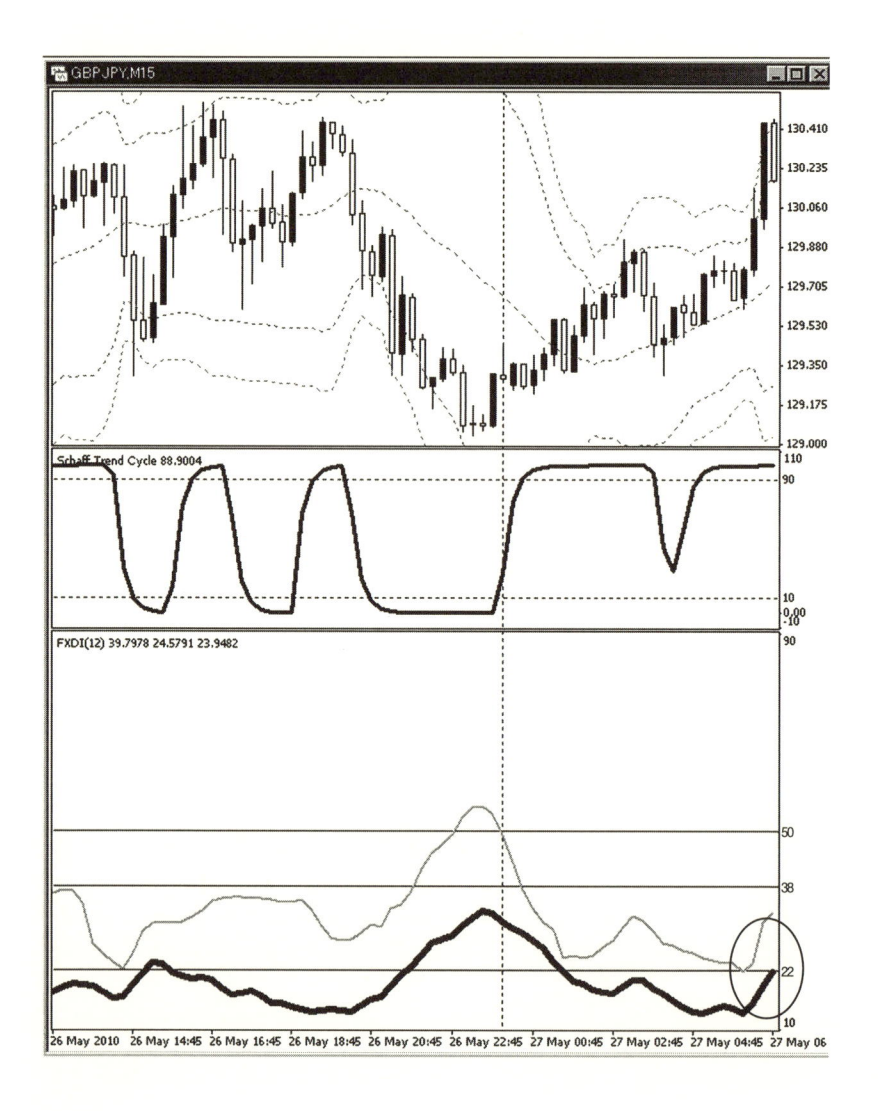

下のチャートを見て、丸囲みのときにエントリーして良いか悪いか答えてください。理由も簡単に説明してください。

解答4

ADXDMIとBBand Width Ratioが同時に右上がり、かつ、レベルも「２２」という低いところから始まっているので、エントリーしても大丈夫です。

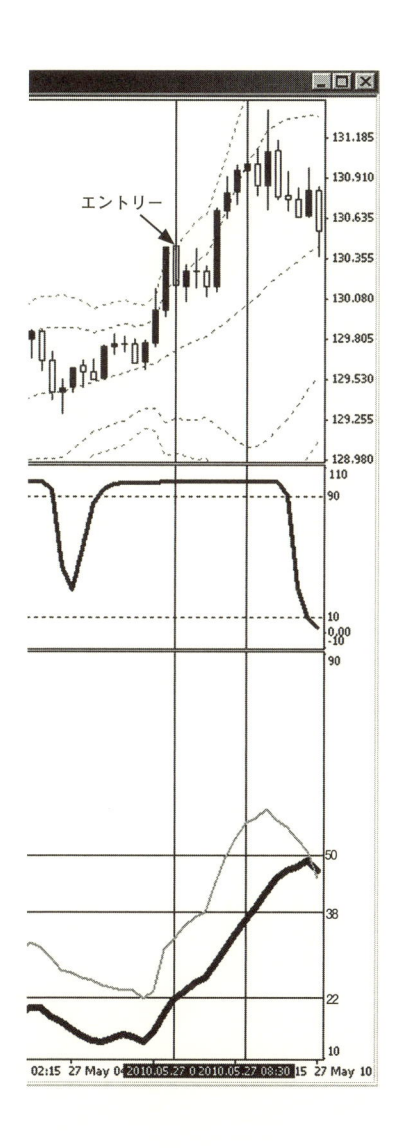

問題編：決済のタイミング

問題1

下のチャートを見てください。丸囲みのタイミングでエントリーしました。決済するときのタイミングを簡単に説明してください。

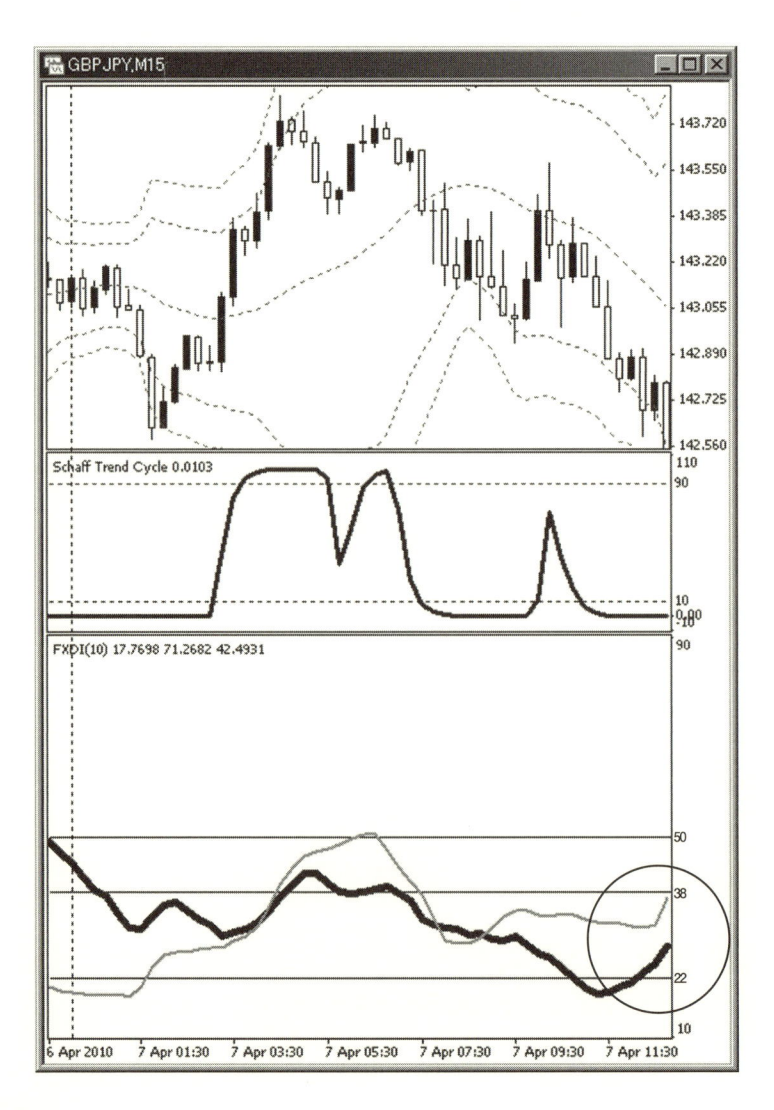

解答編：決済のタイミング

解答１

ローソク足がスーッと伸びて、ボリンジャーバンドを押し動かしたときに決済します。この問題では、縦ラインの場所でエントリーした場合、次のローソク足がボリンジャーバンドに接して押し動かした瞬間に決済するのが理想的です。数字的にはポンド円なので２０pips近くで決済しましょう。

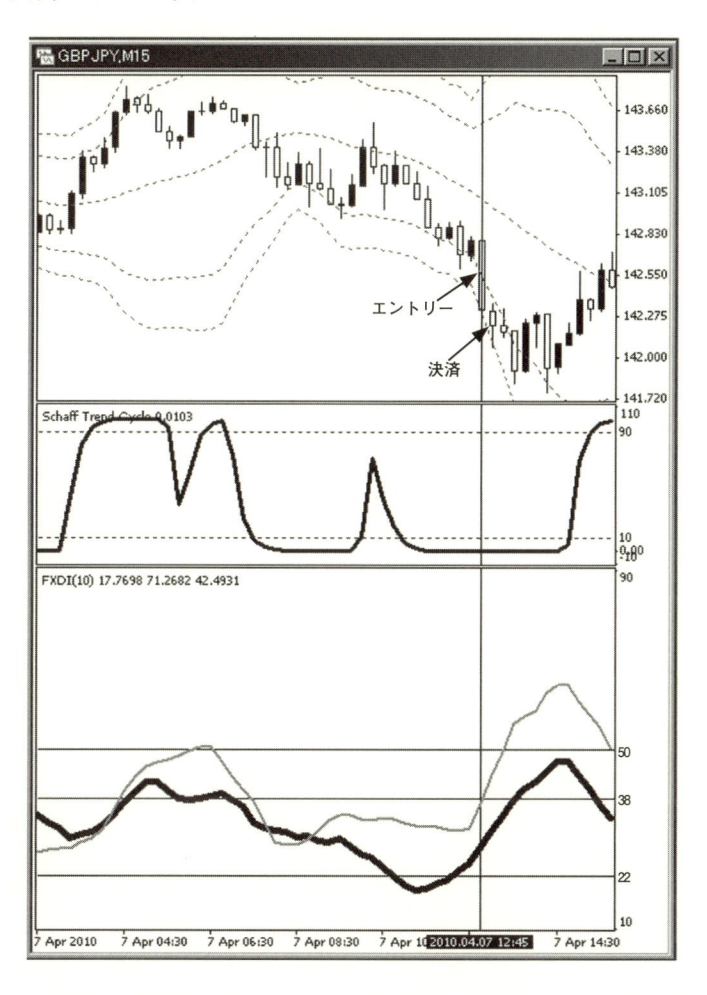

問題2

下のチャートを見てください。丸囲みのタイミングでエントリーしました。決済するときのタイミングを簡単に説明してください。

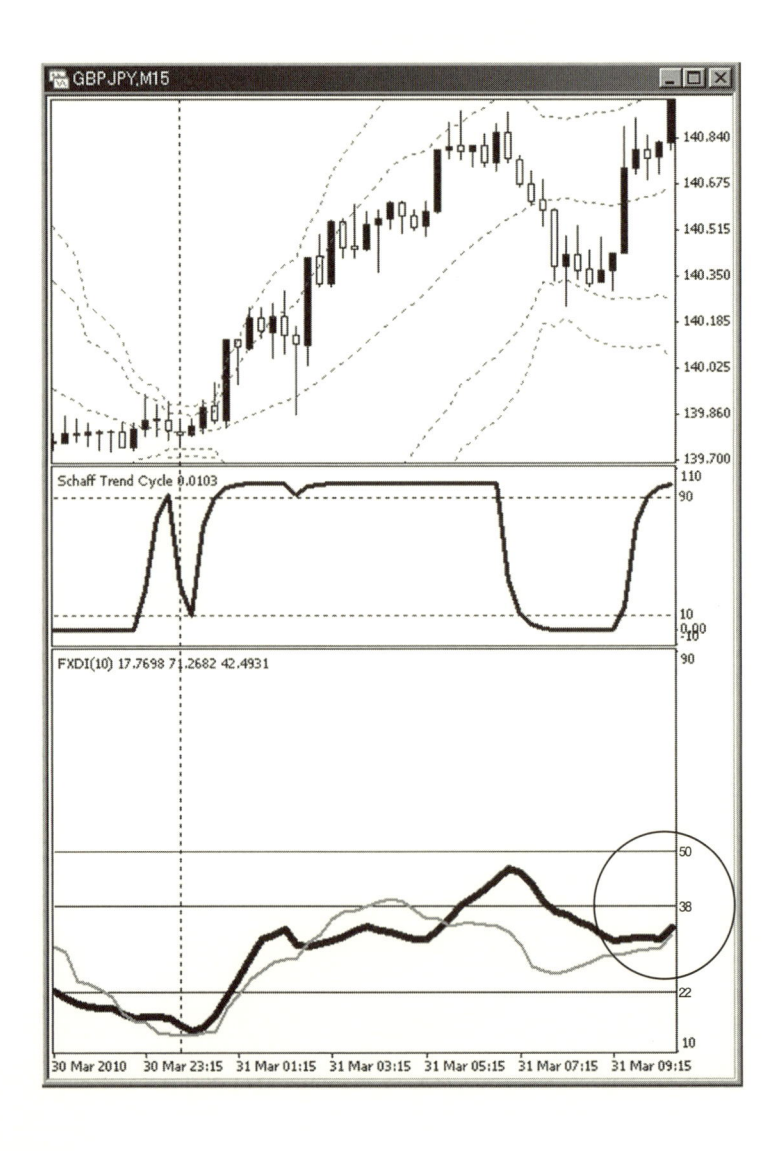

解答２

ローソク足がスーッと伸びて、ボリンジャーバンドを押し動かしたときに決済します。この問題では、縦ラインの場所でエントリーした場合、２つ目のローソク足がボリンジャーバンドに接して押し動かした瞬間に決済するのが理想的です。数字的にはポンド円なので２０pips近くで決済しましょう。

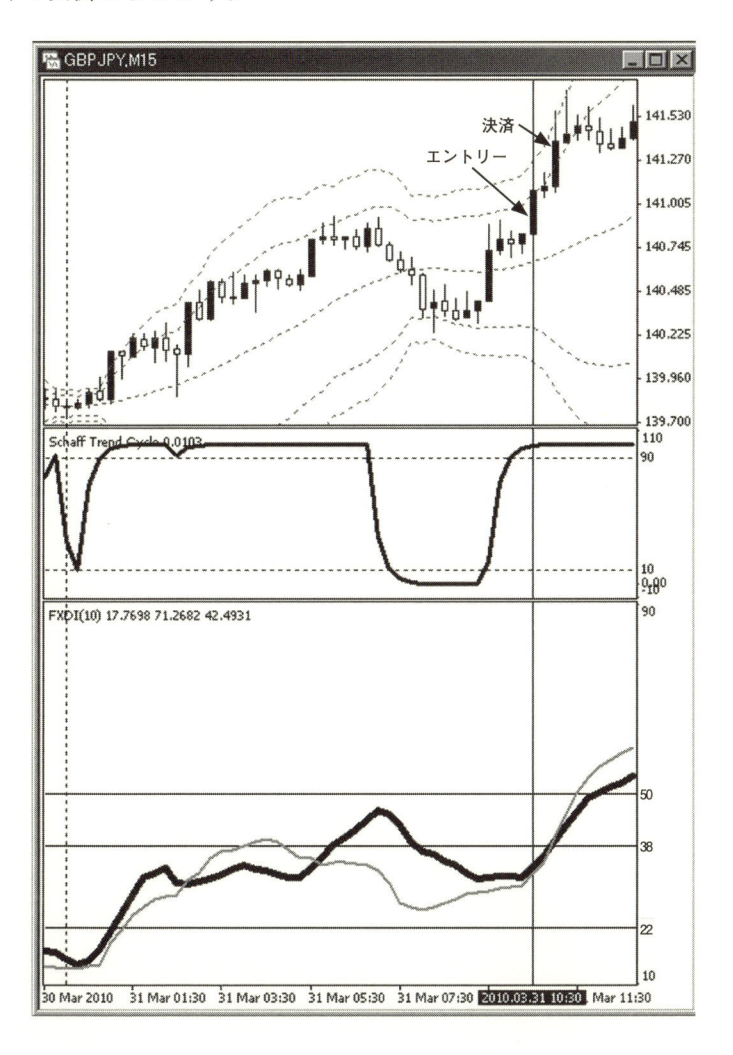

問題3

下のチャートを見てください。丸囲みのタイミングでエントリーしました。決済するときのタイミングを簡単に説明してください。

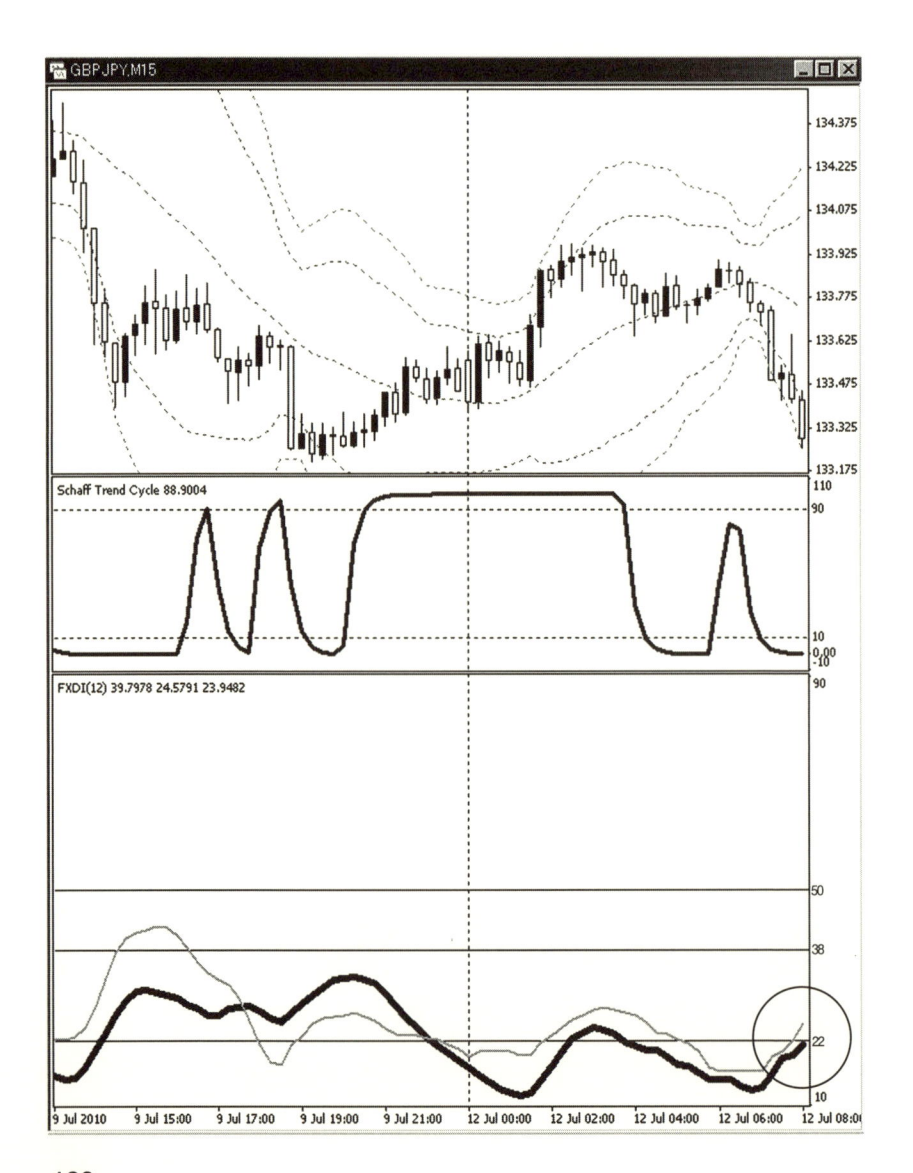

解答3
ローソク足がスーッと伸びて、ボリンジャーバンドを押し動かしたときに決済します。この問題では、縦ラインの場所でエントリーした場合、次のローソク足がボリンジャーバンドに接して押し動かした瞬間に決済するのが理想的です。数字的にはポンド円なので２０pips近くで決済しましょう。

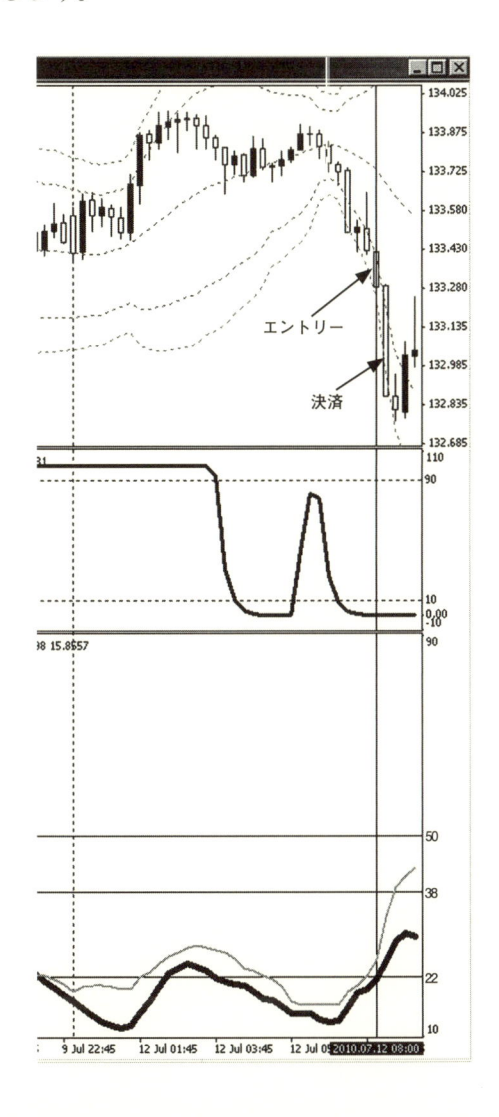

問題編：損をした場合と利益が取れた場合の行動

問題1
損をしたあとで、またすぐにローソク足が大きく動きました。エントリーしてもよいと思いますか？

問題2
損をした場合、まず何をしなければいけませんか？

問題3
利益が取れたあとで、またすぐにローソク足が大きく動きました。エントリーしてもよいと思いますか？

問題4
利益が取れた場合、まず何をしなければいけませんか？

問題5
損をした場合、記録はどのように残しますか？

解答編：損をした場合と利益が取れた場合の行動

解答1
エントリーしてはいけません。ここで一度、トレードを中止して、損をした理由をきちんと追及し、気持ちを落ち着かせることが一番大切な行動です。

解答2
まずはとりあえずトレードを中止することです。

解答3．
エントリーしてはいけません。次から次へと都合よく相場は動いてはくれないことを前提に考えると、ここで一度、トレードを中止して、次の時間帯のトレンドを待つほうが安全です。東京時間で利益が取れたとしても、欧州時間まではトレードはお休みし、欧州時間に利益が取れたとしても、ＮＹ時間まではトレードはお休みしましょう。

解答4
ファンダメンタルや指標の結果等の中にトレンドが発生した理由があるなら、それをきちんとノートに記録しましょう。テクニカル的な理由からならば、その特徴を記録しておきましょう。

解答5
損をした理由がテクニカル的な問題の場合、チャートの分析をしっかり行いましょう。そして、分析した結果と今後の対策をノートに書き残しましょう。何度もエントリーしたなど、ルールを守れなかった場合は、その反省点を必ず書き出しましょう。書き出さないと同じ失敗を繰り返します。

問題編：トレード後の行動

問題1
本日のトレードは終了しました。今日は大きなニュースや大きな動きがあったとします。何をしなければいけませんか？

解答編：トレード後の行動

解答1
その日のうちに記録をきちんと残しましょう。記録を残すことでファンダメンタルや、指標結果についての考え方に対する実力がどんどんついていきます。また、テクニカルに関しても、記録することによって知識はもちろん、考え方についてもまとまってきます。それらは、トレードに必要な瞬時の判断をするときにきっと役立つと思います。

まとめ

苦労して頑張って
本当に良かったと思える
毎日です

FX 時間と気持ちに余裕を持ってトレード

　私は、週末は Strategy Tester をよくつけっぱなしにしています。それを見ながら最近は「ＦＸを始めたころに今の知識があったら、あんなに苦労しなかったのになぁ〜」とよく思います。

　今は指標やファンダメンタルなどについてもある程度対策がわかってきて、相場に勢いがつく時間帯なども自然に意識できるので、時間的にかなり余裕が持てるようになりました。また、指標のスケジュールや数時間前の動きを見て、「ここはやめておいたほうがよいかな」など、休み時も判断できるようになりました。チャートの前にずっといることも減ってきているので頭痛もなくなりました。

　最初のころはまだ慣れてもいないのに、ＦＸの超複利な特徴のみを重視して、「１日８０pips 取れればよいわね〜」なんて思っていまし

今は余裕を持ってトレードできています

たが、今は「1日最低2回のトレードで合計40pips取れればよいほうね」と思っています。

息子も幼稚園に通うようになり、一緒にいる時間も一緒に遊ぶ時間も増えてきました。息子が幼いときに犠牲にした時間を、これからどんどん取り返していこうと思います。主人にも「最近は時間にも余裕が出てきましたね。頑張りましたね」とよく言われます。

エントリーしている時間は別ですが、それ以外はピリピリすることもほとんどなくなりました。苦労して頑張って本当に良かったと思える毎日です。

実際の私のノートです

ここで、私が普段どんなノートを書いているか実例を示したいと思います（192〜198ページ）。

前半はテクニカル指標を使いこなせるようになって利益が伸び始めたころのノートです。この時期はファンダメンタルの知識がまだ浅かったので、ファンダメンタルについて必死にメモを取っていました。取引通貨はまだまだユーロ円にしていて、トレードも1分足がメインだったので、エントリー回数も多いです。

後半は最近のものです。記入する事柄もかなり減りました。改めてこのノートを見ると「少しは成長したかな」と思います。ノートの右側に貼っている指標スケジュールはひまわり証券のものです。初期から変わらずこの指標スケジュールを使っています。

何か少しでも、皆さんの参考になればと思います。

4/7 (火)　米国企業の決算発表が始まる

エピタルタッテー
黒字の実物
ボベッツの吃ぎれ

9:00 〜 11:00
12:30 〜 13:00
13:30 〜 15:30
15:30 〜 17:00
17:30 〜 18:00

15:30(日)
底見 >

前日夜
米 欧州の
金融 株式
のがなみ大下落

外資系証券 50万株買越し
仲値 150本不足

最、葉タイムス紙が、"IMFが金融機関の損失は4兆ドルになる"と報じた後、下落。また、ここ数日の上昇に投資家が戻りの売りをかけているらしい。
日銀政策金利発表前 → 最新調整
20:00(木)
下なる となぜ考えなかったのか？挽数
12号台の下落はそれを意識したら高値に見えていた利益。
日銀政策金利は大した動きは無いな。
発表束金利発表前はすごい動き
ゾッとした。政策金利の前職 1時間は
トレードするものではないと思った

8:22 　F大　17PGet
9:16 　上中　12PGet
9:47 　上中　15PGet
11:14 　下中　×
11:40 　上小　1
12:01 　下中　1
　　　　　×
　　　　　× (鈴会)
　　　　　× (鈴帰)
　　　中　13PGet
　　　中　× (20P)
　　　下大　25PGet

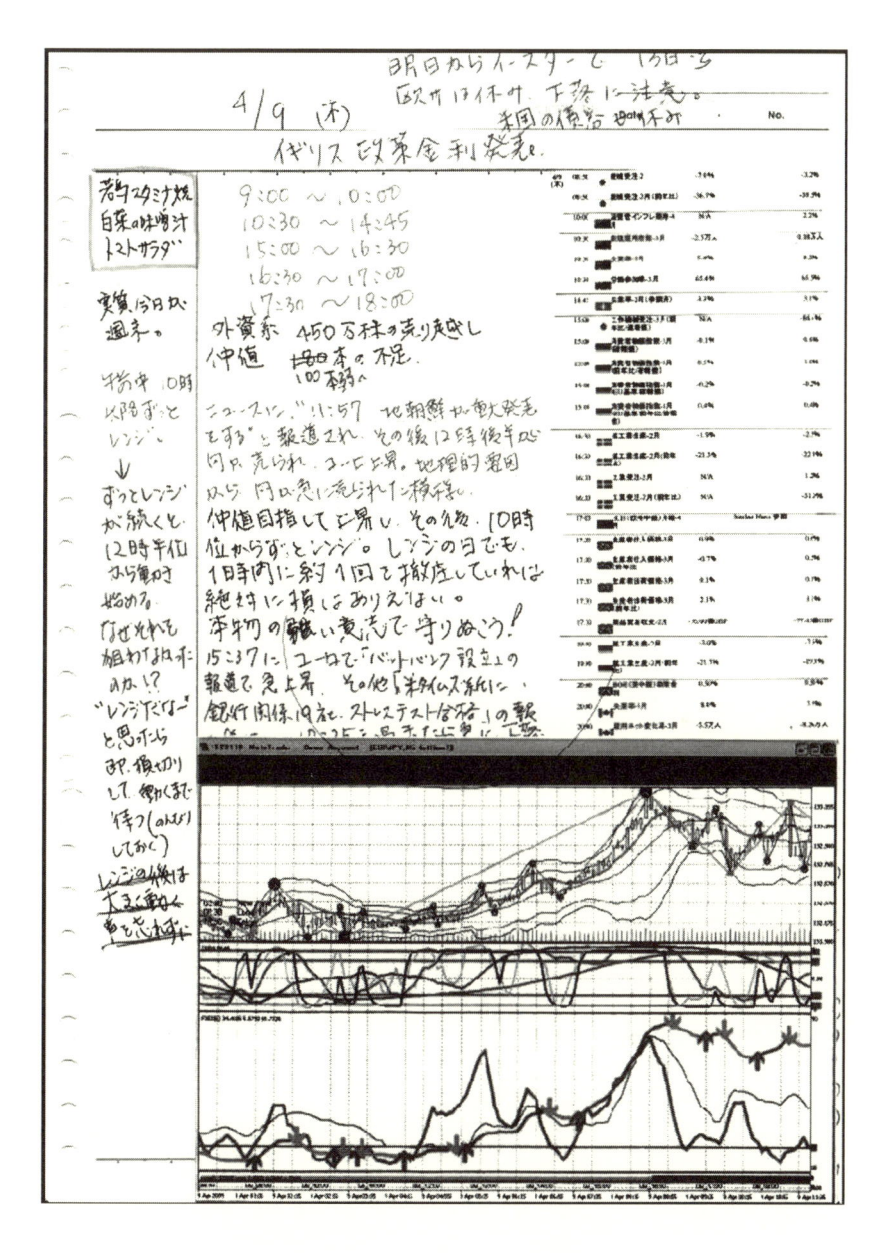

このページはチャートをめくると……（次ページに続く）

まだまだメモ書きがいっぱいです

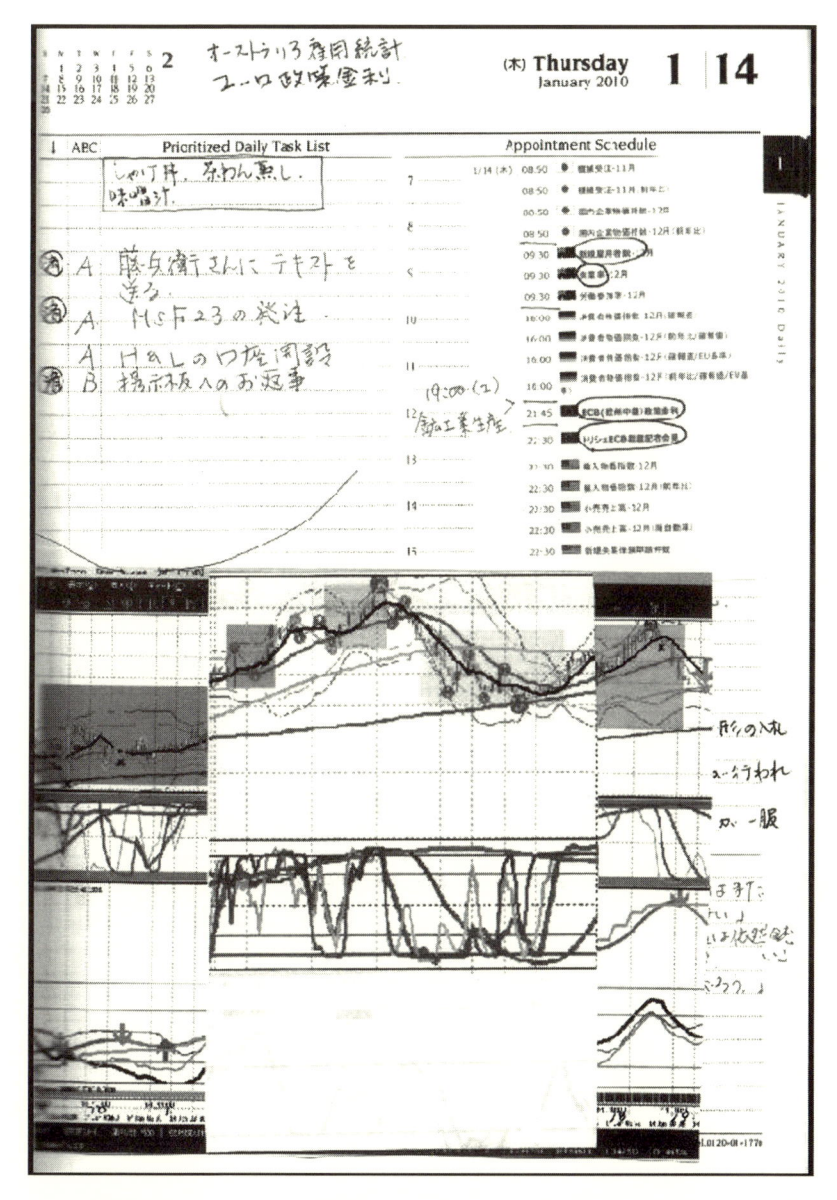

これは最近のものです。かなり慣れてきましたが、やはりファンダメンタルズに関しては気になったことは必ずメモを取る癖がついています。チャートで隠れていますが……（次ページへ続く）

チャートをめくるとたくさんのメモが出てきます

		(火) **Tuesday**	**3 | 9**
		March 2010	

Prioritized Daily Task List — ABC

鳥肉の団子汁。大根とキュウリ、下剤サラダ

今日は 80 PIPS 取る。
時間帯と狙いの関係を意識する徹

8章を完成する
7章を完成する。

中国外為管理局による
人民元切上推しょうと思える
発言

英銀改行の損失拡大観測もあってポンド下落

財政リスクを取引するデリバティブ。
(金融派生商品)を対象に
新たな規正案を導入すると報道
日本米国なども含めた国際的
規制になるとのこと

フィッチ、ポルトガルの財政改健全化
が不十分であれば格下げの
可能性も。

フィッチ、英国の信用状況が悪化

Daily Notes
していると認しろ
ユーロ圏でのソブリンデフォルト
の可能性もありえると懸念

Appointment Schedule

3/9(火) 09:03 RJCS住宅価格 2月
09:30 NAB企業景況物算-2月
09:30 NAB企業信頼指数-2月
09:30 ANZ求人広告件数 2月
14:00 景気先行CI指数:1月(速報値)
14:00 景気一致CI指数:1月(速報値)
17:15 消費者物価指数 2月
17:15 消費者物価指数 2月(前年比)
19:30 商品貿易収支:1月

15:00(日) 即時撤廃
　　　　 受注

(貿易収支)

18:30 (英) 貿易収支
23:30 (米) 講演
24:00 ( ) 景気景気度
　　　　　　　　　　指数

29:00 ( ) 3年債入札

NYダウ −13.68

このページと次ページの２枚はまだチャートを貼り付けていません

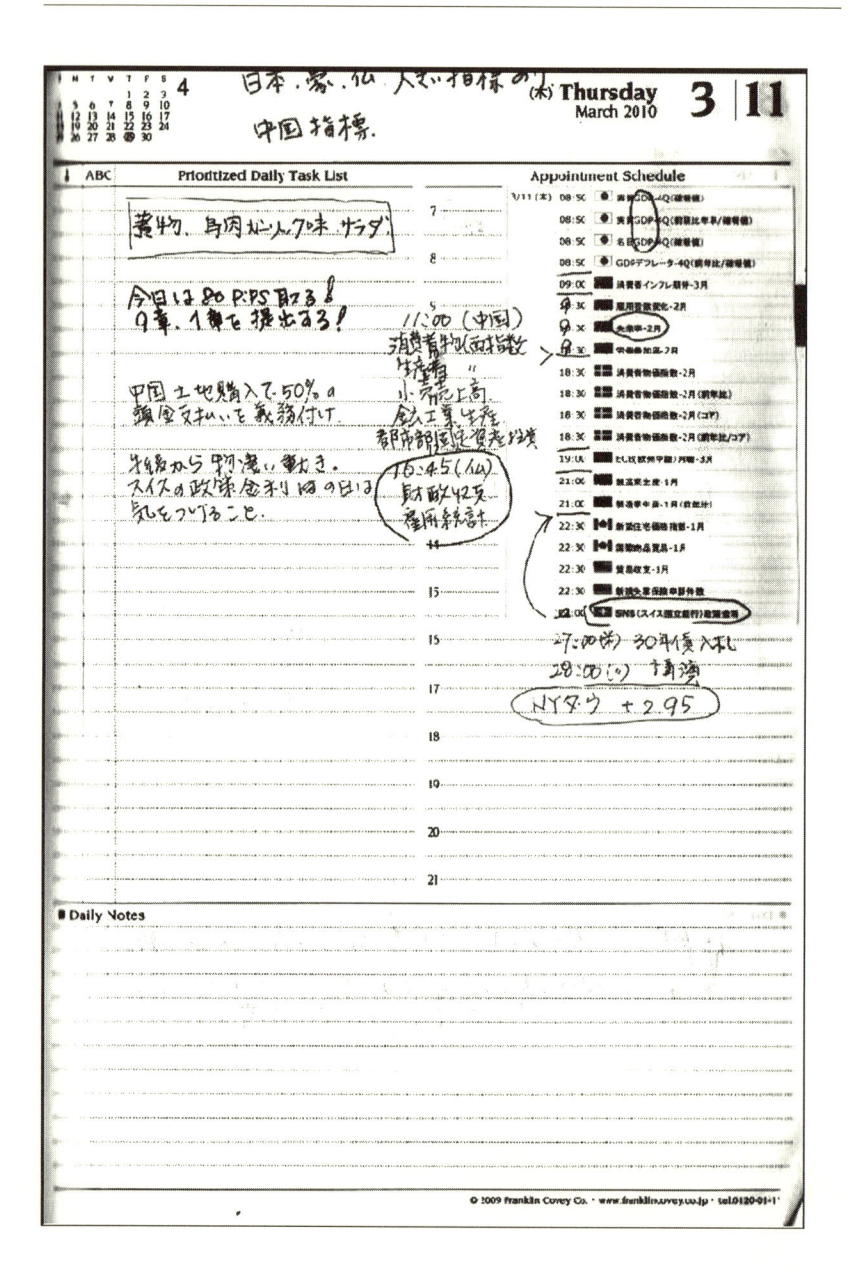

日本、豪、仏 大きい指標なし
中国 指標.

Thursday March 2010 **3|11**

Prioritized Daily Task List:
- 穀物、鳥肉ホンレソ、7味、サラダ"
- 今日は 80 PiPS 取る！
- 9章、1節を 提出する！
- 中国 土地購入で 50%の頭金支払いを義務付け
- 指標から 間違い 書き、スイスの政策金利日の日は 気をつけること.

Appointments (circled/notes):
- 11:00 (中国) 消費者物価指数 "生産" 小売上高 鉱工業生産 都市部固定資産投資
- 16:45 (ム) 財政収支 鉱工業売上高
- 27:00 (米) 30年債 入札
- 28:00 (ム) 十年債
- NYダウ +2.95

Appointment Schedule:
- 08:50 実質GDP 4Q (確報値)
- 08:50 実質GDP 4Q (前期比年率/確報値)
- 08:50 名目GDP 4Q (前期比/確報値)
- 08:50 GDPデフレータ 4Q (前年比/確報値)
- 09:00 消費者インフレ期待 3月
- (失業率 2月) ●
- 09:00 雇用需要変化 2月
- 09:00 失業率 2月 ●
- 09:00 住宅融資 2月
- 18:30 消費者物価指数 2月
- 18:30 消費者物価指数 2月 (前年比)
- 18:30 消費者物価指数 2月 (コア)
- 18:30 消費者物価指数 2月 (前年比コア)
- 19:00 とし状況判断/月報 3月
- 21:00 新築住宅建設指数 1月
- 21:00 生産者物価指数 1月 (自主計)
- 22:30 新築住宅建設指数 1月 ●
- 22:30 鉱業物品貿易 1月 ●
- 22:30 貿易収支 1月
- 22:30 新規失業保険申請件数
- 23:00 SNB (スイス国立銀行) 政策金利 ●

FX ブログを活用

　FXで利益が出せるようになるまでは、いろいろなブログを見ました。その中には大変お世話になったブログもある一方で、FXの業者やレストランでの食事についてはよく説明していても、手法などについてはまったく載せていないブログもかなり多くありました。

「FXのブログなのに、どうしてFXの手法やチャートについての話題がないブログが多いんだろう」

　そんなことを疑問に思うことが多々ありましたので、「利益が取れるようになったときは、チャートや手法だけを見ることができるブログを作ろう」と思い、今のブログを立ち上げています。
　ですから、私はトレード後のチャートは必ずブログに載せています。少し損をしたときや、テクニカル無視で利益を取ったりなど、ブログを見てくれる人の見本にならないようなときはチャートを載せないようにしています。また、FXのトレード以外のことについてはほとんど載せていません。
　これが私のブログ「えつこのFX日記～FXで家計にゆとりを～」です（http://etsuko838.blog46.fc2.com/）

最初、メタボリック社長のＦＸ日記のほうにリンクをお願いしたことがあります。これがきっかけでアクセスが非常に増えてきました。その他の有名なブログにもリンクをお願いしたので、アクセスはどんどん増えて、コメント欄にも質問をたくさんいただきました。ブログランキングで２位になったこともあります。１日に１００件から２００件コメントをいただくことが何週間か続いて、その対応に追われてトレードがまったくできない状態になったこともあります。また、有名なＦＸのブロガーたちが集まるパーティに誘われたり、一緒に仕事をしませんかという勧誘が来たりもしました。

　そして、ある日、ＦＸのトレードとはどんどんかけ離れていくような状況に嫌気が差し、「私はトレードをして自分自身で利益を出したいのだからこの状況はおかしい」と思ったので、ブログを削除し、お誘いや勧誘はすべてお断りしたのです。

　ブログを削除した後に、かなりの人数の方に励ましやブログを再開してほしいというメールをいただきました。「ある方のセミナーに何度も参加して、その通りにトレードしたら、損が１０００万円以上増えました。えつこさんの手法を真似して、明るい兆しが見えてきたのに残念です。これから何をお手本に頑張ればいいのかわかりません」や、「毎回トレードをしたら、答え合わせとしてブログを見ていました。答え合わせができるブログがほかにないので、これから楽しみが減ります」「もうないとはわかっていても、毎日えつこさんのブログのＵＲＬを開いてしまいます」というメールなど、うれしくなるような内容ばかりで、悪い意見のメールはひとつもいただきませんでした。そして、今に至るまでに「自分自身の参考になったり、質問に答えてくれるブログがあまりないことを非常に残念に思っていた」という、昔は自分も困っていた事実を思い出し、「今までブログを見てくれていた方々も同じ気持ちなんだろうな」と、こっそりとブログを再開することにしたのです。

今は掲示板も設け、手法やテクニカルを追求したい方に対していろいろ相談できる場も作っています。

FX 今後の展望

　「FXで利益が増えるようになりたい」という私の夢は叶いました。そして、一昨年前から「自分の手法の本を出版したいな」と思っていた夢も、今年、実現できました。本当にうれしい気持ちで一杯です。これからも私はたくさんの目標や夢をノートに書き出して、それらをすべて実現していきたいと思っています。

　この次の目標は、「自分のロジック（手法）を自動売買ソフト（EA）にして、自分で運用してみよう」という思いです。結果が良くなる見通しがついたら、さらにその次に控えているたくさんの夢の実現に向かっていきたいと思っています。

　特に私が実現したいことは、経済的に余裕がなくて困窮している家庭に援助ができる財団を作ることと、発展途上国の小さな子供たちを支援する財団を作ることです。

　また、日本では自分以外のお金をFXで運用することはできないのですが、投資でお金を増やすことを知らない人たちのためにも、投資でお金を増やすことができる金融機関を作ることができたらと考えています。今できないのであれば、今後できるようにすればよいのです。そう働きかけることも視野に入れていろいろと計画を立てたいと思います。

FX 最後にひとこと

　ここまで読んでいただき、本書の内容は理解されていると思います。次に、皆さんに待っているのは実戦です。

　ですが、序章でもお話ししたように、すぐに実戦に入ることはやめてください。はやる気持ちを抑えて、まずは練習してください。チャートに慣れてください（第9章参照）。大事な大事なお金ですから、簡単に投げ捨てるような真似はしないでいただきたいのです。

　本書を手に取っていただいたのも何かの縁だと思っています。もし、何かわからないことがあれば、私のブログに来て、質問してください。

　私はこれからも、できれば皆さんと一緒に、ＦＸを楽しんでいけたらと思っています。頑張っていきましょう！

特典1

「毎日、どう動くべきか」がチェックできる

行動プログラムチェックシート

行動プログラムチェックシート

　第7章で説明した行動プログラムのチェックシートを4種類作成しました。このチェックシートを参考にトレードの準備、トレード中、トレード後の行動の練習をしましょう。

　今、すでに自分流のトレード手法が確立されている人は、その手法と行動プログラムを組み合わせて、自分流のＦＸ行動プログラムを作成し、記録を残しましょう。

　そして、ＦＸ行動プログラムの練習をしましょう。エントリーする場合の瞬時の判断は、練習しないとなかなか身につかないので、何度も何度も練習をしましょう。

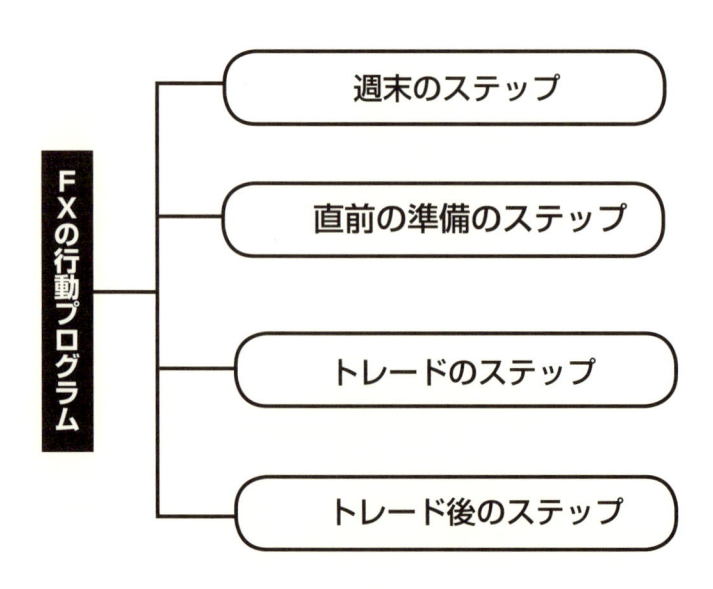

```
FXの行動プログラム ┬─ 週末のステップ
                   ├─ 直前の準備のステップ
                   ├─ トレードのステップ
                   └─ トレード後のステップ
```

週末のステップ

　私は、週末になると、今週の反省と次の1週間の準備をします。ひまわり証券の経済指標予測＆速報をプリントアウトし、日ごとに切り取ってノートに貼り付けています。
　自分でよく使っているサイトの指標スケジュールでも構いませんので、指標のスケジュールをノートにあらかじめ貼ったり書いたりして準備をしましょう。

週末のステップ	
❶ 1週間の反省	これらをしっかりするかしないかで今後が違ってくる。
❷ トレードルールの見直し	しっかり反省をし、注意点はトレードルールに盛り込んでいく
❸ 指標スケジュールの確認	経済指標予定をプリントアウトし、ノートに貼る
❹ 来週の戦略	指標予定を見て翌週の戦略を簡単に書いておく
❺ StrategyTesterの活用	チャートに慣れるために、空いた時間でチャートの動きに慣れる練習をする

直前の準備のステップ

　前日の動きや指標スケジュールやニュースなどのチェックをします。

チェックするサイト	
● 羊飼いのFXブログ	http://fxforex.seesaa.net/
● トレーダーズ・ウェブ　海外市場スケジュール	http://www.traders.co.jp/foreign_stocks/market_s.asp
● FXブロードネット	http://www.fxtsys.com

その後、以下（準備のステップ）を確認します。これらのチェック項目は私が毎朝チェックしているものです。このチェックを行っても、絶対ということはありません。市場は生きているので、あくまでも市場の勢いを見極めるようにしてください。

　また、ほかにもチェックしたいことがあればどんどん付け加えて、自分流に改良してください。

準備のステップ	
各国のOPEN時間のチェック	羊飼いのFXブログで各国のタイムテーブル（夏・冬時間対応）がダウンロードできる。毎朝チェックすること
今日の休日国のチェック	休日国の時間帯は？ 　その時間帯はトレードしないようにする
今日はゴトー日かチェック	ゴトー日の場合、9時から9時50分くらいまではほどほどにトレードし、仲値要因削落後の10時以降の下落にも注意する
前夜のNYダウの変数をチェック	±200だった場合 　指標をチェックし、雇用統計、政策金利、GDPの発表日だった場合 　　動きに予想外のものが多いため注意する 　前日に3円以上の大きな動きがあった場合 　　午前中はレンジが多いので様子を見て、欧州時間をメインにトレードする 特に何もない場合 　NYダウがプラスの場合は上昇の勢いを、マイナスの場合は下落の勢いを待つ
前夜と直前の指標スケジュールのチェック	各国の政策金利発表日 　欧州時間からのトレードにする。しかし慎重に欲張らずトレードすること。 　指標発表直前・直後の大きな勢いのときのトレードは控え、トレンドの勢いに第2波が発生したときに可能であればエントリーする 雇用統計や失業率発表日 　欧州時間からのトレードにする。しかし慎重に欲張らずトレードすること。 　指標発表直前・直後の大きな勢いのときのトレードは控え、トレンドの勢いに第2波が発生したときに可能であればエントリーする GDP発表日 　欧州時間からのトレードにする。しかし慎重に欲張らずトレードすること。 　指標発表前のトレードは控え、発表後に勢いがついたらトレードする GDPとその他の重要指標がいくつも重なっている日 　動きが神経質になりがちなので慎重にトレードする 中国の指標発表がある 　早朝にポジション解消の動きが多いが、それ以外はテクニカル的に自信がある場合を除いて、トレードは指標発表後にする 上記以外の指標発表の場合 　基本的に発表前1時間はトレードしない。発表後に勢いがついたらトレードする

準備のステップ		
ファンダメンタルのチェック	ネガティブなニュースはないか？	
		金融機関に対する引き締め策等の発表
		各国の格付けに関するニュース
		退陣・選挙のニュース
		通貨の切り上げ・預金準備率の引き上げのニュース
		金融機関や国の破綻に関するニュース
		各指標結果が悪いうわさ
	ポジティブなニュースはないか？	
		金融機関に対する信用不安の後退の兆しのニュース
		中国以外の金利上昇のうわさ
		各指標結果が良いうわさ
よく動く時間帯かチェックする	下記のよく動く時間帯の場合、相場に勢いがついたかチェックする 　東京時間　　　09:00～11:00前後 　欧州時間　　　15:00～18:00前後 　NY時間　　　 23:00～24:00前後	
		すでに勢いがついていた場合
		飛びつき買いはしないこと。次の時間帯までトレードは見送る
		まだ勢いがついていない場合
		相場に勢いがつくまで待つ
	よく動く時間帯でない場合	
		よく動く時間帯までは慎重に様子見する
市場が大きく動いた後かチェックする	3円近く動いた場合は半日、トレードはしないようにする	

トレードのステップ

エントリーして決済するまでのステップを確認します。

なかなか損切りできなかったとしても、損切りの基準はきちんと守ってください。第5章で説明したように、ポンド円は20pips、ユーロ円は15pips、ドル円は5pipsを目安にしてください。

トレードのステップ		
時間帯のチェック 今の時間は よく動く時間帯か？	よく動く時間帯	
		ADXDMIとBBand Width Ratioが同時に右上がりになるまで待つ
	よく動く時間帯ではない	
		よく動く時間帯まで待つ。エントリーした場合は欲張らないで決済・損切りを確実に行う
エントリー ADXDMIと BBand Width Ratioが 同時に右上がりになったか？	どちらかが右上がりでもうひとつが平行または右下がり	
		ADXDMIとBBand Width Ratioが同時に右上がりになるまで待つ
	両方とも同時に右上がり	
		エントリー
決済	トレンドの方向にローソク足が進んで勢いがある	
		ローソク足がスーッと伸びてボリンジャーバンドを押し動かした瞬間に決済
	トレンドの方向にローソク足が進んだが勢いがない	
		ローソク足がボリンジャーバンドに達した瞬間に決済
	トレンドの方向とは逆にローソク足が進んだ	
		ADXDMIとBBand Width Ratioが平行または同時に右下がりになったら決済

トレード後のステップ

利益が出た場合も、損をした場合も、必ず理由や記録を残します。

トレード後のステップ		
決済後	大きく市場が動いて大きく利益が取れた場合	
		理由と思われることは全部メモを取る。ポジションを保有していられた理由を書き残す
	大きく市場が動いたが利益が少ししか取れなかった場合	
		決済の基準の見直しをする。理由と思われることは全部メモを取る
	ほどほどの利益が取れた場合	
		理由と思われることは全部メモを取る
	損をした場合	
		テクニカル的な理由を探す
損が2回になったら	その日のトレードは中止	
		トレードルールの見直し、自分の弱点を整理し、対策を考える。解決するまではトレード中止
チャートを残す	その日のチャートの記録を残すこと	

　大切なことなので、ここでも繰り返し説明します。2回連続で損をしてしまうようなときは、エントリーや決済のタイミングが完全におかしくなっていることが大半です。そういうときに頑張っても良い結果は得られません。すぐにトレードを中止して、エントリーした理由を、次の事柄と照らし合わせて分析しましょう。

◎損をしたときのチャートのテクニカルはどうか
◎時間帯はどうか
◎休日国のチェックをしたか
◎ファンダメンタル的なことはどうだったか
◎指標スケジュールに落ちはなかったか
◎大きく動いた後か
◎ゴトー日か

◎大変急な大きなニュースが発表されたのか

　これらを分析していくと、うまくいっていないときは自分のトレードルールに反していたり、チェック漏れがある場合がほとんどであることに気づくと思います。それらの理由をしっかり追求し、きちんと記録に残しましょう。

特典2

●月●日にどう動くべきかが一目でわかる

FXカレンダー

（2010年8月～12月）

8 August

Mon	Tue	Wed	Thu	Fri	Sat	Sun
						1
2 ISM製造業景況指数 建設支出 中国製造業PMI	3 中古住宅販売保留 個人所得 個人支出	4 ADP雇用統計 チャレンジャー人員削減数 MBA住宅ローン申請 週間原油在庫 ISM非製造業景況指数	5 ECB政策金利発表 BOE政策金利発表 新規失業保険申請件数 ゴトー日	6 米雇用統計 消費者信用残高	7	8
9	10 米FOMC ゴトー日	11 中国指標※ 貿易収支 MBA住宅ローン申請 週間原油在庫	12 新規失業保険申請件数 貿易収支	13 小売売上高 消費者物価指数	14	15
16	17 生産者物価指数 鉱工業生産 住宅着工件数	18 MBA住宅ローン申請 週間原油在庫	19 新規失業保険申請件数 フィラデルフィア連銀指数	20 ゴトー日	21	22
23	24 中古住宅販売件数	25 耐久財受注 新規住宅販売件数 MBA住宅ローン申請 週間原油在庫 ゴトー日	26 新規失業保険申請件数	27 米GDP	28	29
30 個人所得 個人支出 ゴトー日	31 FOMC議事録 S&Pシース・ケラー住宅価格 シカゴ購買部協会景気指数 消費者信頼感指数					

中国指標※
・生産者物価指数　・鉱工業生産
・消費者物価指数　・固定資産投資
・小売売上高

～～8月のトレード～～

注意点
- 米雇用統計までは、よほどネガティブかポジティブなニュースが出ないとあまり動かないので、トレードはほどほどに、欲張らないですること。
- 月曜日は午前中はあまり動かないので欧州時間からトレードすること。
- 休日国のある時間帯はトレードは避けること。
- 9日の週からは日本のお盆休みの前のポジション決済の動きがあるため、下落に注意する。

2日：中国製造業PMI
発表前はトレードは控えめにし、発表後の勢いに注目する。

4日：ADP雇用統計
動きが神経質なので、トレードは控えめにする。発表後の動きに注目する。

5日・10日・20日・25日・30日：ゴトー日
午前中に勢いがついても、仲値要因決定の9時50分くらいまではほどほどにトレードする。10時以降の勢いに注目する。また、欧州・英国政策金利の発表があるため、欧州時間からのトレードに専念する。

6日：米・雇用統計
欧州時間までトレードは控えめにする。ドルが売られ、欧州通貨が買われる傾向にある。

10日：米・FOMC
欧州時間までトレードは控えめにする。ドルが売られ、欧州通貨が買われる傾向にある。

11日：中国指標発表
11時の発表まではトレードは控えめにする。発表後の勢いに注目する。

27日：米・GDP
動きが神経質になりがち。トレードは控えめにする。

9 September

Mon	Tue	Wed	Thu	Fri	Sat	Sun
		1 中国製造業PMI ADP雇用統計 ISM製造業景況指数 MBA住宅ローン申請 チャレンジャー人員削減数 建設支出 週間原油在庫	2 ECB政策金利発表 新規失業保険申請件数 中古住宅販売保留	3 米雇用統計 ISM非製造業景況指数	4	5
6 米国休日	7	8 ベージュブック MBA住宅ローン申請 カナダ政策金利 消費者信用残高	9 BOE政策金利発表 新規失業保険申請件数 貿易収支 週間原油在庫	10 卸売在庫 ゴトー日	11	12
13 財政収支	14 小売売上高	15 MBA住宅ローン申請 週間原油在庫 鉱工業生産 ゴトー日	16 新規失業保険申請件数 生産者物価指数 経常収支 フィラデルフィア連銀指数	17 消費者物価指数	18	19
20 ゴトー日	21 ※FOMC 住宅着工件数	22 MBA住宅ローン申請 週間原油在庫	23 新規失業保険申請件数 中古住宅販売件数	24 耐久財受注 新規住宅販売件数	25	26
27	28 S&Pシース・ケラー住宅価格 消費者信頼感指数	29 MBA住宅ローン申請 週間原油在庫	30 新規失業保険申請件数 シカゴ購買部協会景気指数 GDP ゴトー日			

～～9月のトレード～～

注意点
- 米雇用統計までは、よほどネガティブかポジティブなニュースが出ないとあまり動かないので、トレードはほどほどに、欲張らないですること。
- 月曜日は午前中はあまり動かないので欧州時間からトレードすること。
- 休日国のある時間帯はトレードは避けること。

1日：中国製造業 PMI & ADP 雇用統計発表
発表前はトレードは控えめにし、発表後の勢いに注目する。また、ADP 雇用統計が発表される日は 動きが神経質なので、トレードは控えめにする。

2日：欧州政策金利発表
欧州時間からのトレードにする。

3日：米・雇用統計
欧州時間までトレードは控えめにする。ドルが売られ、欧州通貨が買われる傾向にある。

10日・15日・20日・30日：ゴトー日
午前中に勢いがついても、仲値要因決定の9時50分くらいまでほどほどにトレードする。10時以降の勢いに注目する。

6日：アメリカ休日
欧州時間に欧州通貨関係でトレードする。

9日：英国政策金利発表
欧州時間からのトレードにする。

20日：日本休日
欧州時間からトレードする。

21日：米・FOMC
欧州時間までトレードは控えめにする。ドルが売られ、欧州通貨が買われる傾向にある。

23日：日本休日
欧州時間からトレードする。

30日：米・GDP
動きが神経質になりがち。トレードは控えめにする。

※通常11日に発表される中国指標発表は、11日が休日だと4・5日後に発表になるので、指標予定を確認し、当日は11時の発表まではトレードは控えめにする。発表後の勢いに注目する。

10 October

Mon	Tue	Wed	Thu	Fri	Sat	Sun
				1 中国製造業PMI 個人所得 個人支出 ISM製造業景況指数 建設支出	**2**	**3**
	中国指標※ ・生産者物価指数　・鉱工業生産 ・消費者物価指数　・固定資産投資 ・小売売上高					
4 中古住宅販売保留	**5** ISM非製造業景況指数 ゴトー日	**6** MBA住宅ローン申請 チャレンジャー人員削減数 ADP雇用統計 週間原油在庫	**7** ECB政策金利発表 BOE政策金利発表 新規失業保険申請件数 消費者信用残高 卸売在庫	**8** 米雇用統計	**9**	**10**
11 中国指標※	**12** FOMC議事録	**13** MBA住宅ローン申請 財政収支	**14** 貿易収支 新規失業保険申請件数 週間原油在庫 生産者物価指数	**15** 消費者物価指数 小売売上高 ゴトー日	**16**	**17**
18 鉱工業生産	**19** 住宅着工件数 カナダ政策金利	**20** MBA住宅ローン申請 週間原油在庫 ベージュブック ゴトー日	**21** 新規失業保険申請件数 フィラデルフィア連銀指数	**22**	**23**	**24**
25 中古住宅販売件数 ゴトー日	**26** S&Pシース・ケラー住宅価格 消費者信頼感指数	**27** MBA住宅ローン申請 週間原油在庫 耐久財受注 新規住宅販売件数	**28** 新規失業保険申請件数	**29** GDP シカゴ購買部協会景気指数 消費者信頼感指数	**30**	**31**

～～１０月のトレード～～

注意点
・米雇用統計までは、よほどネガティブかポジティブなニュースが出ないとあまり動かないので、トレードはほどほどに、欲張らないですること。
・月曜日は午前中はあまり動かないので欧州時間からトレードすること。
・休日国のある時間帯はトレードは避けること。

１日：中国製造業ＰＭＩ
発表前はトレードは控えめにし、発表後の勢いに注目する。

５日・１５日・２０日・２５日：ゴトー日
午前中に勢いがついても、仲値要因決定の９時５０分くらいまでほどほどにトレードする。１０時以降の勢いに注目する。

６日：ＡＤＰ雇用統計
動きが神経質なので、トレードは控えめにする。発表後の動きに注目する。

７日：欧州・英国政策金利発表
欧州時間からのトレードにする。

８日：米・雇用統計
欧州時間までトレードは控えめにする。ドルが売られ、欧州通貨が買われる傾向にある。

１１日：日本休日＆中国指標発表
日本休日だが、中国の指標発表は動く。１１時の発表まではトレードは控えめにする。発表後の勢いに注目する。

２９日：米・ＧＤＰ
動きが神経質になりがち。トレードは控えめにする。

11 November

Mon	Tue	Wed	Thu	Fri	Sat	Sun
1 中国製造業PMI 個人所得 個人支出 ISM製造業景況指数 建設支出	2	3 MBA住宅ローン申請 チャレンジャー ADP雇用統計 週間原油在庫 ISM製造業景況指数 FOMC	4 ECB政策金利発表 BOE政策金利発表 新規失業保険申請件数	5 米雇用統計 中古住宅販売保留 消費者信用残高 ゴトー日	6	7
8	9 卸売在庫	10 MBA住宅ローン申請 貿易収支 新規失業保険申請件数 週間原油在庫 財政収支 ゴトー日	11 中国指標※ 米国休日	12	13	14
15 小売売上高 ゴトー日	16 生産者物価指数 鉱工業生産	17 MBA住宅ローン申請 消費者物価指数 住宅着工件数 週間原油在庫	18 新規失業保険申請件数 フィラデルフィア連銀指数	19	20	21
22	23 GDP 中古住宅販売件数 日本休日	24 MBA住宅ローン申請 耐久財受注 個人所得 個人支出 新規失業保険申請件数 新規住宅販売件数 週間原油在庫 FOMC議事録	25 米国休日	26 ゴトー日	27	28
29	30 S&Pシース・ケラー住宅価格 シカゴ購買部協会景気指数 消費者信頼感指数 ゴトー日					

中国指標※
・生産者物価指数　・鉱工業生産
・消費者物価指数　・固定資産投資
・小売売上高

～～１１月のトレード～～

注意点
・米雇用統計までは、よほどネガティブかポジティブなニュースが出ないとあまり動かないので、トレードはほどほどに、欲張らないですること。
・月曜日は午前中はあまり動かないので欧州時間からトレードすること。
・休日国のある時間帯はトレードは避けること。

１日：中国製造業ＰＭＩ
発表前はトレードは控えめにし、発表後の勢いに注目する。

３日：ＡＤＰ雇用統計＆米・ＦＯＭＣ
ＡＤＰ雇用統計については、動きが神経質なので、トレードは控えめにする。発表後の動きに注目する。米・ＦＯＭＣについては、欧州時間までトレードは控えめにする。ドルが売られ、欧州通貨が買われる傾向にある。この日はＡＤＰ雇用統計とＦＯＭＣが重なるのでトレードは控えめにする。

４日：欧州・英国政策金利発表
欧州時間からのトレードにする。

５日：米・雇用統計
欧州時間までトレードは控えめにする。ドルが売られ、欧州通貨が買われる傾向にある。

５日・１０日・１５日・２５日・３０日：ゴトー日
午前中に勢いがついても、仲値要因決定の９時５０分くらいまでほどほどにトレードする。１０時以降の勢いに注目する。

１１日：米国休日＆中国指標発表
米国休日だが、中国の指標発表後は動く。１１時の発表まではトレードは控えめにする。発表後の勢いに注目する。

２３日：日本休日＆米・ＧＤＰ発表
日本は休日なので欧州時間からトレードする。また、米・ＧＤＰが発表される日は、動きが神経質になりがち。トレードは控えめにする。

２５日：米国休日
欧州時間をメインにトレードする。

12 December

Mon	Tue	Wed	Thu	Fri	Sat	Sun
		1 中国製造業PMI MBA住宅ローン申請 チャレンジャー ADP雇用統計 ISM製造業景況指数 建設支出 週間原油在庫 ベージュブック	2 ECB政策金利発表 新規失業保険申請件数 中古住宅販売保留	3 米雇用統計 ISM製造業景況指数	4	5
6	7 カナダ政策金利 消費者信用残高	8 MBA住宅ローン申請 週間原油在庫	9 BOE政策金利発表 新規失業保険申請件数 卸売在庫	10 貿易収支 財政収支 ゴトー日	11	12
13	14 米FOMC 生産者物価指数 小売売上高	15 MBA住宅ローン申請 週間原油在庫 消費者物価指数 鉱工業生産 週間原油在庫 ゴトー日	16 住宅着工件数 新規失業保険申請件数 経常収支 フィラデルフィア連銀指数	17	18	19
20 ゴトー日	21	22 GDP MBA住宅ローン申請 週間原油在庫 中古住宅販売件数	23 耐久財受注 個人所得 個人支出 新規失業保険申請件数 新規住宅販売件数 日本休日	24 米国休日 (クリスマス)	25	26
27	28 S&Pシース・ケラー住宅価格 消費者信頼感指数	29 MBA住宅ローン申請 週間原油在庫	30 新規失業保険申請件数 シカゴ購買部協会景気指数	31		

~~１２月のトレード~~

注意点
・米雇用統計までは、よほどネガティブかポジティブなニュースが出ないとあまり動かないので、トレードはほどほどに、欲張らないですること。
・月曜日は午前中はあまり動かないので欧州時間からトレードすること。
・休日国のある時間帯はトレードは避けること。
・クリスマス休暇のため、２０日くらいまでに大きなポジション解消の動きがある。１５日から１７日はポジション解消の動きに注意する。
・２４日から２７日くらいまでは、よほど大きなニュースがない限り、相場はあまり動かないのでトレードしないで休んだほうがよい。
・年末年始、特に３０日・３１日は欧州時間以降に大きく動く場合がある。

１日：中国製造業PMI & ADP雇用統計発表
中国製造業PMIの発表前はトレードは控えめにし、発表後の勢いに注目する。また、ADP雇用統計が発表される日は動きが神経質になるので、トレードは控えめにする。発表後の動きに注目する。

２日：欧州政策金利発表
欧州時間からのトレードにする。

３日：米・雇用統計
欧州時間までトレードは控えめにする。ドルが売られ、欧州通貨が買われる傾向にある。

１０日・１５日・２０日：ゴトー日
午前中に勢いがついても、仲値要因決定の９時５０分くらいまではほどほどにトレードする。１０時以降の勢いに注目する。

９日：英国政策金利発表
欧州時間からのトレードにする。

１４日：米・FOMC
欧州時間までトレードは控えめにする。ドルが売られ、欧州通貨が買われる傾向にある。

２２日：米・GDP
動きが神経質になりがち。トレードは控えめにする。

２３日：日本休日
欧州時間からトレードする。

２４日：米国休日・クリスマス休暇
この日は動かないのでトレードしない。

※通常１１日に発表される中国指標発表は、１１日が休日だと４・５日後に発表になるので、指標予定を確認し、当日は１１時の発表まではトレードは控えめにする。発表後の勢いに注目する。

巻末付録1

MetaTrader4の使い方についてよく聞かれる質問集

注）MetaTrader 4のダウンロードの仕方については、インターネットにて「メタトレーダー4　ダウンロード」で検索するとたくさん出てきます。そのため、ここでは割愛させていただきます

1．インジケーターの格納場所

MetaTrader 4（以下、MT4）のフォルダの中にある「experts」のフォルダの中の、「indicators」というフォルダの中に格納します。

ADXDMI と BBand Width Ratio などのダウンロード方法

本書の中で紹介している「ADXDMI」と「BBand Width Ratio」は以下のアドレス（本書の紹介ページ）に行くとダウンロードできます（Schaff Trend Cycle もダウンロードいただけます）。

http://www.panrolling.com/books/gr/gr93.html

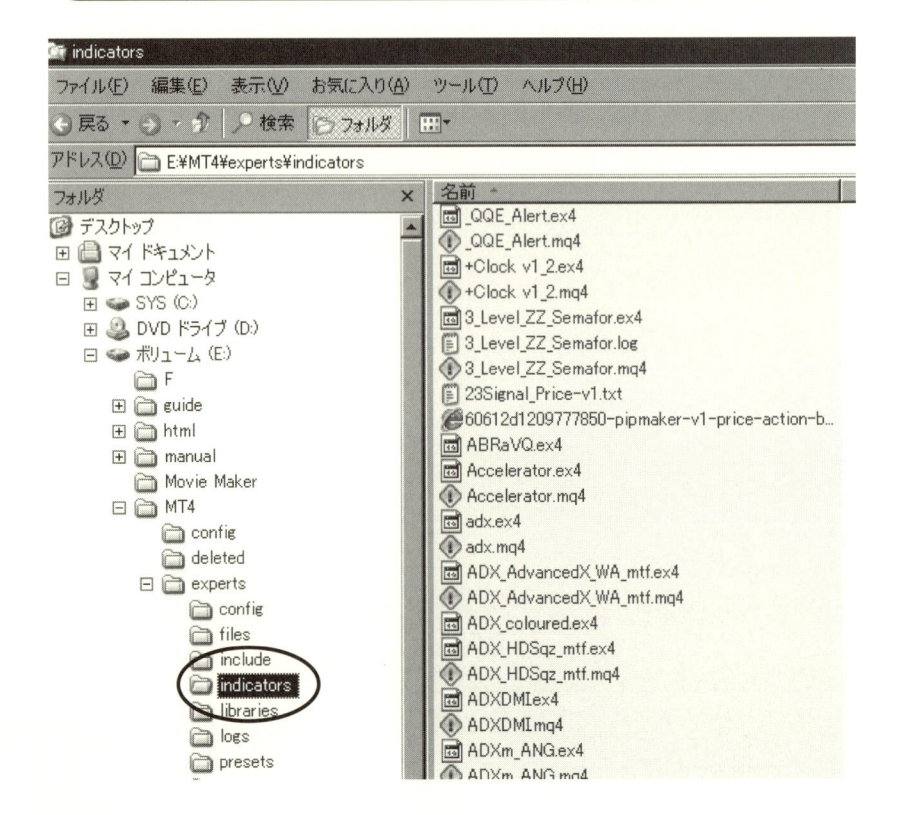

2．テンプレートの格納場所

　ＭＴ４のフォルダの中の「templates」のフォルダの中に格納します。

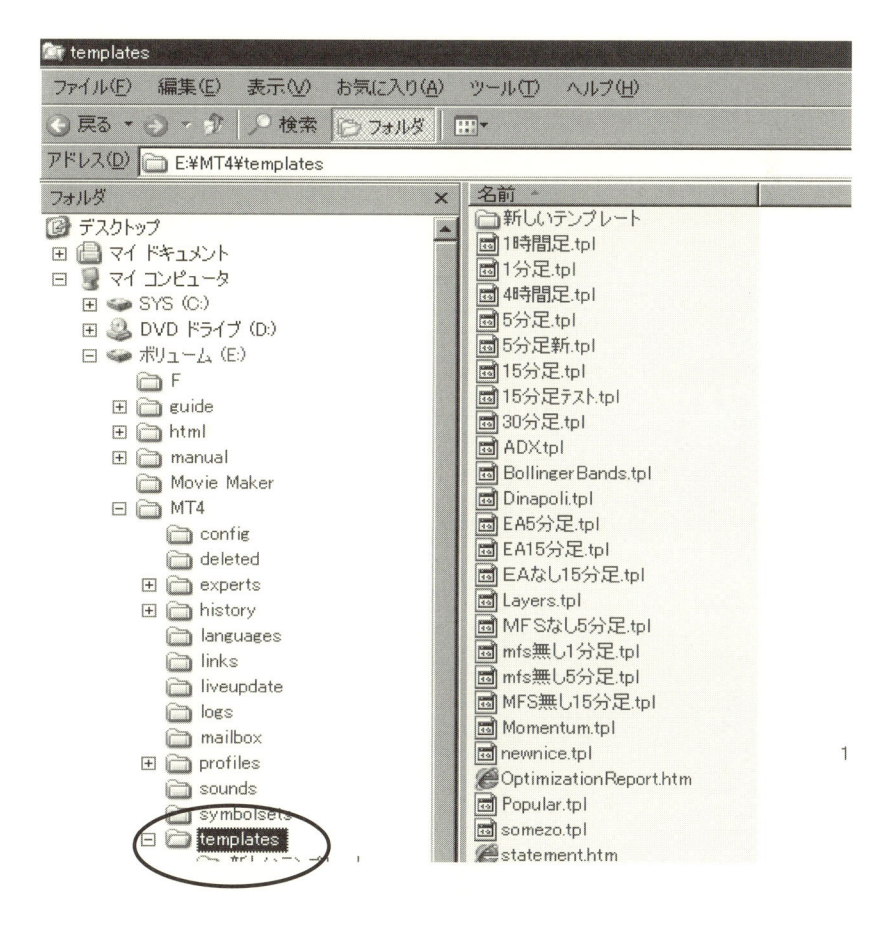

3 インジケーターの表示方法がわからない

　ＭＴ４のツールバーの、星マーク（ナビゲーター）をクリックします。

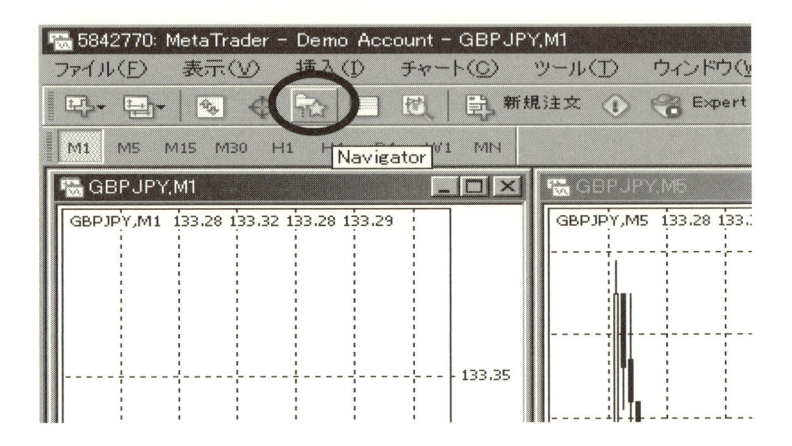

　すると、左側に「ナビゲーター」が表示されます。その中の、「罫線分析ツール」、または、「Custom Indicators」をクリックすると、下の階層にインジケーターが表示されます。

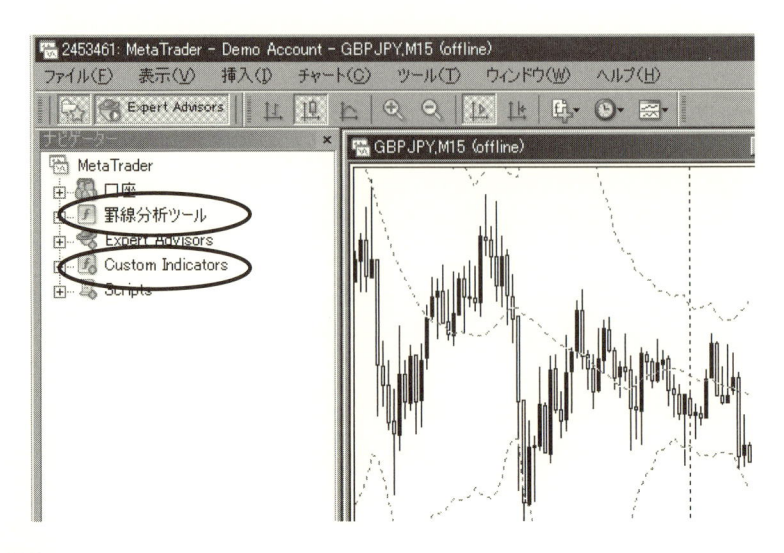

この本で使用するテクニカルは、「Bollinger Bands」「Schaff Trend Cycle」「ADXDMI」「BBand Width Ratio」の4つです。
　「Bollinger Bands」は、「罫線分析ツール」の下の階層にあります。「Bollinger Bands」をドラッグしながら表示させたいチャートに移動させ、ドロップします。

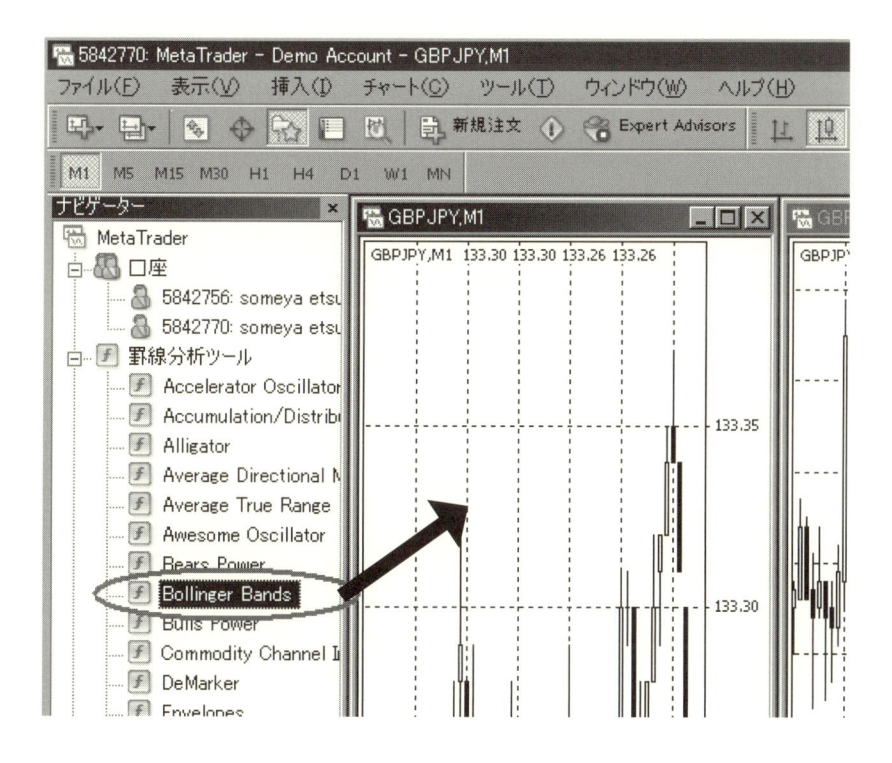

すると、「Bollinger Bands」のパラメーターが表示されます。必要な数値を入力して「OK」を押します。

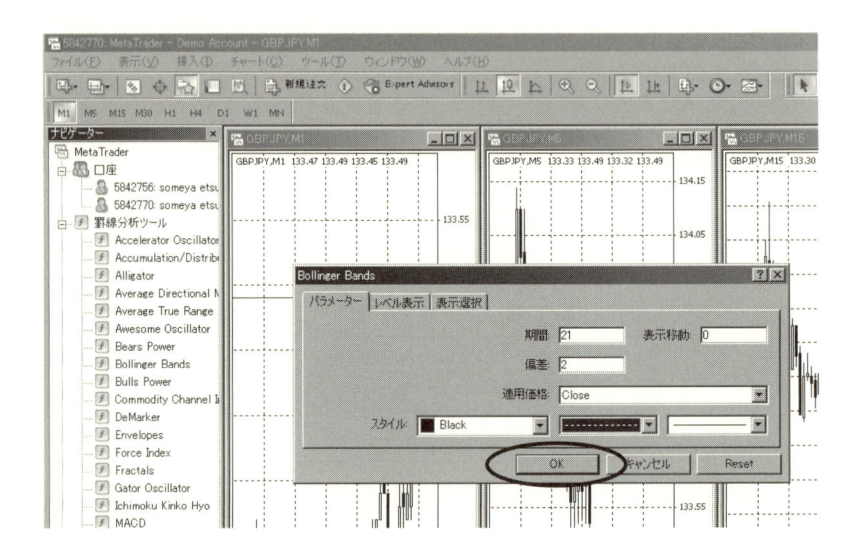

「Bollinger Bands」のラインが表示されます。

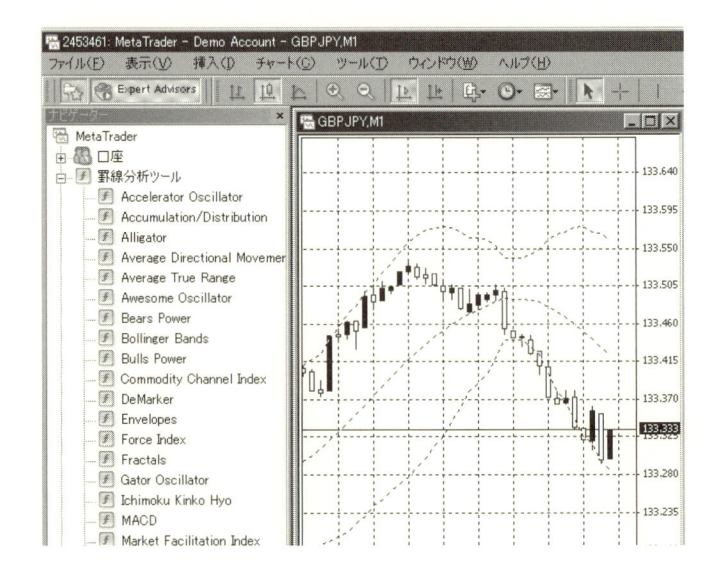

「Schaff Trend Cycle」「ADXDMI」「BBand width Ratio」は、「Custom Indicators」の下の階層にあります。

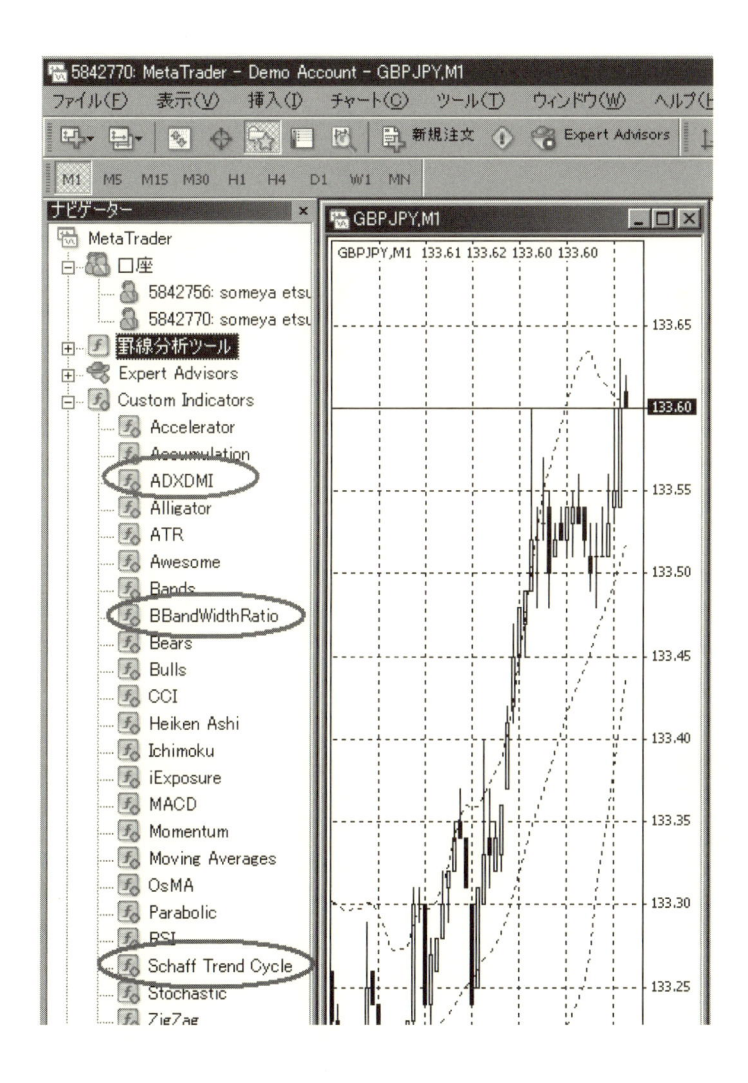

まず、表示させたい時間足をアクティブにして、「Schaff Trend Cycle」をダブルクリックしてください。

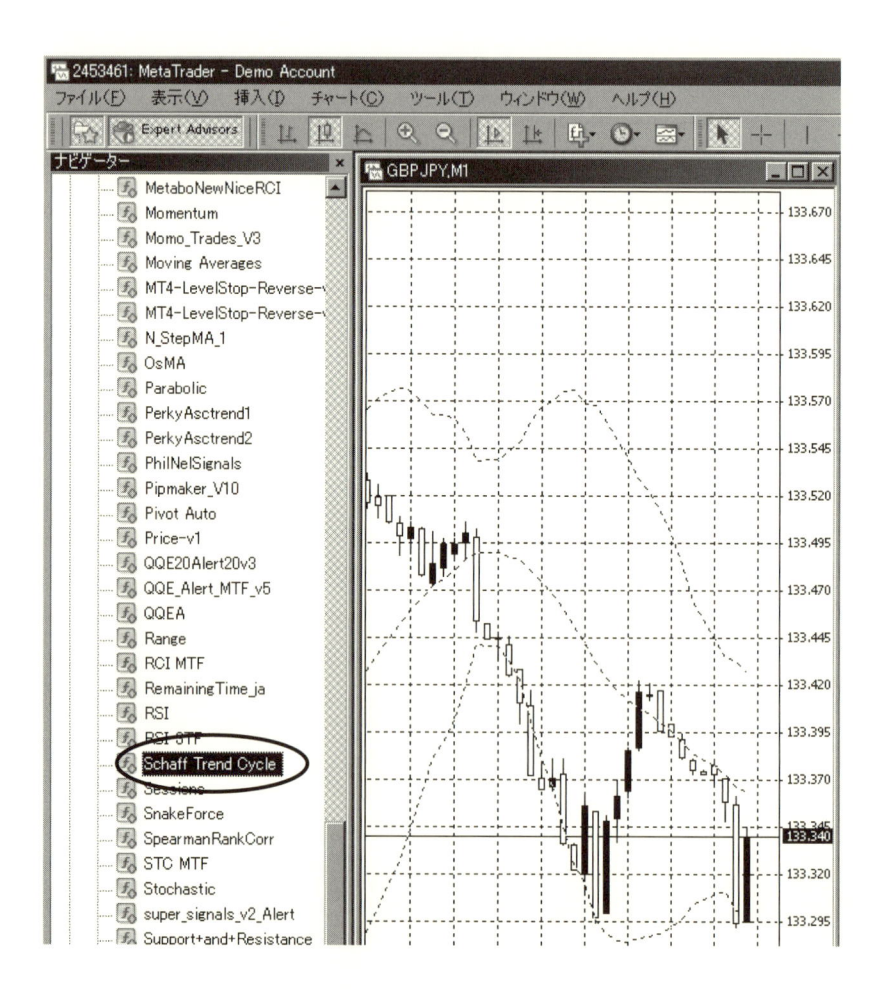

パラメーターが表示されますので、必要な項目（巻末特典２を参照）を入力して、「OK」を押します。

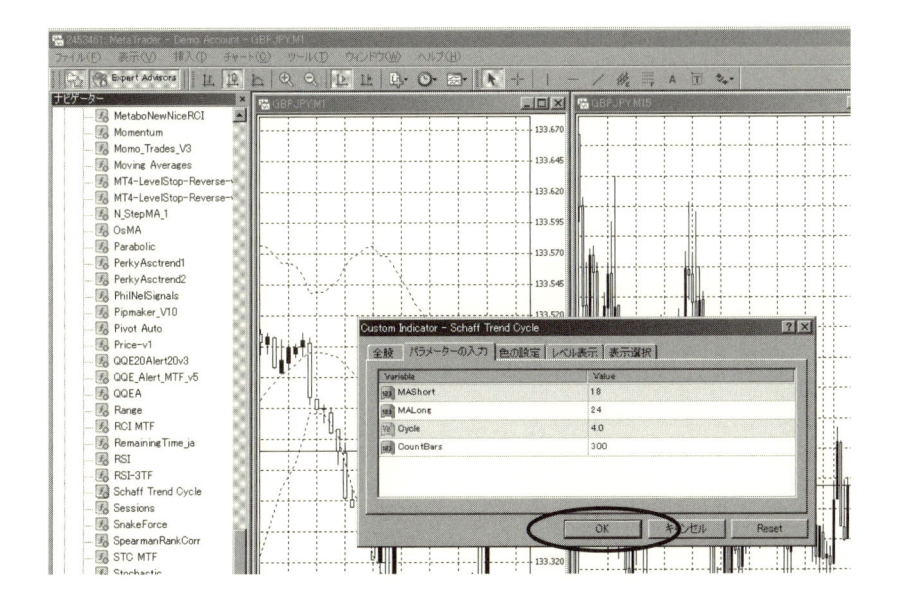

すると、「Schaff Trend Cycle」が表示されます。「ADXDMI」も同じように表示させてください。「ADXDMI」の場合は、パラメーターの「色の設定」で、一番下の色のみ表示させ、他は「None」を選択してください。

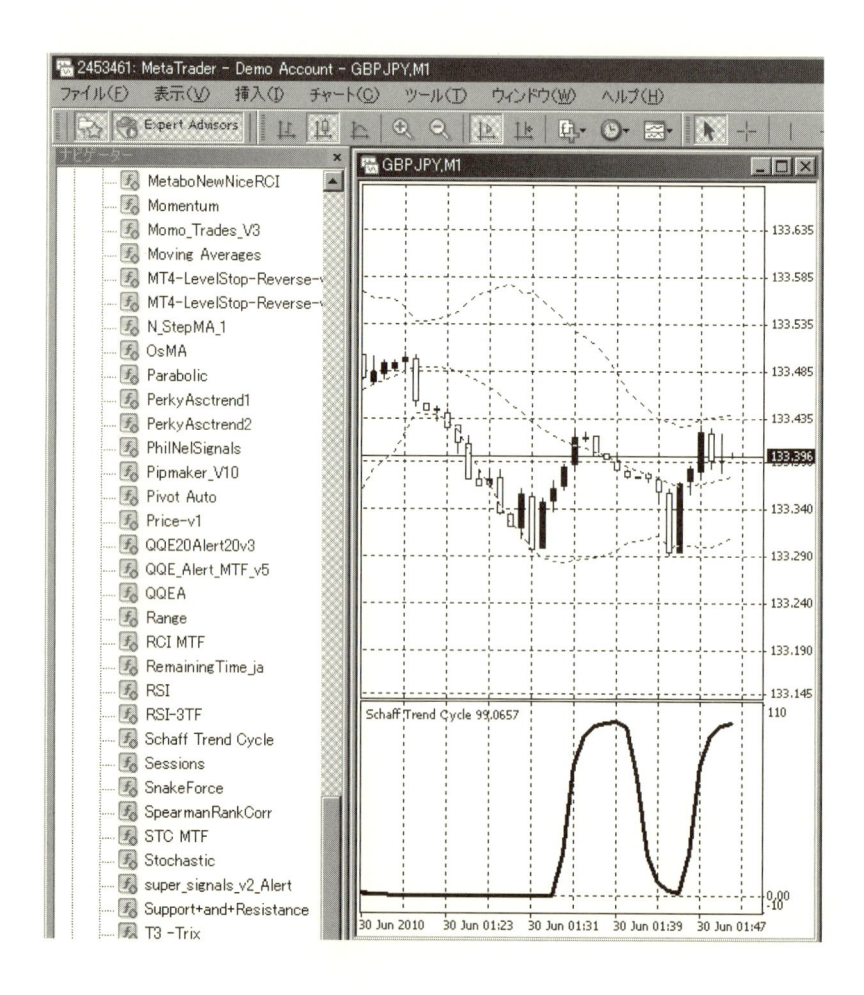

次に、「BBand Width Ratio」を表示させます。「ADXDMI」と同じ枠に表示させたいので、「BBand Width Ratio」をドラッグしながら移動させ、ドロップします。

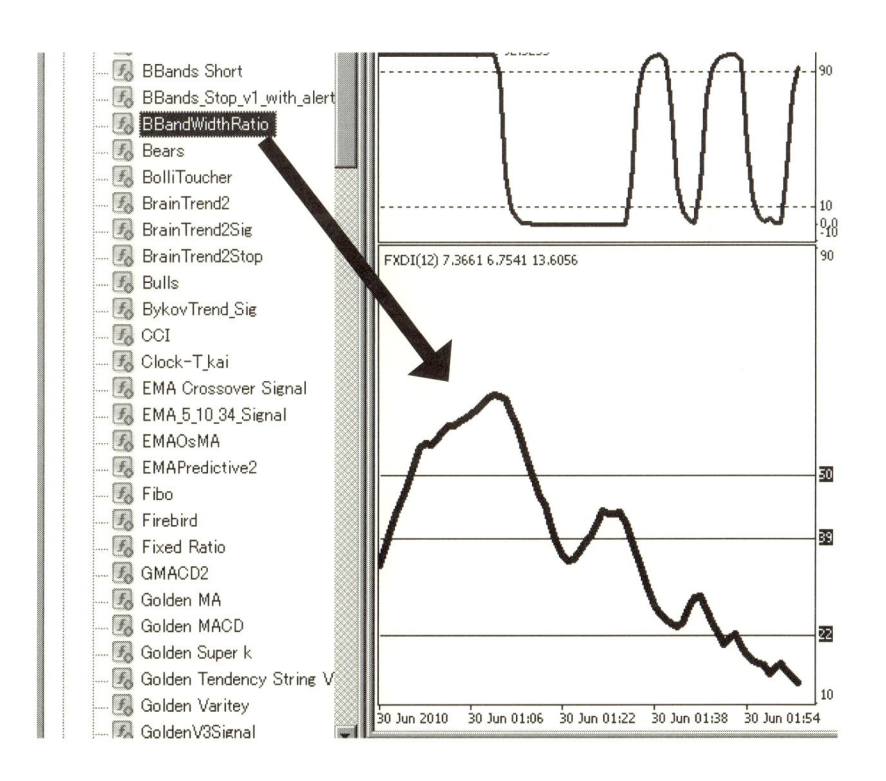

すると、パラメーターが出てきます。必要な項目（巻末特典2を参照）を入力して、「OK」を押します。

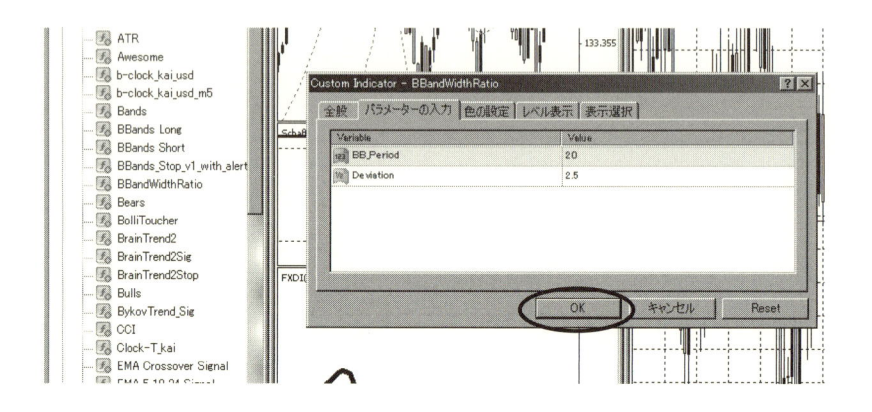

「BBand Width Ratio」が表示されます。

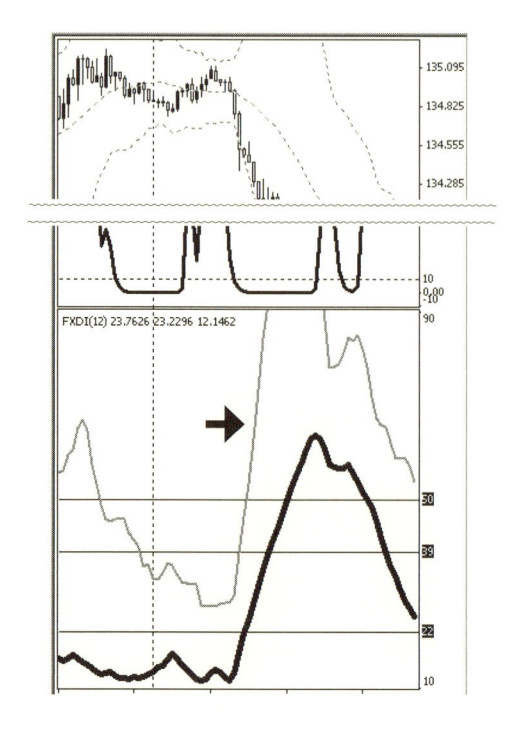

4 テンプレートの登録と表示方法

登録したい時間足をアクティブにして、MT4のツールバーの「チャート」の中にある「定型チャート」の「定型として保存」を選択します。

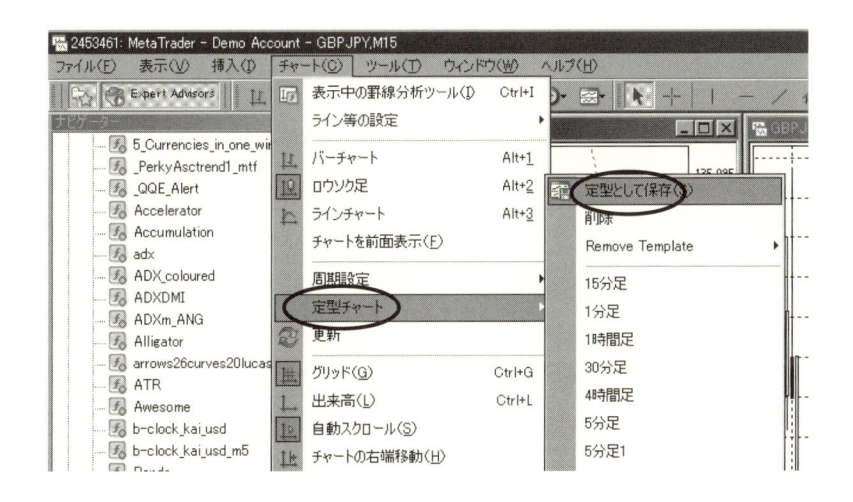

すると、定型チャートのファイル名を変更する画面が出てきます。ファイル名を好きな名前に変更してください。

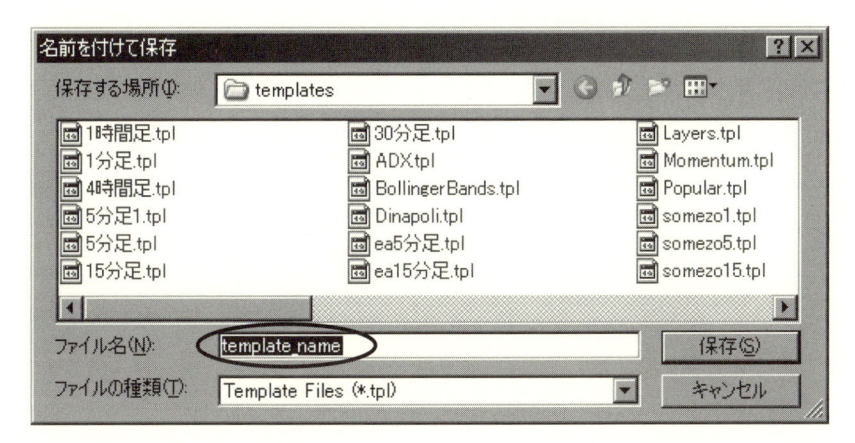

例えば、「20030630」と名前をつけるとします。その後で「保存」を押してください。

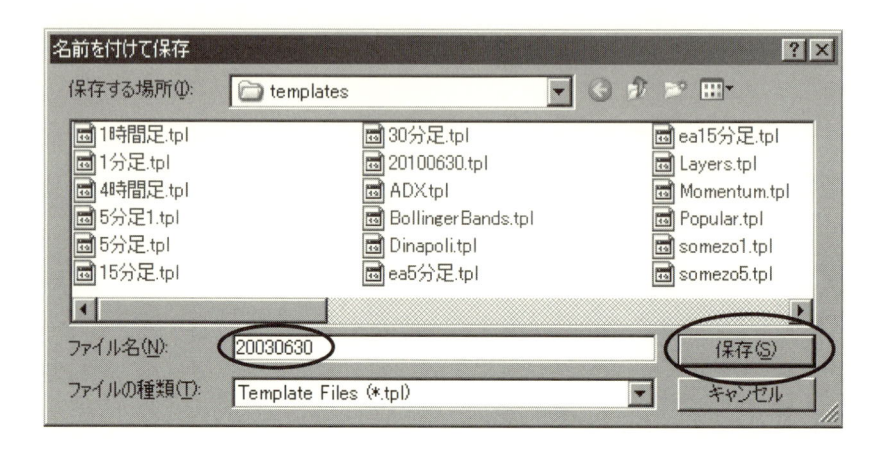

すると、ＭＴ４のツールバーの、「チャート」の「定型チャート」の中に「20100630」が作成されています。

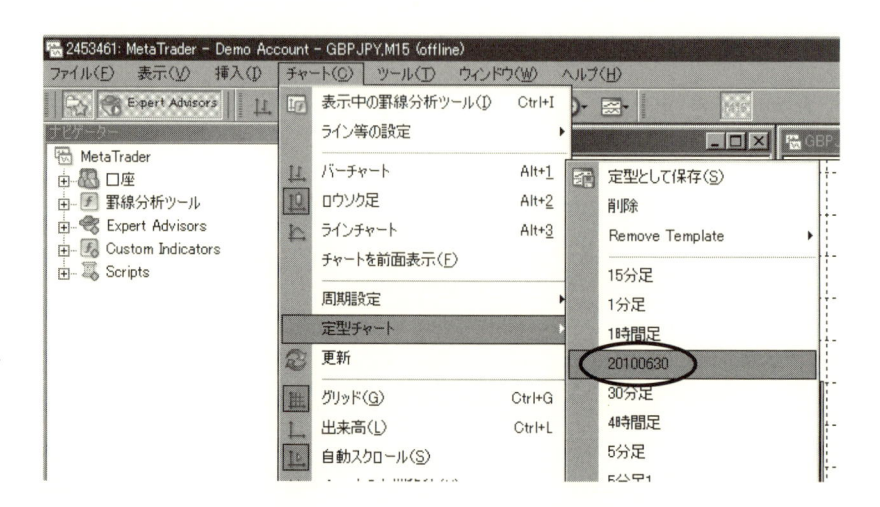

5．MetaTrader 4の動きが遅い・固まる

MT4の「ツール」の「オプション」を選択します。

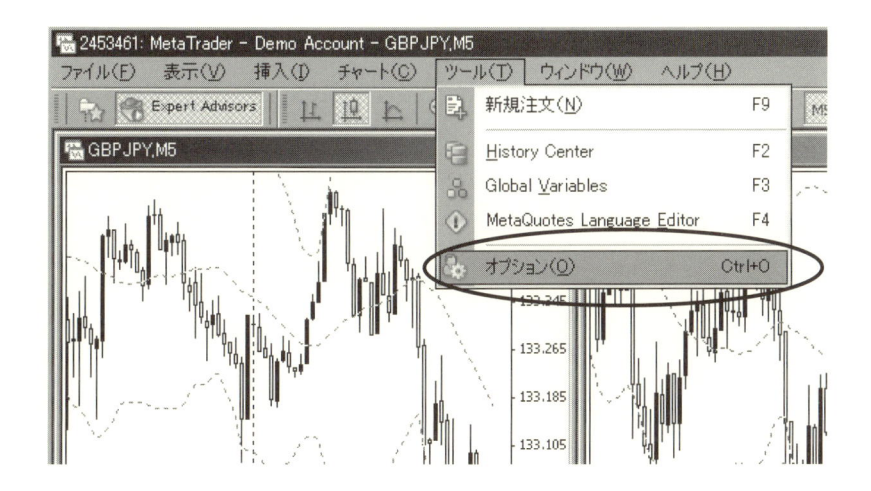

「チャート表示バーの最大数」を300にします。表示するローソク足の数を少なくすると、チャートの動きが早くなります。

「チャート表示バーの最大数」を300にした場合は、「Schaff Trend Cycle」のパラメーターの、「Count Bars」の数値も同じ300か、それ以下にしないと、「Schaff Trend Cycle」は表示されなくなります。気をつけましょう。

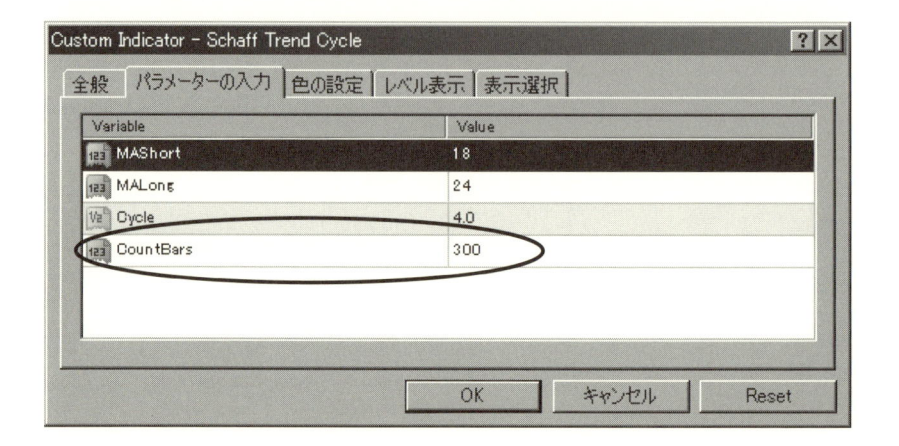

6．サーバーを変更する

「MetaTrader 対応業者」のサイト（※印参照）に、主要業者のデモサーバーが記載されています。

※主要業者のデモサーバー
http://hikaku.fxtec.info/metatrader/wiki.cgi?page=%C2%D0%B1%FE%B6%C8%BC%D4

　私は Alpari-Demo を使用しています。IP アドレスは　217.74.44.32 です。では、この IP アドレスを元に、サーバーを変更してみましょう。MT4 のツールバーの「ツール」にある「オプション」を選択します。

すると、サーバーの設定ができるパラメーターが表示されます。

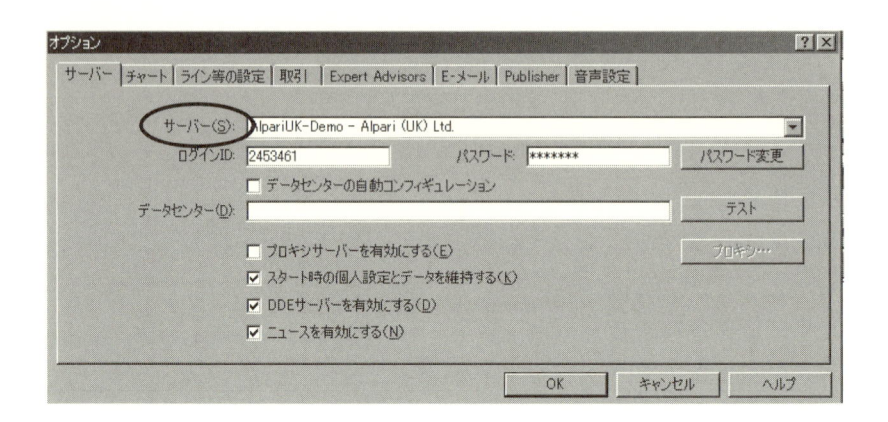

「オプション」の「サーバー」に、先ほどの IP アドレス（217.74.44.32）を指定します。そして「OK」を押します。

デモ口座の申請を行います。MT4のツールバーの「ファイル」の中にある「デモ口座の申請」を選択してください。

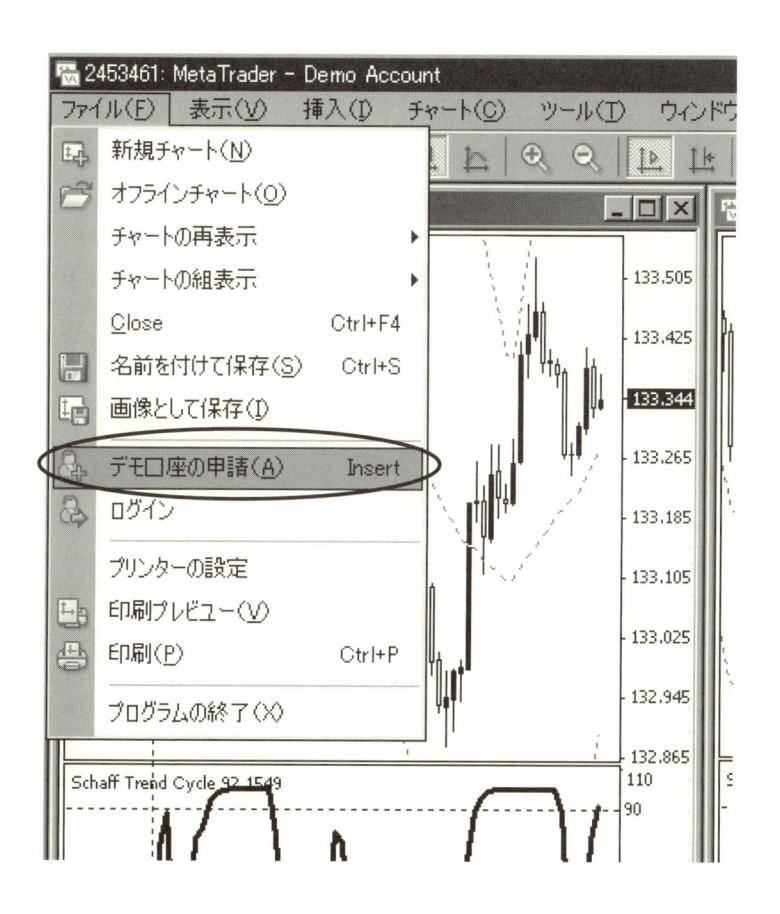

デモ口座を申請する個人情報を入力し、「貴社からのニュースレター受取りに同意します。」にチェックを入れます。チェックしないと「次へ」に進めません。チェックしたら「次へ」を押します。

いくつかのサーバーが表示され、先ほど入力したIPアドレスも表示されます。このIPアドレスの行を選択して、「次へ」を押します。

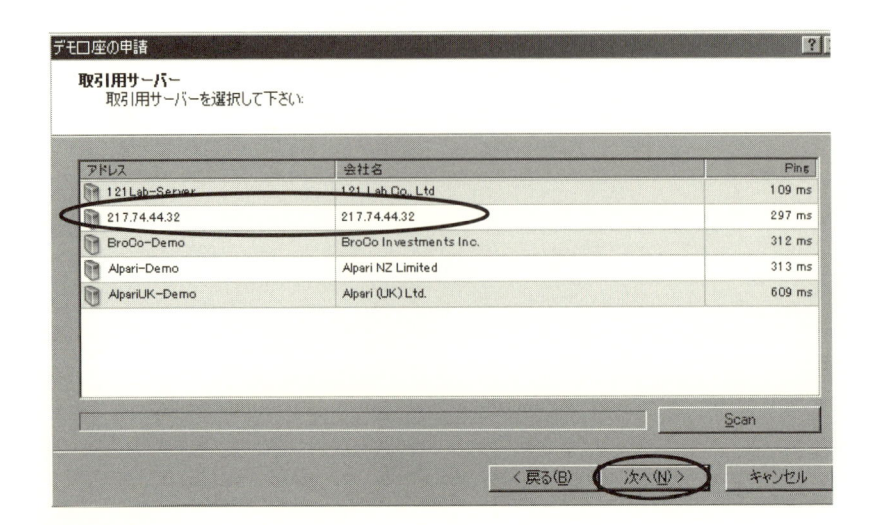

サーバーのスキャンが始まります。進行状況を示すラインが最後まで行き着いてから「次へ」を押します。

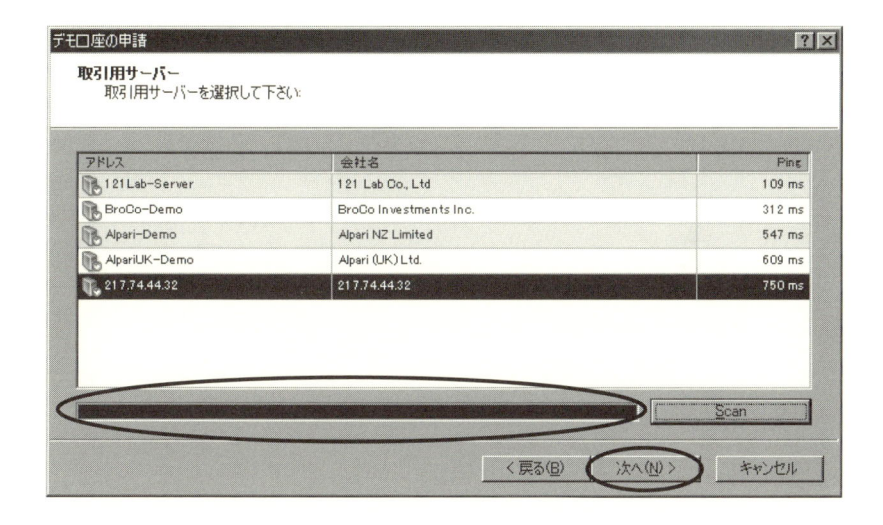

　そうすると、「デモ口座の申請」が行われます。「ログインID」と「パスワード」をメモしておいてください。最初にログインする時に必要になります。「完了」を押してください。

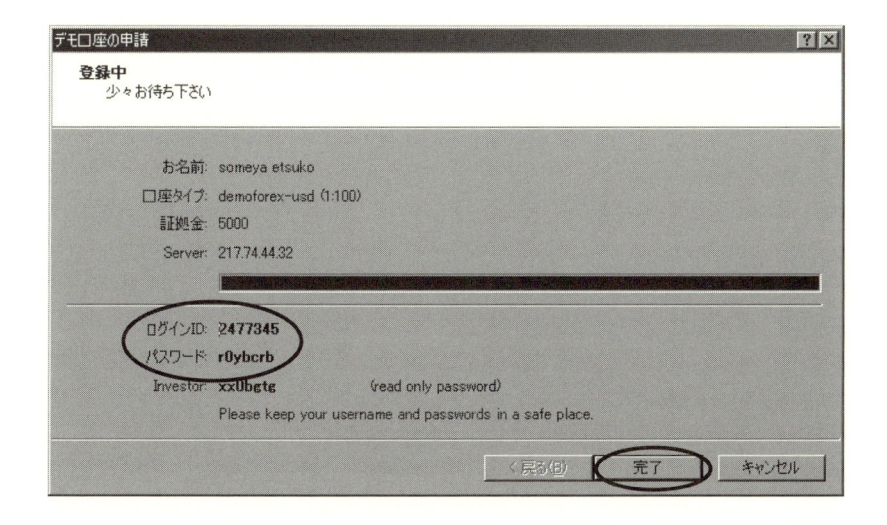

ＭＴ４のツールバーの「ファイル」の中にある「ログイン」を選択します。

　そして、先ほどメモをとった「ログインＩＤ」を選択します。

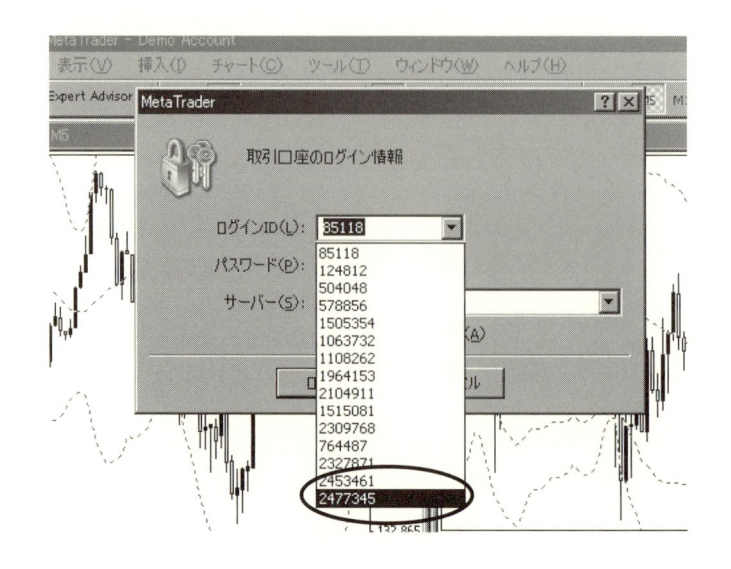

先ほどメモをとった「パスワード」を入力した後、「サーバー」を選択し、「ログイン」を押します。

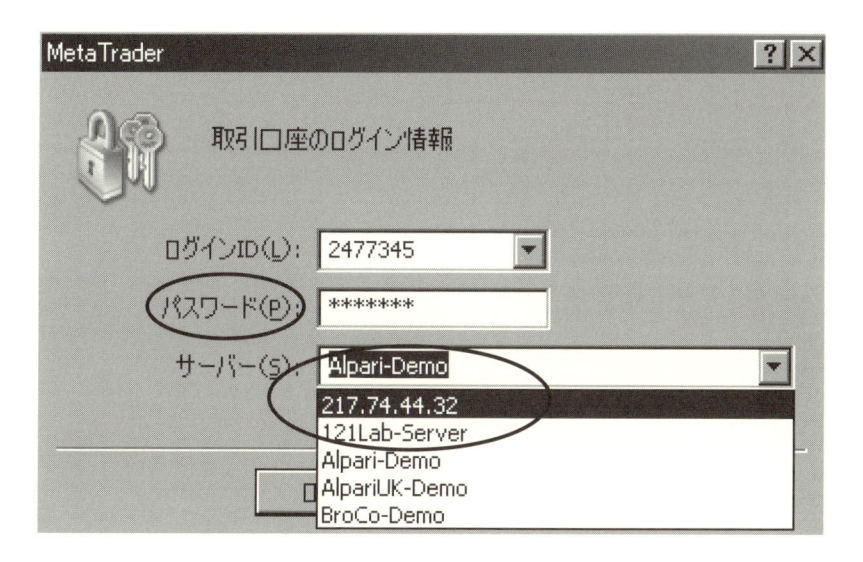

　チャートの右下のところに、数値が表示されたらきちんとサーバーとつながっています。

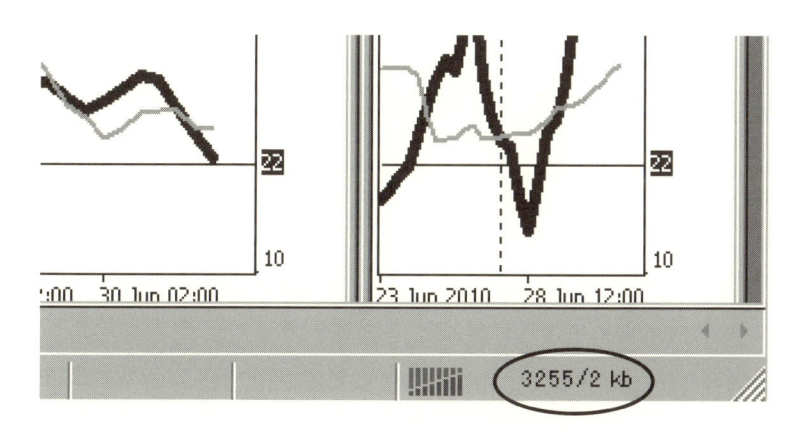

7．インジケーターのパラメーターを変更する

　パラメーターを変更したいインジケーターのラインにカーソルを合わせ、ダブルクリックします。

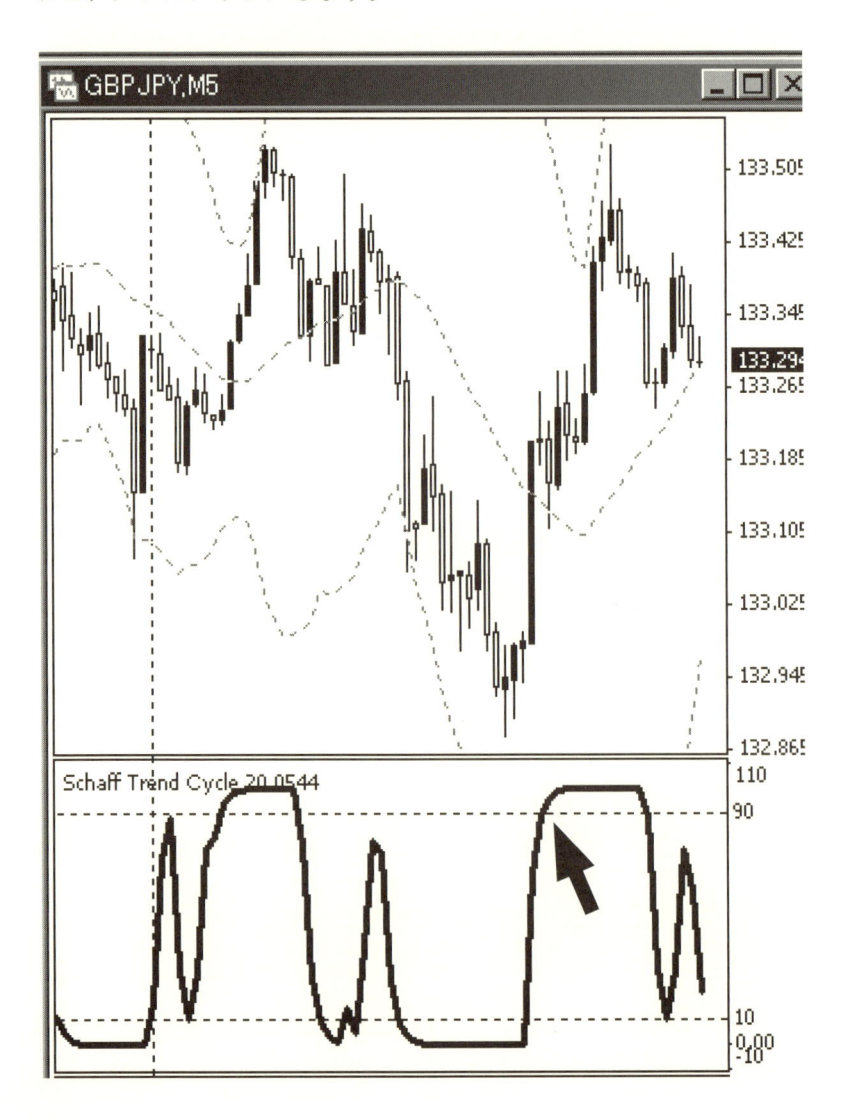

そうすると、インジケーターのパラメーターが表示されます。

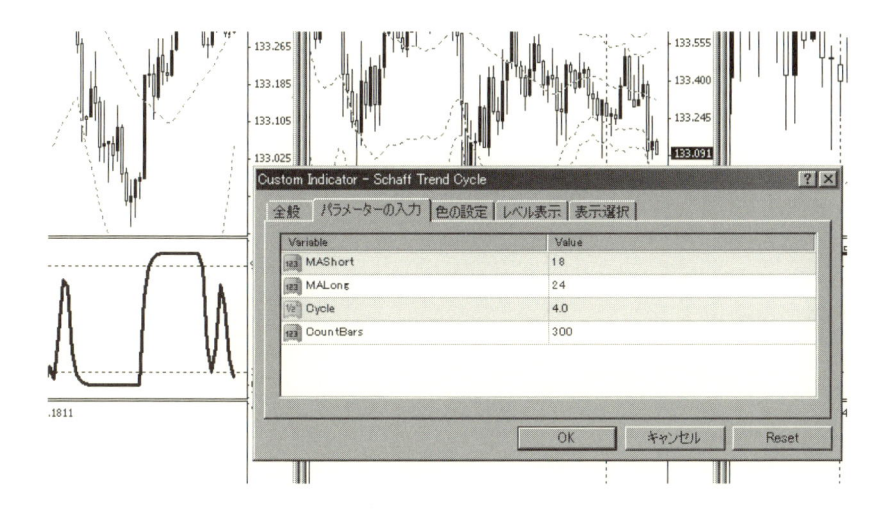

変更したいパラメーターの数値の行をダブルクリックします。

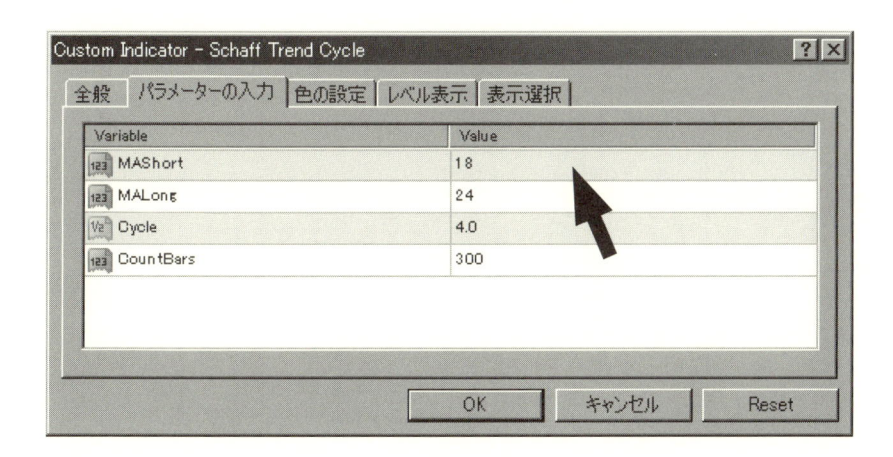

すると、数値を変更できます。変更したら「OK」を押します。これで終了です。

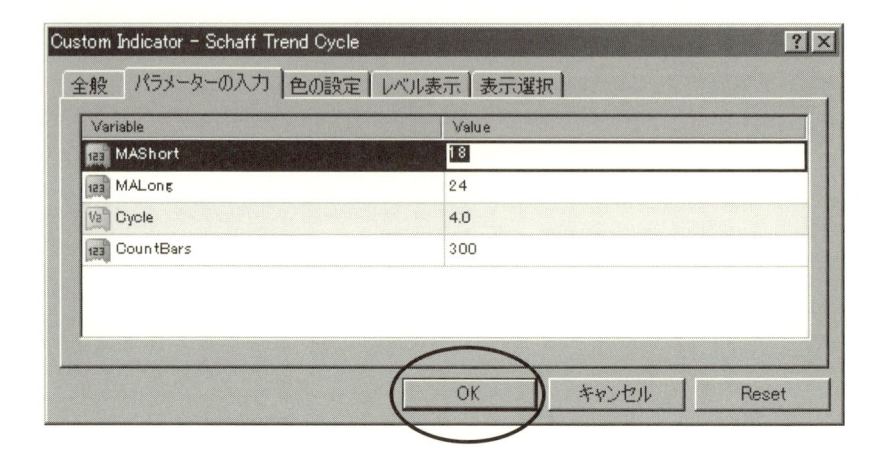

8．各時間足の表示

　MT4のツールバーの「ファイル」の「新規チャート」からトレードしたい通貨を選択します。ここではGBPJPYとします。

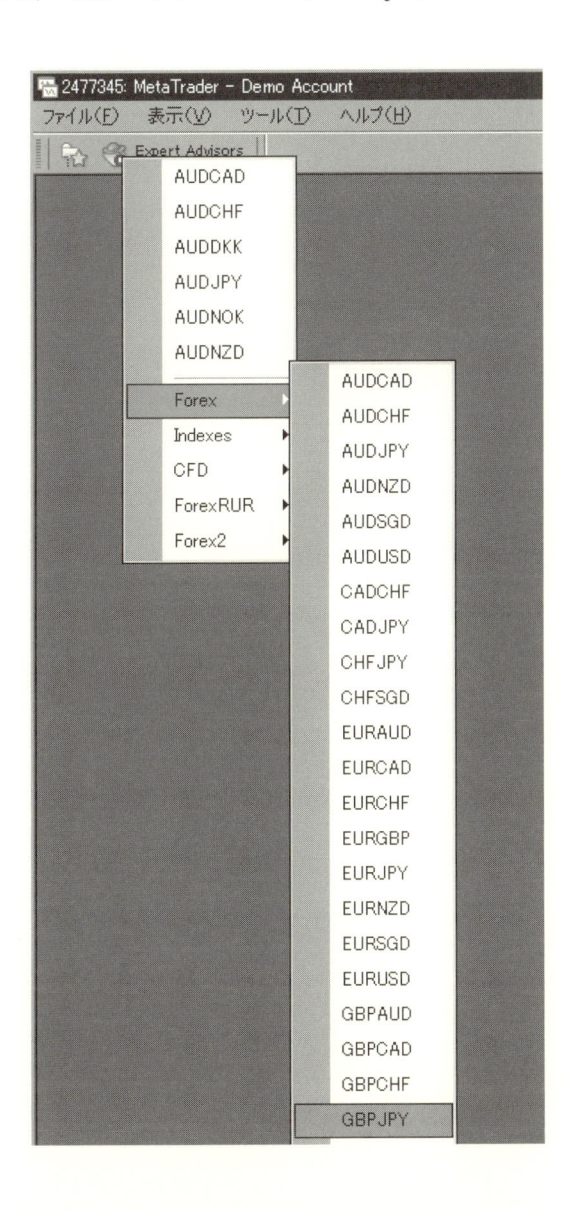

すると、このように初期のチャートが表示されます。

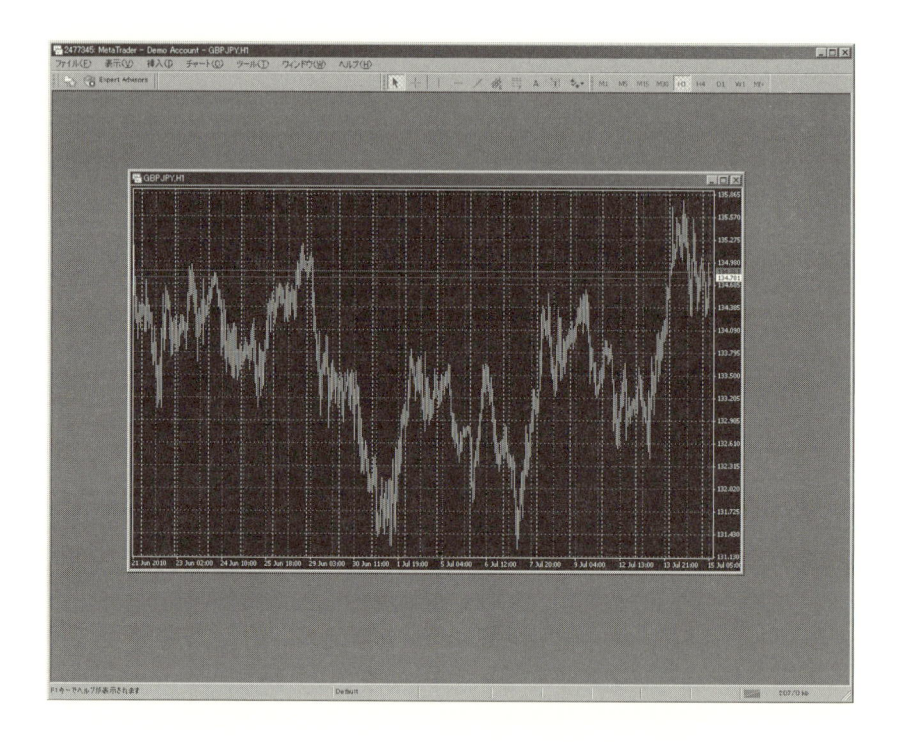

次に、チャートの枠の隅にカーソルをあわせて大きさを調整します。チャートの枠の隅をカーソルでドラッグします。

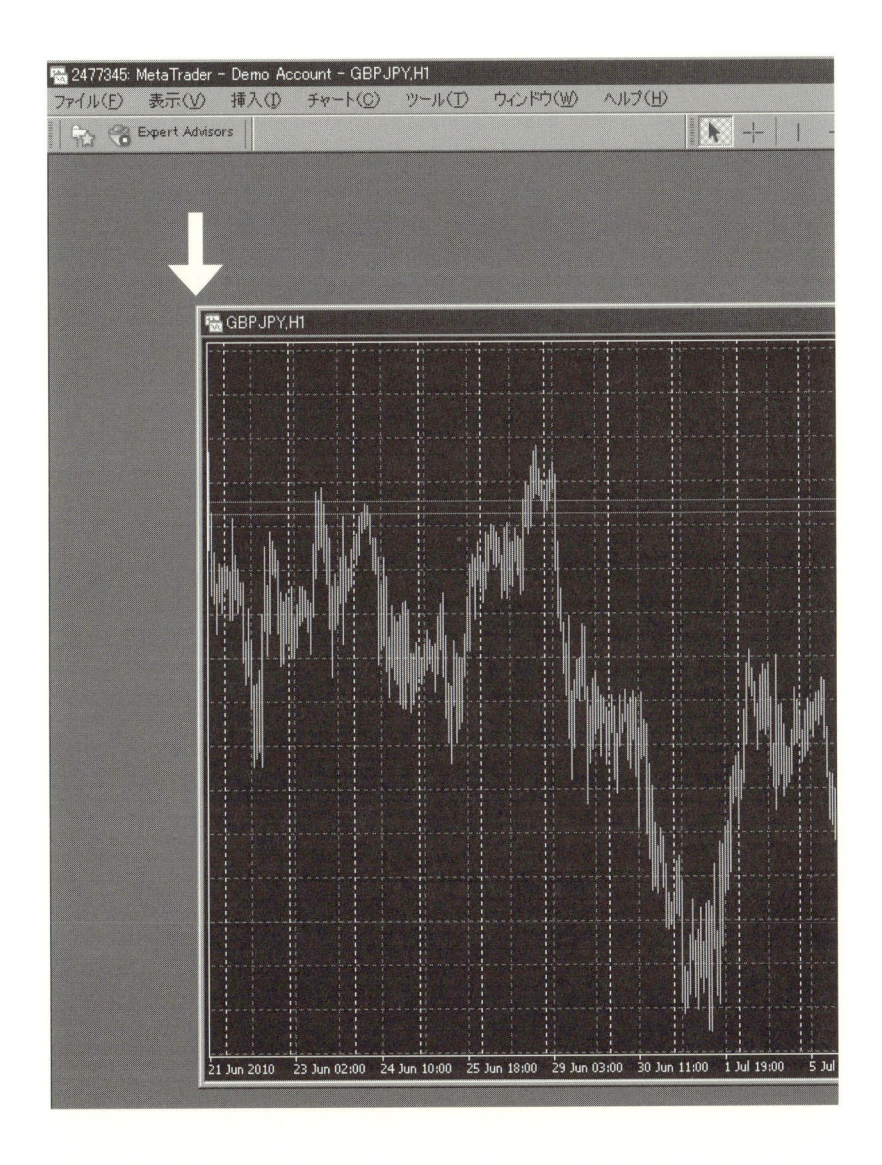

チャートの枠の隅をカーソルでドラッグしたままＭＴ４の隅にスーッと動かします。角を合わせてドロップしてください。

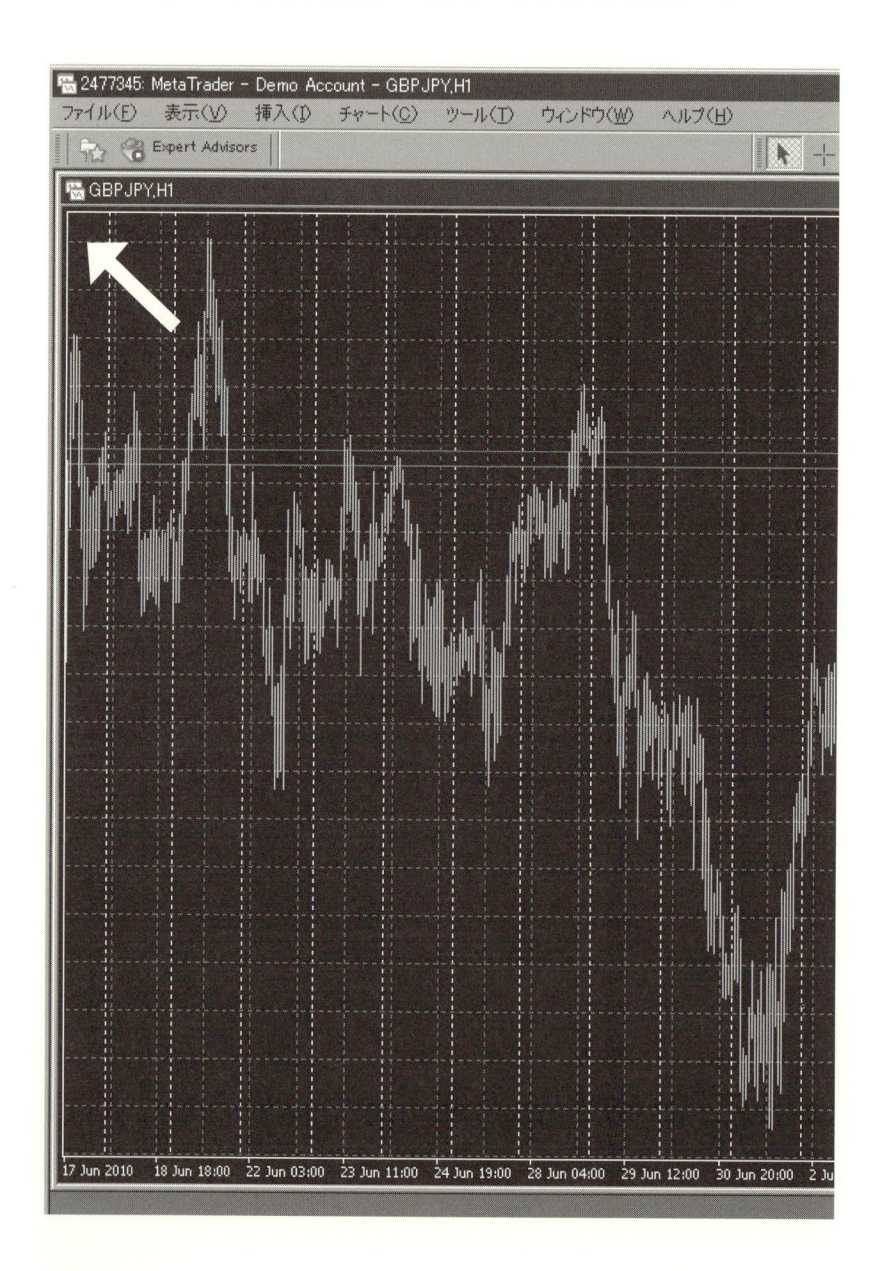

今度は、チャートの右下の枠の隅をカーソルでドラッグしてください。

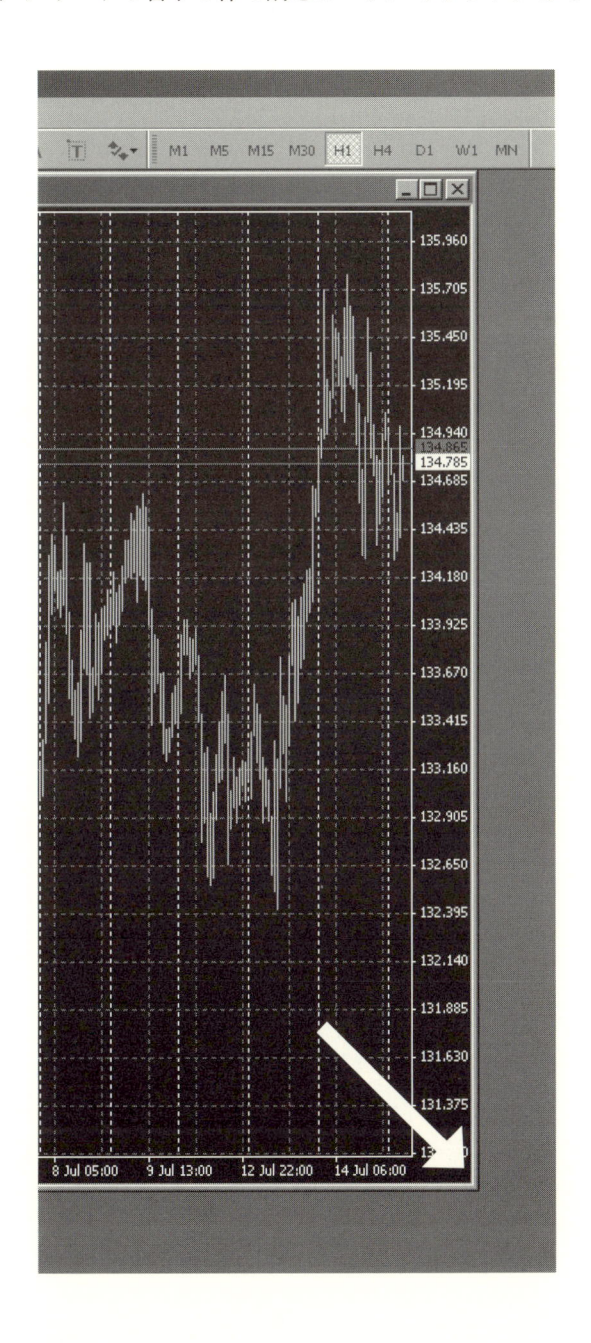

ドラッグした右下の隅を、チャートの幅を縦に長方形にして、一番下にスーッと動かして、ドロップします。

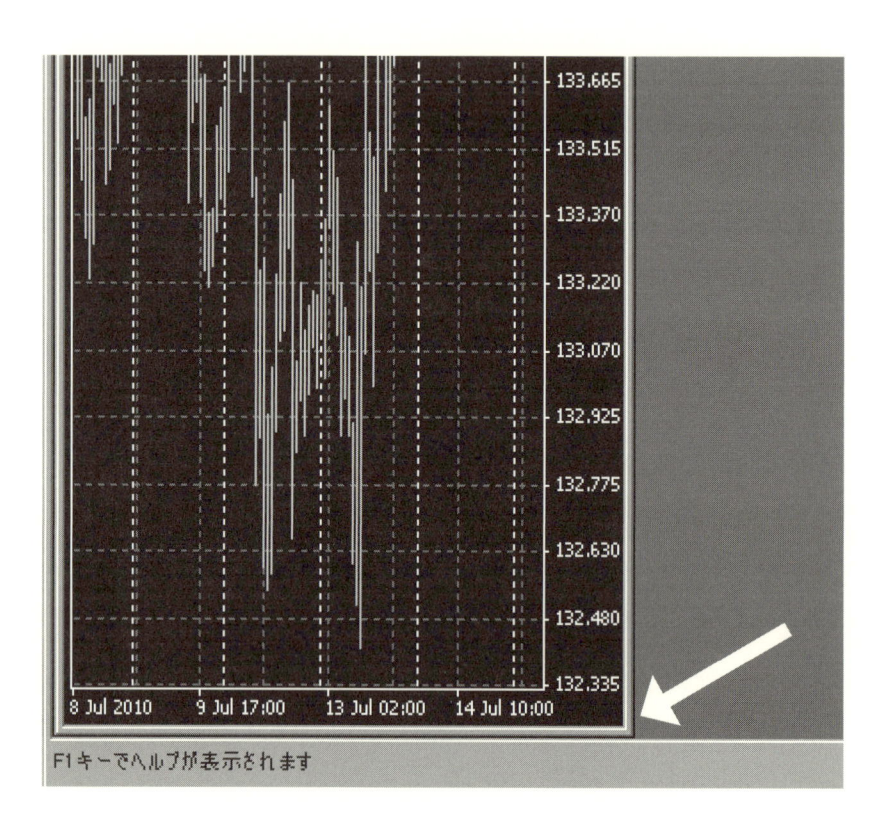

次のような表示になります。

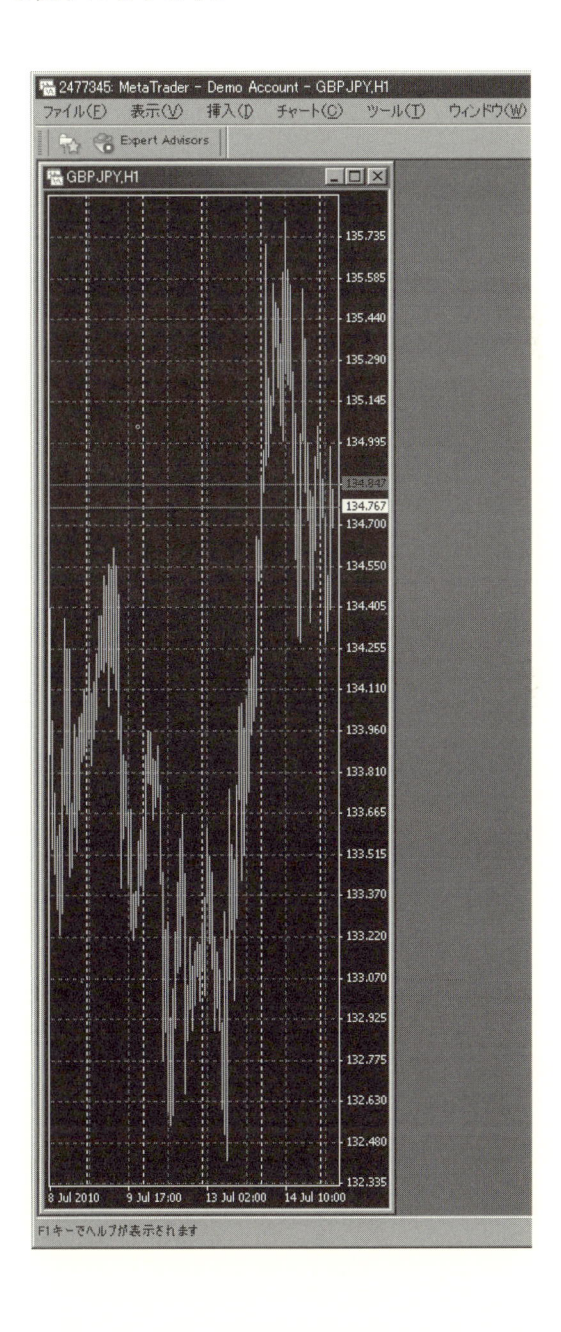

表示させるのは５分足・１５分足・３０分足・４時間足の４つです。ＭＴ４のツールバーの「ファイルの「新規チャート」からトレードしたい通貨の選択をし、４つのチャートを表示させます。縦長に４つ表示させると次のようになります。

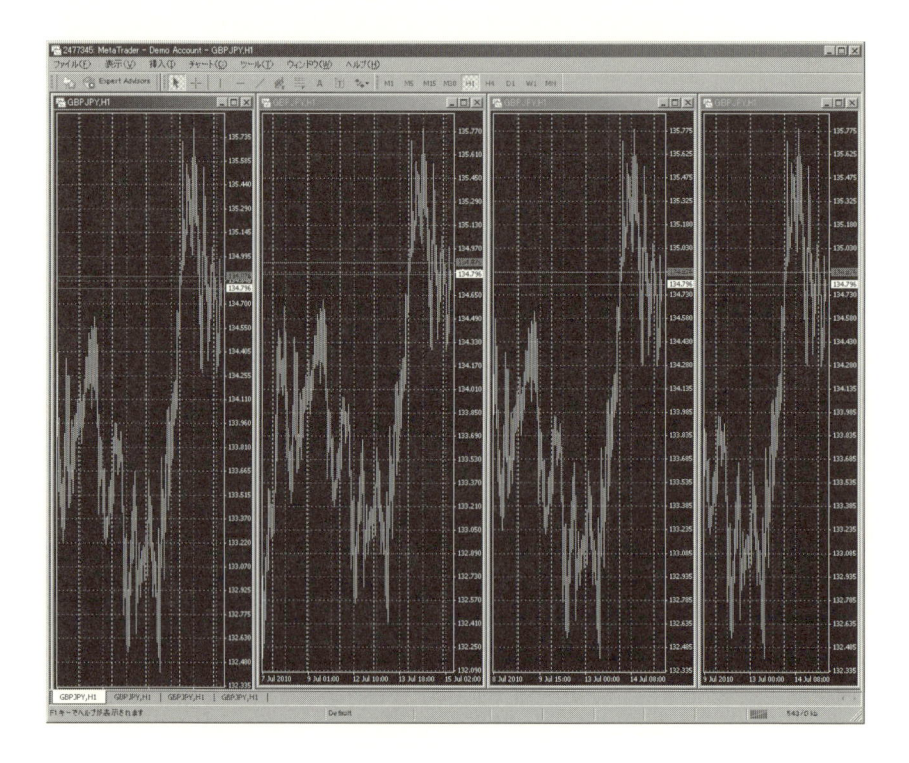

まず各チャートの時間表示を合わせましょう。5分足は一番左のチャートをアクティブにします。そして、MT4のツールバーの「M5」をクリックします。

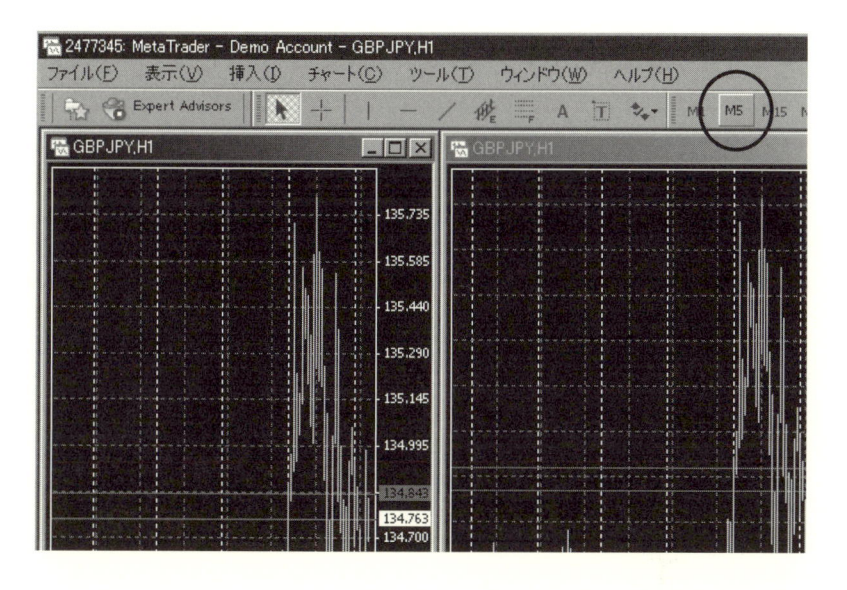

　すると、アクティブにしたチャートが5分足になります。

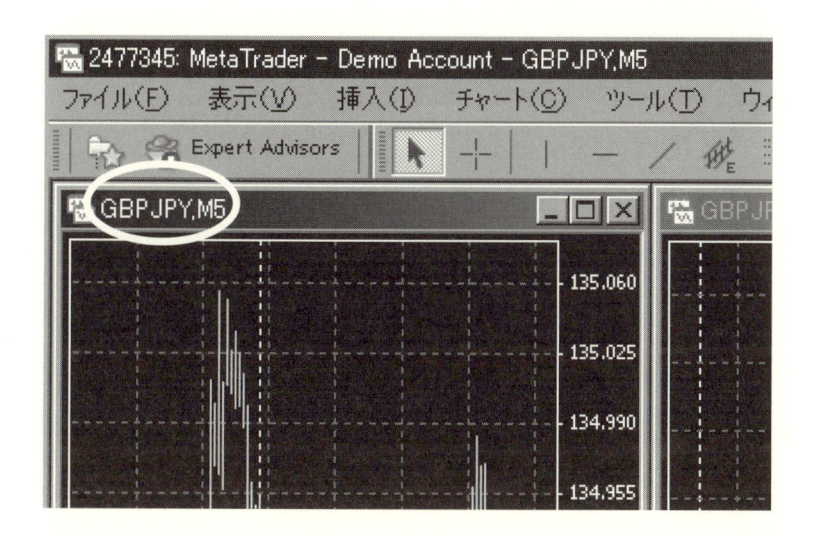

15分足は左から2番目をアクティブにして、MT4のツールバーの「M15」をクリックします。

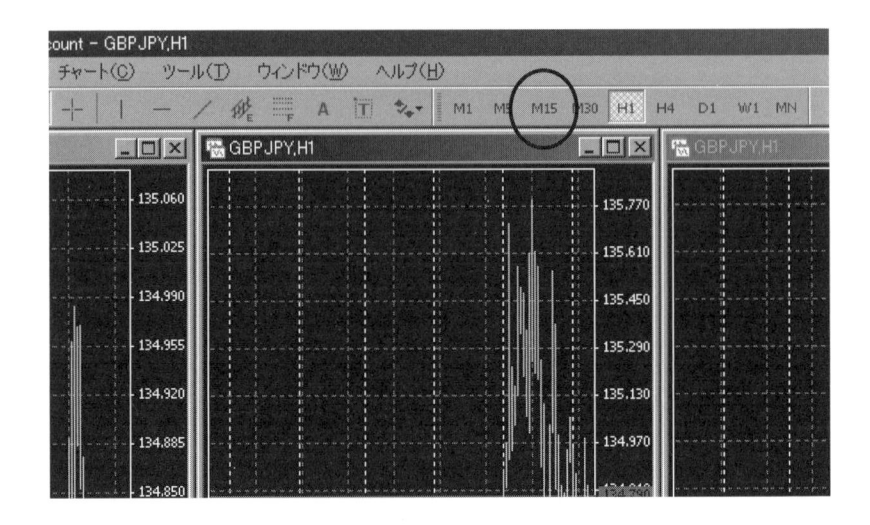

　すると、アクティブにしたチャートが15分足になります。

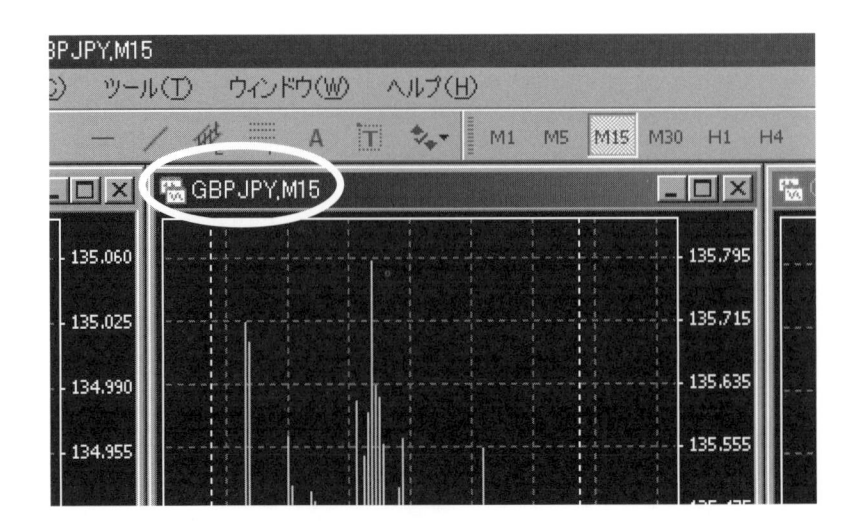

同じ要領で３０分足・４時間足の時間表示を行ってください。
　３０分足は左から３番目をアクティブにして、ＭＴ４のツールバーの「Ｍ３０」をクリックします。すると、アクティブにしたチャートが３０分足になります。
　４時間足は一番右をアクティブにして、ＭＴ４のツールバーの「Ｈ４」をクリックします。すると、アクティブにしたチャートが４時間足になります。

巻末付録2

私が使用している MetaTrader4 の パラメーターについて

5分足

◎外側の Bollinger Bands
■パラメーター
- 期間　　　２１
- 表示移動　０
- 偏差　　　３

◎内側の Bollinger Bands
■パラメーター
- 期間　　　２１
- 表示移動　０
- 偏差　　　２

◎ Schaff Trend Cycle
■パラメーター
- MAShort　　１８
- MALong　　２４
- Cycle　　　４．０
- Count Bars　３００

■全般
- 下限設定　－１０
- 上限設定　＋１１０

■レベル表示
- 10
- 90

◎ ADXDMI
■パラメーター
- DMIPeriod　12
- Smooth　　10

■全般
- 下限設定　10
- 上限設定　90

■レベル表示
- 18
- 38
- 50

◎ BBand Width Ratio
■パラメーター
- BB Period　18
- Deviation　2.0

■全般
- 下限設定　0
- 上限設定　0.012

■レベル表示
- なし

１５分足
※以下の内容以外は５分足と同じです

◎ ADXDMI
　■レベル表示
　　・２２
　　・３８
　　・５０

◎ BBand Width Ratio
　■全般
　　・下限設定　　０
　　・上限設定　　０.０２５
　■レベル表示
　　・なし

３０分足
※以下の内容以外は５分足と同じです

◎ ADXDMI
  ■レベル表示
   ・２２
   ・３８
   ・５０

◎ BBand Width Ratio
  ■全般
   ・下限設定　０
   ・上限設定　０.０２５
  ■レベル表示
   ・なし

4時間足
※以下の内容以外は5分足と同じです

◎ ADXDMI
- ■パラメーター
    - ・DMIPeriod　　6
    - ・Smooth　　　4
- ■レベル表示
    - ・22
    - ・38
    - ・50

◎ BBand Width Ratio
- ■全般
    - ・下限設定　　0
    - ・上限設定　　0.06
- ■レベル表示
    - ・なし

あとがき

１）ＦＸは主婦に有利

　会社に勤務している場合は、通勤交通費、昼食代、その他の必需品にお金がかかります。パートや仕事をしていると、諸経費は毎月かかるものです。

　でも、ＦＸはそうではありません。自宅にずっといるのですから、通勤交通費、昼食代、その他の必需品は必要ありません。そして、毎日利益を積み重ねられるようになれば、口座にパート代以上の金額が増えていきます。

　私は朝のトレードが終わったら、家事や食事の支度や息子の世話をしています。その他にブログの更新を行ったりしていますが、今は慣れてしまったので、まったく苦ではありません。

　トレンドの発生する時間帯がだいたい予想できていると、トレードをしないで自由に使ってよい時間がはっきりしてくるので、パソコンの前にじっと座ってチャートを監視する必要がないからです。

　ＦＸは自宅にいながら、経費をかけずにお金を増やすことができるので、１日中家にいることのできる主婦の方に大変向いていると思います。

２）家事や育児を優先させると損が減る不思議

　私がトレードを始めたころは、とにかくチャートから離れられませんでした。でも今は、息子が遊んでほしいとねだるときは極力遊ぶようにし、家事や片付けはできるだけきちんとするようにしています。

　トレードをしていくうちに、エントリー回数が多すぎても、利益が伸びないことがわかりました。そこでエントリー回数を減らしたのですが、エントリー回数を減らすことができた理由は、ほかにもあります。

私には、チャートに向かうことを最優先にしてしまい、家事をしたり、息子と遊ぶことに対して気が向かないというか、疎かにしている時期がありました。事実、エントリーできそうな雰囲気のときに息子が遊んでほしいとお願いしてくる場合は、その度に「もうちょっとだけトレードさせてね」と言って断っていました。そして、そういったときのエントリーは、薄利であったり、損になってしまったりと、良い結果につながったことはほとんどありませんでした。
　しかし、転機は急に訪れました。きっかけは息子でした。何が起こったかというと、息子が泣きそうな顔をしてまで、「ママ、トレードばっかりしていないで遊んでよー」とねだるようになってきたのです。さすがに可哀想に思って遊んであげるようにしたところ、不思議と損をする回数が減ったのです。これには私自身が一番驚きました。
　最初は「えー。こういうこともあるのね〜」と思っていたのですが、「それなら家事もお掃除もきちんとするようにしてみよう」とふと思って、家事や子供の世話など、妻の仕事と母親の仕事をできるだけきちんとするように努力したところ、やっぱり損が減って利益が増えていったのです
　生活の中での、自分のしなければいけない役目をきちんと果たして家族を大切にすると、自然と不本意な結果を免れることができて、努力が実るのだな。そんなふうに思ったものです。

3）家族の協力と主人の言葉

　なかなか利益が伸びずに損ばかりしているとき、主人に「もうＦＸは損をしてばかりだからやめます」と言ったことがあります。そのときに主人が私にこういってくれました。「えつこさんが一番やりたい事をしていいんですよ。ＦＸが大好きだったら、頑張ればいいじゃないですか。僕は応援するよ」と。

主人はサラリーマンですから、私が出してしまった損失金額を考えれば、心穏やかではいられなかっただろうと思います。でも、主人が私を叱ることは一度もありませんでした。
　私は、主人のためにも、何が何でもＦＸで利益が出せるようになろうと心底思いました。そのかいあってか、それからも頑張ってチャートと向き合った結果、自分なりのルールを確立することができたのです。
　さらに、私にとって一番のネックだった「利益が取れるのに損がなかなか減らない」ことの解決方法となる「エントリー回数を減らすこと」についても、7割は家庭から学び取れた気がします。主人の応援と、息子の泣きそうな表情が、今の私にしてくれたのだと思うと、本当に頭が下がります。
　２００９年の８月に、一度だけ東京国際フォーラムで「ガンガン稼ぐ会」と称して、講習会を行ったときも、テキストや会場等の準備はすべて私ひとりでしましたが、動画の録画や皆さんにお渡しする記録媒体のコピーなどは主人が手伝ってくれました。受付は私の姉とその友人が手伝ってくれて、４時間という長い時間でしたが、難なく終えることができました。
　家族の理解と協力があると、安心して物事を進めることができます。私を支えてくれた家族のために、そして、家族のためにＦＸをしている人たちが良い結果を残すことができるように、何かお役に立てればと思う毎日です。

　このたびこの本を出版するにあたり、私の提案を聞いて出版を決意してくださったパンローリング社の世良様と高倉様、実作業を手伝ってくださった編集兼ライターの磯崎様、出版社の方々をご紹介してくださったＦＸＴＶの通称カメさん、そして毎日家事等を手伝ってくれた主人と私の姉のえみ子さんに心から感謝いたします。

■プロフィール

えつこ（染谷エツ子）
ＳＥとして銀行や証券会社に勤務し、その後、ソフト開発の会社も経営していたが、息子を妊娠後、専業主婦になる。今は専業トレーダーとなり、相場の勢いをつかむ方法を独学で学び、毎日トレードに励んでいる。ＦＸの利益で、発展途上国の子供たちや貧困層を援助する財団を設立することが夢。

2010年9月3日	初版第1刷発行
2010年9月20日	第2刷発行
2010年9月30日	第3刷発行
2010年11月3日	第4刷発行
2011年2月3日	第5刷発行
2011年8月3日	第6刷発行
2014年3月1日	第7刷発行
2016年4月1日	第8刷発行
2017年7月1日	第9刷発行
2018年7月2日	第10刷発行

～1日3度のチャンスを狙い撃ちする～

待つFX
──相場の勢いをつかんで勝負する損小利大の売買をメタトレーダーで実践

著　者	えつこ
発行者	後藤康徳
発行所	パンローリング株式会社
	〒160-0023　東京都新宿区西新宿7-9-18-6F
	TEL 03-5386-7391　FAX 03-5386-7393
	http://www.panrolling.com/
	E-mail　info@panrolling.com
装　丁	パンローリング装丁室
組　版	パンローリング制作室
印刷・製本	株式会社シナノ

ISBN978-4-7759-9100-8

落丁・乱丁本はお取り替えします。
また、本書の全部、または一部を複写・複製・転訳載、および磁気・光記録媒体に入力することなどは、著作権法上の例外を除き禁じられています。

本文　©Etsuko 2010 Printed in Japan

えつこ

毎月10万円からスタートして、月末には数百万円にまで膨らませる専業主婦トレーダー。SEとして銀行や証券会社に勤務し、その後、ソフト開発の会社も経営していたが、息子を妊娠後、専業主婦になる。今は専業トレーダーとなり、相場の勢いをつかむ方法を独学で学び、毎日トレードに励んでいる。FXの利益で、発展途上国の子供たちや貧困層を援助する財団を設立することが夢。

DVD 安全思考の待つFX

定価 本体3,800円+税　ISBN:9784775964088

相場は勝手にどんどん動いていくもの

勝手に動く相場（チャート）を通して、世界中の機関投資家といわれるプロの集団と同じように利益だけを残すためには、「トレードをして良い時」と「トレードしてはいけない時」を見極めなければならない。

「トレードしてはいけない時」を避けていくと、利益が残りやすくなる。ファンダメンタルという相場の情報と、テクニカルというチャートの情報を利用して、「最大限に損を減らし、利益を残す」タイミングを見極めろ。

DVD もう一歩先の待つFX
通貨の相関性とV字トレンド

定価 本体4,800円+税　ISBN:9784939103346

勢いとPivotで見極める決済基準

通貨の相関性は、合成通貨でトレードをする上では大変重要な考え方。その通貨の相関性と、勢いを掴むテクニカルと、PIVOTの考え方で、勢いがついたチャートは何処まで動くのか、そしてどこまでポジションを持つのが安全なのかを説明。

DVD テクニカルとファンダメンタルで待つFX
相場の勢いをもっと掴むトレード

定価 本体4,800円+税　ISBN:9784775963685

「ポジティブか」「ネガティブか」「無反応か」

見るべき3つのポイント！　これまでのテクニカルと合成通貨のおさらいはもちろん、講師が重視するファンダメンタルの見方を重点的に解説。

齊藤トモラニ

ウィンインベストジャパンの FX トレーダー兼講師。2006 年 11 月の杉田勝 FX セミナーの受講生。セミナー受講後、FX での利益が給料を上回るようになる。その後、トレーダー兼講師としてウィンへ入社。抜群の FX トレードセンスを持ち、セミナー受講生から絶大な評判を得る。「トモラニ」の愛称で親しまれている。

簡単サインで「安全地帯」を狙う
FXデイトレード

定価 本体2,000円+税　ISBN:9784775991268

FXコーチが教えるフォロートレード
簡単サインで押し目買い&戻り売りの
絶好ポイントを探せ!

本書で紹介しているWBRという新しいインジケーターは、RSIに、ボリンジャーバンド(以下、ボリン)の中心線と±2シグマのラインを引いたもの。RSIとボリンの関係から見える動き、具体的には「RSIとボリンの中心線の関係」「RSIとボリンの±2σの関係」からエントリーを探る。

目次
- 第1章　ボリンジャーバンドとRSI ～基本的な使い方と其々を使ったトレード手法～
- 第2章　WBR（Win-Bollin-RSI）について ～ボリンジャー氏からの一言から生まれた手法～
- 第3章　WBRを使った基本トレード トレンドフォロー編
- 第4章　WBRを使った基本トレード 反転トレード編
- 第5章　WBRのイレギュラーパターン
- 第6章　練習問題
- 第7章　ルールより大事なことについて

DVD
トモラニが教える給与を10倍にする
FX勝ちパターンを実現する極意
定価 本体2,800円+税　ISBN:9784775963531

誰かのトレードのマネをしても性格も違う、相場の経験値も違うため自分に合うとは限らない。やはり勝ちパターンは手法ではなく自分自身の中にしか無いのだ。
チャートから勝つ技術をつくりだす方法を解説!

DVD
通貨ペアの相関を使ったトレード法
時間軸の選び方がポイント
定価 本体2,800円+税　ISBN:9784775964040

相場で利益を出すためにはトレンドの見極め方が大事だがそれよりも勝敗を分けるのは通貨ペアの選び方である。またUSDJPYだけしかトレードしないという方もいますが、そういう方は時間軸の選び方が利益を上げるキーポイントとなる。

アンディ

専業トレーダーとして生計を立てる。運営するブログ「アンディのFXブログ」で、日々のFXトレードに関する売買手法を執筆。東京時間で一目均衡表やもぐら叩きと名付けた手法で多くの投資家を魅了する。営業マン時代、日本で一番と二番の仕手筋（投資家）から大口注文を受けるなど、その確かな投資眼には定評がある。メディア取材も多く、「週刊SPA!」「YenSPA」（扶桑社）、「ダイヤモンドZAi」などで紹介されている。

17時からはじめる 東京時間半値トレード

定価 本体2,800円+税　ISBN:9784775991169

さまざまメディアに登場している有名トレーダー、アンディ氏の初著書！

「半値」に注目した、シンプルで、かつ論理的な手法をあますことなく紹介！ さらに、原稿執筆時に生まれた、（執筆時の）神がかり的な手法も公開！
予測があたってもうまくポジションが作れなければ、良い結果を残すことは難しい。

目次
- 第1章 「半値」とは何か
- 第2章 半値トレードでのポジションの作り方
- 第3章 半値トレード 鉄板パターン集
- 第4章 半値トレード 売買日誌
- 第5章 半値トレード 理解度テス

DVD アンディのもぐらトレード 正しい根拠に基づく罫線売買術
定価 本体4,800円+税　ISBN:9784775963654

相場で勝つにはどうしたらいいのか？
どのような状況でポジションを持つのか？
高い情報商材を買い相場を学んでも勝てるようにはならない。「正しい根拠のある売買」はやっただけ蓄積されるのだ。

DVD アンディの半値トレードの極意 半値パズルと時間パズル
定価 本体4,800円+税　ISBN:9784775963913

神がかり的な売買が誰でもできる！
初心者から実践者まで成果のある半値トレード。
秘技世界初公開の半値パズルと時間パズル。
半値パズルに時間パズルを入れるとこれから相場が上がるのか下がるのか誰にでも明確。

島崎トーソン

メタトレーダーが日本に登場する27年前の1981年に、埼玉県で生まれる。大学在学中に世界を放浪したため、大学を8年で卒業。2011年よりWest Village Investment株式会社に入社。現在、独自のFXのシステムを開発し、"親友"であるMT4で自動売買を行い、トレード力を磨く。機関投資家へシステムをレンタルするまで成長する予定である。夢は旅人投資家。

iCustom（アイカスタム）で変幻自在のメタトレーダー

定価 本体2,800円+税　ISBN:9784775991077

今まで、メタトレーダーでEA作りに挑戦し、挫折してきた人に読んでほしい本

自分のロジックの通りにメタトレーダーが動いてくれる。自分自身はパソコンの前にいなくても自動で売買してくれる。そんなことを夢見てEA（自動売買システム）作りに励んでみたものの、難解なプログラム文に阻まれ挫折した人に読んでほしい。本書の中で使っている定型文と、ひな型として、一目均衡表を使ったEAのプログラム文をダウンロードし、メタエディターにコピペ。必要な部分だけ自分の好きなものに変えれば、すぐにEAが完成。

たすFX 脱・受け売りのトレード戦略

定価 本体2,000円+税　ISBN:9784775991145

「足し算の発想」なくして、独自のトレードはできない

テクニカル指標にしたがったのでは勝てない？しかし、テクニカル指標を使って利益を上げている人も現実に存在している。テクニカル指標を使っていることには変わりないのに結果が大きくちがってしまう……。その要因はどこにあるのか。何らかの条件を足していかなければ"負"の引力に引きずりこまれてしまう。では、負の引力に打ち勝つためにどうすればよいのか。

豊嶋久道

1965年山口県生まれ。1988年慶應義塾大学理工学部電気工学科卒業。1993年慶應義塾大学大学院博士課程修了。博士（工学）。大学生のころからC言語プログラミングに親しみ、実用系のフリーソフトウェア、シェアウェアを公開。2003年よりFX取引を始め、システムトレードの道へ。2011年合同会社T&Y総合研究所設立。FX自動売買システムの最適化の研究を行っている。

FXメタトレーダー入門

定価 本体2,800円+税　ISBN:9784775990636

**高機能ソフトが切り開く
新時代のシステムFXトレード!!**

無料でリアルタイムのテクニカル分析からデモ売買、指標作成、売買検証、自動売買、口座管理までできる！模擬売買のできるデモ口座、検証のできる価格データ、独自のテクニカル指標をプログラムして表示し、しかも売買システムの構築・検証や自動売買ができる理想的なソフト。

FXメタトレーダー実践プログラミング

定価 本体2,800円+税　ISBN:9784775990902

**MetaTrader4の売買システム開発過程を
段階的に学ぶ**

自動売買で成果を上げている人たちは、超一流のアスリートと同じように、人一倍の努力を重ねている。好成績を上げるその裏側で、自分のスタイル構築のため、たゆまぬ研究と検証、実践を続けているのだ。その「パートナー」としてうってつけなのが、メタトレーダーなのである。

FXメタトレーダー4&5
一挙両得プログラミング

定価 本体2,800円+税　ISBN:9784775991251

MT4ユーザーのためのMT5システムトレード

オリジナルライブラリーでメタトレーダー4の自動売買プログラムをバージョン5に簡単移行！自動売買プログラムの"肝"である売買ロジックの部分が、MQL4でもMQL5でも、ほぼ同じような書式で記述できる。

■ 関 連 書

ウィザードブックシリーズ228

FX 5分足スキャルピング
プライスアクションの基本と原則

ボブ・ボルマン【著】

定価 本体5,800円+税　ISBN:9784775971956

132日間連続で1日を3分割した5分足チャート【詳細解説付き】

本書は、トレーダーを目指す人だけでなく、「裸のチャート（値動きのみのチャート）のトレード」をよりよく理解したいプロのトレーダーにもぜひ読んでほしい。ボルマンは、何百ものチャートを詳しく解説するなかで、マーケットの動きの大部分は、ほんのいくつかのプライスアクションの原則で説明でき、その本質をトレードに生かすために必要なのは熟練ではなく、常識だと身をもって証明している。

トレードでの実践に必要な細部まで広く鋭く目配りしつつも非常に分かりやすく書かれており、すべてのページに質の高い情報があふれている。FXはもちろん、株価指数や株や商品など、真剣にトレードを学びたいトレーダーにとっては、いつでもすぐに見えるところに常備しておきたい最高の書だろう。

ウィザードブックシリーズ200

FXスキャルピング
ティックチャートを駆使したプライスアクショントレード入門

ボブ・ボルマン【著】

定価 本体3,800円+税　ISBN:9784775971673

無限の可能性に満ちたティックチャートの世界！ FXの神髄であるスキャルパー入門！

日中のトレード戦略を詳細につづった本書は、多くの70ティックチャートとともに読者を魅力あふれるスキャルピングの世界に導いてくれる。そして、あらゆる手法を駆使して、世界最大の戦場であるFX市場で戦っていくために必要な洞察をスキャルパーたちに与えてくれる。

関連書籍

ウィザードブックシリーズ118
FXトレーディング
著者:キャシー・リーエン

定価 本体3,800円+税　ISBN:9784775970843

FX市場を征服するには……

世界一のオンライン外為ブローカーのチーフストラテジストであるキャシー・リーエンが著した本書は、FX市場で利益を得るための多様なテクニカル戦略とファンダメンタル戦略を披露し、同市場の仕組みを詳細かつ具体的に解き明かしている。深遠な考察とエキスパートによるアドバイスが満載されている本書は、この激烈な市場に自信をもって入り、利益を持って出てくるためにはどうしたらよいかを教えてくれる!

ウィザードブックシリーズ123
実践FXトレーディング
著者:イゴール・トシュチャコフ

定価 本体3,800円+税　ISBN:9784775970898

ソロス以来の驚異的なFXサクセスストーリーを築き上げた手法と発想!

FXトレードを長くやっていれば、100%勝ち続けることなどあり得ないことは、だれでも思い知らされることだ。トレーダーにできることは、繰り返し現れる信頼性の高いパターンを見極め、不確実ではあっても勝率を高めるトレードシステムを構築することだ。本書は当てにならない予測法に取って代わる具体的なチャートパターンを明らかにしている。

ウィザードブックシリーズ 148
FXの小鬼たち
著者:キャシー・リーエン/ボリス・シュロスバーグ
定価 本体2,800円+税　ISBN:9784775971154

普通のホームトレーダーでもここまでできる!!
マーケットで成功するための洞察と実践的なアドバイスが満載!
プロたちを打ち負かす方法が今、明らかに!

ウィザードブックシリーズ 186
ザFX
著者:キャシー・リーエン
定価 本体2,800円+税　ISBN:9784775971536

これからFXトレードを目指す初心者とFXトレードで虎視眈々と再挑戦を狙っている人のためのバイブル。世界最大のマーケットである通貨市場で効率的にトレーディングと投資をする方法を説明。

バカラ村

国際テクニカルアナリスト連盟 認定テクニカルアナリスト。得意通貨ペアはドル円やユーロドル等のドルストレート全般である。デイトレードを基本としているが、豊富な知識と経験に裏打ちされた鋭い分析をもとに、スイングトレードやスキャルピングなどを柔軟に使い分ける。1日12時間を超える相場の勉強から培った、毎月コンスタントに利益を獲得するそのアプローチには、個人投資家のみならず多くのマーケット関係者が注目している。

DVD バカラ村式 FX短期トレードテクニック 勝率を高める相関性

定価 本体3,800円+税　ISBN:9784775965047

普遍的に使えるトレードの考え方!

実際に行ったトレードを題材にしています。良いトレードだけでなく、悪かったトレードも挙げて、何を考え、何を材料に、どうしてエントリーしたのか、どうしてイグジットしたのかを話します。
テクニカル分析という内容だけではなく、実際に行ったトレードということで、見ていただいた方の収益に直結すれば嬉しく思います。また、金融市場全体として、資金の流れが他の市場にも影響を受けることから、相関性についても述べます。相関性を利用することで、勝率が上がりやすくなります。

DVD バカラ村式 FX短期トレードテクニック 勝ち組1割の考え方
定価 本体3,800円+税　ISBN:9784775964897

どの価格がエントリーに最適かをチャートから読み取り、ストップはそれを越えたところにすればよい。そんなポイントをどう読み取るのかをチャートを使って説明する。

DVD 15時からのFX
定価 本体3,800円+税　ISBN:9784775963296

「ボリンジャーバンド」と「フォーメーション分析」を使ったデイトレード・スイングトレードの手法について、多くの実践例や動くチャートをもとに詳しく解説。

DVD 15時からのFX実践編
定価 本体3,800円+税　ISBN:9784775963692

トレード効果を最大化するデイトレード術実践編。勝率を高めるパターンの組み合わせ、他の市場参加者の損切りポイントを狙ったトレード方法などを解説。

DVD バカラ村式 FX短期トレードテクニック 相場が教えてくれる3つの勝ちパターン
定価 本体3,800円+税　ISBN:9784775964613

受講者全員が成功体験できた幻のセミナーが遂に映像化。勝っている人は自分自身の勝てるパターンを持っている。簡単だけど、勝つために必要なこと。

DVD バカラ村式 FX短期トレードテクニック 相場は相場に聞け
定価 本体3,800円+税　ISBN:9784775964071

講師が専業トレーダーとして、日々のトレードから培ったスキルを大公開!「明確なエントリーが分からない」・「売買ルールが確立できない」・「エントリー直後から含み損ばかり膨らむ」などのお悩みを解決!

動画で勝ち組のトレード方法を学ぶ

DVD FXの基礎とチャンスを生かすトレード法
講師：川合美智子

定価 本体 3,800 円+税　ISBN:9784775963593

罫線分析でわかりやすさナンバー1の人気講師。為替トレードで成功する秘訣を伝授！基本のテクニカル分析や注意すべき事象、実際のトレード方法など、為替トレードで成功する秘訣を紹介。

DVD FX短期トレードテクニックの極意
講師：鈴木隆一

定価 本体 3,800 円+税　ISBN:9784775962770

市場の先を読むのではなく、テクニカル分析により勝てるパターンを決め、短期トレードで小さな利益を数多く積み上げるための、普遍的に欠かせない特徴を分かりやすく解説。

DVD 実践的FX チャートの読み方とトレード戦略の立て方
講師：ZERO

定価 本体 2,800 円+税　ISBN:9784775963548

月に平均100万円ほどをコンスタントに稼ぐ専業FXトレーダーZERO氏がFXトレーダーが為替チャートの見方や読み方を解説する。

DVD 勝者の手法でFXマーケットの転換点をつかめ
講師：西原宏一

定価 本体 3,800 円+税　ISBN:9784775963555

プロトレーダーが使用するテクニカル分析を解説。TDシーケンシャル分析を使い、いつ仕掛け、いつ手仕舞えば良いのかを解説する。

ウィザードブックシリーズ248

システムトレード 検証と実践
自動売買の再現性と許容リスク

ケビン・J・ダービー【著】

定価 本体7,800円+税　ISBN:9784775972199

プロを目指す個人トレーダーの宝物！

本書は、ワールドカップ・チャンピオンシップ・オブ・フューチャーズ・トレーディングで3年にわたって1位と2位に輝いたケビン・ダービーが3桁のリターンをたたき出すトレードシステム開発の秘訣を伝授したものである。データマイニング、モンテカルロシミュレーション、リアルタイムトレードと、トピックは多岐にわたる。詳細な説明と例証によって、彼はアイデアの考案・立証、仕掛けポイントと手仕舞いポイントの設定、システムの検証、これらをライブトレードで実行する方法の全プロセスをステップバイステップで指導してくれる。システムへの資産配分を増やしたり減らしたりする具体的なルールや、システムをあきらめるべきときも分かってくる。

ウィザードブックシリーズ183

システムトレード基本と原則
トレーディングで勝者と敗者を分けるもの

ブレント・ペンフォールド【著】

定価 本体4,800円+税　ISBN:9784775971505

あなたは勝者になるか敗者になるか？

勝者と敗者を分かつトレーディング原則を明確に述べる。トレーディングは異なるマーケット、異なる時間枠、異なるテクニックに基づく異なる銘柄で行われることがある。だが、成功しているすべてのトレーダーをつなぐ共通項がある。トレーディングで成功するための普遍的な原則だ。マーケットや時間枠、テクニックにかかわりなく、一貫して利益を生み出すトレーダーはすべて、それらの原則を固く守っている。彼らは目標に向かうのに役立つ強力な一言アドバイスを気前よく提供することに賛成してくれた。それぞれのアドバイスは普遍的な原則の重要な要素を強調している。